中国乡村社会大调查 CRSS 项目系列成果
China Rural Social Survey

民族地区中国式现代化调查研究丛书 何 明 主编

梯田云飞扬

元阳县乡村振兴调查报告

马翀炜 等著

Dancing Clouds in the Rice Terraces

A Survey on Rural Revitalization in Yuanyang County

社会科学文献出版社
SOCIAL SCIENCES ACADEMIC PRESS (CHINA)

中国乡村社会大调查(CRSS)云南样本县分布图

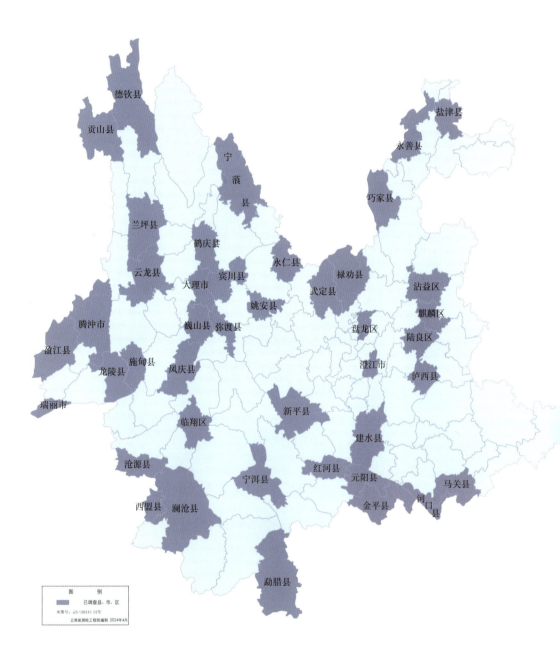

德钦县
盐津县
贡山县
永善县
宁
蒗
县
兰坪县
巧家县
鹤庆县
云龙县
永仁县
宾川县
禄劝县
沾益区
大理市
武定县
麒麟区
姚安县
盘龙区
陆良区
腾冲市
巍山县
弥渡县
盈江县
澄江市
施甸县
泸西县
龙陵县
凤庆县
瑞丽市
临翔区
新平县
建水县
沧源县
红河县
元阳县
宁洱县
马关县
西盟县
澜沧县
金平县
河口县

勐腊县

图 例
已调查县、市、区
审图号: 云S (2024) 12号
云南省测绘工程院编制 2024年4月

中国乡村社会大调查学术指导委员会

总　序

中国近代的现代化进程，如果把发轫追溯到 1840 年鸦片战争催生的国民警醒，已有一百多年的历史。从近百年中国乡村研究的学术史看，我国学界很早就清醒地认识到，中国走向现代化的最大难题是乡村发展。在这一进程中，通过社会调查来深入了解现代化背景下中国乡村发展的道路和难题，一直是中国社会学、民族学、人类学的学科使命。事实上，自 20 世纪我国著名社会学家陶孟和首倡实地社会调查以来，几代学人通过开展乡村社会调查，对中国乡村社会的发展进程进行了长时间、跨地域的动态记录与分析。这已经成为中国社会学、民族学、人类学"从实求知"、认识国情和改造社会的重要组成部分。

云南大学作为中国社会学、民族学和人类学的起源地之一，为丰富中国社会的乡村调查传统做出了持续性的贡献。80 多年前，国难当头之际，以吴文藻、费孝通为代表的一批富有学术报国情怀的青年学者，对云南乡村社会展开了实地调研，取得了丰硕的学术成果，留下了"报国情怀、社会担当、扎根田野、自由讨论、团队精神、传承创新"的"魁阁精神"。中华人民共和国成立之后，云南大学全面参与了民族识别和民族大调查的工作，推动云南各民族融入中华民族大家庭的进程，积累了大量民族志资料。21 世纪初，云南大学又组织开展了覆盖全国 55 个少数民族的"中国民族村寨调查"，真实书写了中国少数民族半个世纪的发展历程及文化变迁。

党的二十大报告强调，"全面建设社会主义现代化国家，最艰巨最繁重的任务仍然在农村"。"仍然在农村"的认识，一方面是指，在我国人多地少的基本国情下，振兴乡村成为一个难题由来已久；另一方面也是指，乡村振兴的问题至今还没有得到根本解决，城乡发展的差距仍然较大，农业、农村和农民发展的"三农"问题仍然是中国实现现代化的艰巨任务。所以说，在我国经济社会发展的新阶段，调查乡村、认识乡村、发展乡村、振兴乡村，仍是推进中国式现代化的重中之重。

2022 年，为了服务国家"全面推进乡村振兴"和"铸牢中华民族共同体意识"的大局，落实中央《关于在全党大兴调查研究的工作方案》的文件精神，赓续魁阁先辈学术报国之志，云南大学又启动和实施了"中国乡村社会大调查"（CRSS）这一"双一流"建设重大项目。

本次云南大学推动的"中国乡村社会大调查"项目是针对云南省乡村居民的大规模综合社会调查。该调查以县域研究为视角，通过概率抽样的方式，围绕"产业振兴、人才振兴、文化振兴、生态振兴、组织振兴"以及铸牢中华民族共同体意识等主题对云南省 42 个样本区县进行了定量和定性相结合的调查。该调查以云南大学为主体，联合中国社会科学院、北京大学、复旦大学、华东师范大学、上海大学、西南大学、贵州省社会科学院、贵州财经大学、云南师范大学、玉溪师范学院、昭通学院等 15 家高校和研究机构，组成了 875 名师生参与的 42 个调查组，深入云南省 42 个区县的 348 个行政村、696 个自然村进行问卷调查和田野访谈工作。调查团队最终行程 7 万余公里，收集了 348 份目标村居问卷和 9048 份目标个人问卷，访谈地方相关部门成员、村干部和村民累计近千次。

在实际组织过程中，本次调查采用了"以项目为驱动、以问题为导向、以专家为引领"的政学研协同方式，不仅建立了省校之间的紧密合作关系，还设立了由我和云南大学原党委书记林文勋教授担任主任的学术指导委员会。委员均为来自北京大学、清华大学、中国社会科学院等高校和研究机构的社会学家、民族学家和人类学家，直接参与了调查方案设计、专题研讨以及预调研工作，充分保障了调查支持体系的运行。中国社会学会原秘书长谢寿光，卸任社会科学文献出版社社长后，受聘为云南大学特聘教授，以其多年组织全国性社会调查的经验，作为本次调查执行领导小组的负责人，具体组织实施了调查和成果出版工作。此外，为了便利后续的跟踪调查，更好地将学校小课堂延伸到社会大课堂、更好地服务于地方发展，本次调查还创建了面向国内外的永久性调查基地，并在此基础上全面推进全域调查基地建设、全面打造师生学习共同体，这一点在以往大型社会调查中是不多见的。

本次调查在方法设计方面也有一些值得关注的特色。首先，过去的许多大型社会调查以量化问卷调查为主，但这次调查着重强调了混合方法在大型调查中的应用，特别是质性田野调查和社会工作服务如何与量化问卷调查相结合。其次，这次调查非常重视实验设计在大型调查中的应用，对抽样过程中的匹配实验、问卷工具中的调查实验和社会工作实践中的干预实验都进行了有针对性的设计，这在国内的社会调查中是一个值得关注的方向。再次，与很多以往调查不同，本次调查的专题数据库建设与调查同步进行，从而能够及时地存储和整合调查中收集到的各种数据，包括但不限于问卷调查数据、田野访谈录音、官方数据、政策文件、实践案例、地理信息、照片、视频、村志等多种文本和非文本数据，提高了数据的共享程度、丰富程度和可视化程度。最后，本次调查在专题数据库建设过程中，开创性地引入了以 ChatGPT 为代表的人工智能技术，并开发研制了"数据分析与文本生成系统"（DATGS），在智能混合分析和智能文本生成方面进行了深入探索，这无疑有助于充分挖掘数据潜力。

本次调查的成果定名为"民族地区中国式现代化调查研究丛书"，这一定名全面地体现了本次调查的特色与价值，也体现了云南大学百年来在乡村社会调查中的优良传统，标志着云南大学乡村社会调查传统的赓续进入一个新的阶段。丛书约有 50 种，包括调查总报告、若干专题研究报告以及 42 部县域视角下的针对所调查区县的专门研究。作为一项庞大而系统的学术探索，本丛书聚焦于民族地区乡村社会的多个层面，翔实而深入地记录和分析了当代中国民族地区在迈向现代化的进程中所经历的变迁和挑战，描述和揭示了这一进程的真实面貌和内在逻辑，同时也为相关战略、政策的制定和实施提供了科学依据和理论支持。

本丛书研究成果的陆续推出，将有助于我们更加全面而深入地理解我国民族地区乡村社会转型和发展的多样性和复杂性，为民族学和社会学的发展注入新活力、新思想。期待本丛书成为推动中国社会学和民族学发展一个重要里程碑。

李培林

2023 年 10 月 31 日于北京

前　言

　　中国乡村社会大调查（云南）元阳组于2022年11月27日至12月18日、2023年1月28日至2月16日、2023年7月3日至8月12日，约两个半月的时间对元阳县开展了有关乡村振兴五大核心内容，即产业振兴、人才振兴、文化振兴、生态振兴和组织振兴基本情况的调查。

　　元阳县土地面积为2212.32平方公里，地处云贵高原哀牢山南部、红河哈尼族彝族自治州（以下简称"红河州"）南部、红河南岸，东与金平苗族瑶族傣族自治县接壤，南与绿春县相连，西与红河县毗邻，北与建水县、个旧市隔红河相望。境内最高海拔2939.6米，最低海拔144米，山高谷深，无一平川，地势由西北向东南倾斜，红河、藤条江两干流自西向东逶迤而下，地貌呈中部突起、两侧低下，地形呈"V"形。"两山两谷三面坡，一江一河万级田"是元阳县的地形地貌特征。2022年元阳县人口为34.6万人，世居民族为哈尼族、彝族、傣族、壮族、苗族、瑶族和汉族。

　　长期以来，元阳县的县情被概括为"边疆、民族、山区、贫困"。2001年，元阳县被列入国家扶贫开发工作重点县名单，2011年被列入全国集中连片特殊困难地区分县名单，既是全国滇西边境集中连片特困地区县之一，也是云南省27个深度贫困县之一。2020年5月16日，元阳县正式退出贫困县序列。2021年8月，元阳县成为云南省国家级乡村振兴重点帮扶县。现在，元阳县的基本县情是"边疆、民族、山区、美丽"。"美丽"代替了"贫困"，这是元阳县各族人民在党和政府领导下经过长期的艰苦奋斗和不懈努力的结果，是脱贫攻坚胜利最好的表达。然而，我们觉得这个边疆民族山区只是美丽还远远不够。

　　元阳县县情更应该是"边疆、民族、山区、美丽、富裕"。对于元阳县这样一个农业大县而言,从美丽元阳走向富裕元阳的必经之路就是乡村振兴。在从脱贫攻坚向全面推进乡村振兴平稳过渡的历程中,总结经验、展望未来是十分重要的,这也是本次调查的根本目的。

云上梯田,和美元阳。元阳的美丽与天上的云是连在一起的。元阳拥有的"世界文化遗产""全球重要农业文化遗产""国家湿地公园"等诸多荣誉都是与云紧密相关的。"森林-村寨-梯田-水系"四素同构的哈尼梯田是需要云,或者说是需要云海来滋养的。最有生机的森林是云雾缭绕的,最美丽的村寨就是云海梯田里的寨子,最丰沃的梯田是需要阳光与云雾的,充盈的沟河之水是天上的云化成的。

大风起兮云飞扬。贫困元阳变成了美丽元阳,中国式现代化的元阳实践就是云飞扬的乐章。新中国成立至今,元阳县经历了驰而不息的发展历程,发现了千年梯田的危与机,持续不断地创新发展了传统文化,也正在努力寻找着新的产业业态以超越原初丰裕以及夯实全面乡村振兴的重要基础。

本书分为"驰而不息的现代化之路""千年梯田的危与机""传统文化的创新性发展""超越原初丰裕""夯实乡村全面振兴的组织基础"五个部分。

第一部分是"驰而不息的现代化之路"。该部分使用以线性时间序列为核心的阐述方式,聚焦新中国成立后至巩固拓展脱贫攻坚成果同乡村振兴有效衔接过渡期的元阳实践,穿插相关典型案例,呈现元阳县驰而不息的现代化之路。同时,在中国式现代化的视角下,对元阳县的现代化之路进行地方性和普适性的经验总结。

新中国成立以后,中国共产党带领元阳县人民走上了驰而不息的现代化之路。元阳县于1956年进行了和平协商土地改革,废除了封建土地所有制,实现了土地归农民所有的历史性转变。土地改革后到改革开放前,元阳县在经济体制的合作化道路上进行了曲折探索。党的十一届三中全会后,1982年全县农村全面完成了农村经济体制改革。2016年以来,元阳县紧扣精准扶贫、精准脱贫基本方略,经过不懈努力,于2020年5月16日退出贫困县行列,全县脱贫攻坚工作取得决定性胜利。这段时期,贫困人口生活水平显著提升，贫困地区基础设施逐渐完善，乡村落后面貌得到改变；群众的脱贫意识、致富热情、现代观念、移风易俗不断凸显；特殊困难群体的生存发展得到用心、用情的有效保障；基层治理现代化程度显著提升。脱贫攻坚目标任务完成后，元阳县进入巩固拓展脱贫攻坚成果同乡村振兴有效衔接的过渡期。元阳县在过渡期内实施的一些具体措施，有助于统筹推进巩固拓展脱贫攻坚成果同乡村振兴有效衔接。

面向未来，元阳县驰而不息的现代化之路仍在继续，要全面推进乡村振兴，就要坚持"治国有常，利民为本"这一条地方性与普适性相结合的宝贵经验。治理国家的基本方略，要以对人民有利为根本，如此才能驰而不息、久久为功。元阳县摆脱贫困、迈向现代化的过程，是中国式现代化"人民至上"的一个缩影，践行了人的全面发展理论。在中国式现代化征程中，元阳县的故事是一小段令人感佩的乐章。

第二部分是"千年梯田的危与机"。世界文化遗产红河哈尼梯田是哈尼族、彝族等民族的先民历经千年的辛勤劳作而创造出的山地稻作灌溉文明成就，是人与自然的杰作。千百年来，以哈尼族为主的各民族民众在与大自然和谐相处的生产生活实践中，利用当地山脉、河流以及"一山分四季、十里不同天"的独特地理特征与立体气候特点，形成了"森林-村寨-梯田-水系"四素同构的循环农业生态系统，谱写了以"山有多高，水有多高"为代表的生态智慧，创造了活态的世界文化遗产。

2010 年 6 月，云南红河哈尼稻作梯田系统（Hani Rice Terraces System）被联合国粮食及农业组织（FAO）列为全球重要农业文化遗产（Globally Important Agricultural Heritage Systems，GIAHS）保护项目试点。2013 年 5 月，云南红河哈尼稻作梯田系统被农业部列为第一批中国重要农业文化遗产。2013 年 5 月，红河哈尼梯田被国务院核定公布为第七批全国重点文物保护单位。2013 年 6 月，红河哈尼梯田文化景观（Cultural Landscape of Honghe Hani Rice Terraces）申遗成功，被列入联合国教科文组织《世界遗产名录》。2013 年，云南红河哈尼梯田国家湿地公园被国家林业局验收。2014 年 7 月，红河元阳哈尼梯田景区被评定为国家 4A 级旅游景区；2020 年 1 月，元阳哈

尼梯田景区被正式列入省级创建国家 5A 级旅游景区预备名单。2018 年 12
月，红河州元阳哈尼梯田遗产区被生态环境部命名为第二批"绿水青山就
是金山银山"实践创新基地。2019 年 11 月，元阳梯田入选中国摄影家协会
推出的"摄影发现中国"十大景观之一。2020 年 11 月，元阳县被中国气象
局授予"中国天然氧吧"称号。元阳县具有独具特色的景观样态和丰富多
元的人文内涵，具有稀有性、多样性、功效性、和谐性、美学性和宜人性
等特点，有"突出的普遍性价值"。其千年梯田以浑然天成的水库、延续千
年的粮库、持续发展的钱库、独具魅力的碳库、享誉世界的文库成为中国
生态文明建设的标志性符号，也为世界农耕文化的传承与发展、人与自然
和谐共生的生态环境的探索提供了借鉴和参考，更是中国式现代化建设中
的生动实践。

千年梯田在赓续古老农耕文化、赢得诸多殊荣的同时，也迎来了新的
发展机遇，面临新的挑战。正如再高的梯子也终有最后一级，就是天梯也
有尽头，元阳县当然不可能永无限制地开垦梯田。随着社会交往范围的扩
大、生产方式的转变和社会生产力水平的不断提高，原有的与传统农耕社
会相适应的生产要素配置显然已经不能满足当下社会的需要。生态、人口、
生产等多方面的挑战都使曾经孕育出绚丽农耕文明的世界文化遗产哈尼梯
田遭遇了良性发展的问题。面对"梯田倒是好看了，就是吃不饱肚子"等
现实境遇，元阳县积极尝试，借助国家乡村振兴相关政策及资源的支持，
结合梯田上千年的农耕传统，通过探索农田建设的标准化、生态巡护的制
度化与常态化、梯田保护的全天候化来全面推动生态修复，从而提升现有
的土地质量；通过政策引导和技术帮扶以鼓励土地流转，从而尽可能增加
土地价值；通过投入新的生产要素（技术和知识）以转变农民生产理念和
提高农民生产技能水平，从而培育新型农民及推动其应用高效的生产方式；
通过合理提供涉农专项资金、大力推广专项贷款以积极引入生产资本投入；
通过拓宽线上销售渠道及与线下合作销售渠道以推进梯田红米的品牌化与
电商化；通过深挖核心产品和完善配套产业链、培养和扶持地方性龙头企
业来建立与完善稻鱼鸭综合种植养殖模式，从而促进现代产业的发展。元

阳县以创造性继承和创新性发展推动实现社会生产力水平的提升，使得千年梯田在新时代焕发出盎然的生机。

第三部分是"传统文化的创新性发展"。各民族的传统文化，源于其世代相传的生活实践和生产活动，是其在长期历史进程中积累的精神和物质财富，深刻联结着民众的共同记忆和情感，是中华文化的重要组成部分。元阳县，作为世界遗产哈尼梯田的核心区和哈尼传统文化传承的重要力量，长期以来在农耕生活中孕育出了丰富多彩且独特的优秀文化。近年来，其中大多文化事象已被列入非物质文化遗产名录，并得到了相应的保护、利用与发展。这意味着，元阳县的传统文化在很大程度上已经实现了遗产化。因此，讨论元阳县传统文化的创造性继承与创新性发展，本质上就是探讨其传统文化的遗产化问题，以及非物质文化遗产（以下简称"非遗"）的保护与传承问题。

在元阳县被列入"非遗"名录的文化事象中，有四项最具有代表性。这四项被分别列入国家级非物质文化遗产代表性项目名录，其中，《四季生产调》和"哈尼哈吧"属于民间文学类。《四季生产调》是哈尼族梯田生产技术及其礼仪禁忌的百科大典，总结了哈尼族人民在农耕生产中的丰富经验；"哈尼哈吧"则是哈尼族社会生活中流传广泛、影响深远的庄重、典雅的古老歌唱形式，其中《四季生产调》《窝果策尼果》《哈尼阿培聪坡坡》《十二奴局》等是"哈尼哈吧"的代表性作品。另外两项"祭寨神林"和"矻扎扎节"，则属于民俗类。"祭寨神林"是每年春耕开始前举行的祭祀活动，目的是祈求来年风调雨顺、五谷丰登；"矻扎扎节"则是在秋收前的节日，目的是祈愿粮食丰收。这两个节日分别对应着春耕与秋收，是哈尼族村寨集体意识的体现。

然而，随着现代化进程加快，哈尼族传统文化的传承面临着诸多挑战。一方面，年青一代对传统文化的兴趣减弱，导致传承人的断代与短缺；另一方面，现代生活方式的改变也使得一些传统仪式和习俗逐渐淡化。《四季生产调》、"哈尼哈吧"、"祭寨神林"及"矻扎扎节"都同样面临着传承困境。为了应对这些挑战，元阳县政府和文化部门采取了一系列措施，制定了非物质文化遗产代表性项目分类保护的规范标准和保护细则，对截至2024年已确定的94项非遗代表性项目开展保护与传承工作，其中国家级4项、省级9项、州级18项、县级63项。通过抢救性记录、建立传承展示空间、生产性保护等具体措施，依托哈尼梯田文化传习馆、民族文化传承文艺队、"非遗"代表性传承人等主体，以及参加国内外演出、博物馆展示、舞台展演和"非遗"进校园等方式，为非物质文化遗产寻找更广阔的生存与发展空间，并结合当下，利用数字"非遗"、"非遗"工坊、"非遗+"模式等新路径，融合旅游开发实现传统文化的创造性转化和创新性发展。

近年来，元阳县政府和文化部门在非物质文化遗产保护与传承方面，积极探索和实践，坚持"保护为主，抢救第一，合理利用，传承发展"的原则，秉承"人民的非遗，人民共享"的理念，不断深化对民族传统文化内涵的认知，并将其与现代社会的发展需求相结合，为非遗传承和发展注入活力和动力。

第四部分是"超越原初丰裕"。依靠降低欲求从而获得满足的丰裕，依靠调整生活方式从而获得福利的丰裕，都不属于全体人民的共同富裕。要实现中国式现代化的共同富裕，首先需要超越原初丰裕。对于赢得脱贫攻坚战胜利的元阳县而言，结合现实条件赢得新的发展、将祖先留下的光辉遗产进行价值转换、扎实做好乡村振兴工作，成为坐拥世界文化遗产哈尼梯田的元阳县的要务。发展哈尼梯田旅游成为元阳县各族人民追寻共同富裕道路上做出的尝试。

哈尼梯田扬名世界与梯田对游客缺乏充足吸引力的现状两者之间的鲜明对比引出20余年来梯田旅游业中最显著的问题，即旅游产品在日渐丰富的同时亦面临着难以突破的瓶颈。本书通过数据简要阐明第三产业特别是旅游业在全县生产总值中所占比重得到大幅提升的现状，同时指出旅游产品种类少、层次低、标准不高、创收能力不强等仍是未能很好解决的难题，并以民俗文化向旅游产品转化进程中的经验及存在的问题为例充分说明元阳县旅游业发展的机会与瓶颈，进而指出以梯田旅游的发展助力乡村振兴实属不易。哈尼梯田的品牌化历程可以更进一步地说明当地政府、相关机构及从业者为提振哈尼梯田旅游业展开了有益探索。然而，由元阳县世居民族共同缔造的大地景观在价值转换的道路上却遭遇了挫折，"未被擦亮的名片""捧着金饭碗要饭"成为当下人们对哈尼梯田品牌的共同认识。正因如此，有必要从更深入的层面分析哈尼梯田作为元阳县人民从前人那里继承来的中华优秀传统文化，究竟应如何与现代文明相融合，转化为重要的发展资源从而促进经济社会发展与进步。

哈尼梯田是生活在元阳县的各族人民在过去千百年不断将劳动、资本投入土地的结果，然而就当下的状况而言，哈尼梯田是留不住人的"金饭碗"。事实上，哈尼梯田不仅依然是可以种植稻谷的土地，而且还可以成为满足人们休闲、审美等需求的现代旅游消费的文化商品。哈尼梯田如何更好地发展成为具有巨大经济潜力和社会影响力的文化商品，是元阳县创造更多社会财富过程中必然需要面对的问题。落实到实务层面，就需要将哈尼梯田的文化景观进行价值转化。元阳县近年来多次组织大型的实景演出，取得了很好的反响，但就现实情况而言，依靠村民们自发组织并推出此类丰富的、大型的活动不太切合实际。游客难以获得梯田文化景观所蕴含的深刻内涵等信息，仅限于打卡的游览方式不但减少了游客与当地人的交流与交往机会，更削弱了梯田旅游创收的能力。元阳县对梯田文化景观价值转化的探索可以更清晰地体现在梯田旅游产业的各次转型升级历程中，尽管这些探索有得有失，但元阳县积极将祖先遗产进行有效投资的努力依然是值得肯定的。

打造箐口村和阿者科村之类的旅游名片是元阳县政府在寻找新的产业业态方面做出巨大努力的见证。本书通过箐口村的"没落"与阿者科村的备受关注之间的对比引出投入与产出不成正比这一重要现实问题，在着重强调当地政府对作为哈尼文化"名片"的村落的投资与巨大投入的同时，从阿者科村村民的视角呈现他们渴望改变居住环境的呼声。旅游分红似乎并未很好地满足当地人对美好生活的诉求，阿者科村的个案促使相关工作人员对通过发展旅游实现共同富裕的更多未来可能展开反思。或许当下元阳县暂未交出令人满意的答卷，但旅游业中几个代表性个案人物所进行的新尝试是值得关注的。"地道元阳"工作室最近的实践表明将当地的有生力量联结起来，并积极吸纳他们一起分担梯田农耕系统的保护责任是具有意义的，这样的努力可以为更多的人阐释和展示梯田农耕文化的丰富内涵，同时也为当地人走向更广阔的世界搭建桥梁并能够协助人们达成"人，诗意地栖居"。箐口村和阿者科村是在元阳县政府推进梯田旅游开发过程中先后赢得重点关注的哈尼村寨。两个村的"成功"都建基于政府海量资金的投入。外源式发展是两个村的共同特点。这两个村也都在一定时期内为整个梯田旅游带来了名气，但两个村村民的主体性在发展中都没有得到充分的发挥。内生动力不足是包括阿者科村在内的此类村寨的共同问题。村寨经济收益的增加并没有能真正使绝大多数村民的发展能力得到增强。无论是曾经的代表性村寨箐口村，还是当红的阿者科村，或是声名鹊起的全福庄，如果发展的内生动力不能被激发，外源式发展的限度迟早会出现，从而会使发展的可持续性难以实现。无疑，阿者科村的故事引出的更深层的问题在于人们何时能够相信发展主体，即村民的创造力。60%以上的劳动力依然长期在外务工直接说明了阿者科模式并没有给村民带来很多就业机会。何时不再依靠门票经济，何时能够让村民自己决定是否要在村里开商店、开民宿、开农家乐……如果这些经营活动由市场去检验，而不是由外来者经过所谓科学计算来限定，那么，阿者科村就是可以离开外来者而继续发展的村寨。也许，激活村民的主体性是当务之急，而在更进一步协商的基础上采取行动去激活村民主体性的前提是要相信内源式发展才是可持续的。

就哈尼梯田地区来说，历史上形成的人与自然的平衡状态是一种低生产生活水平的和谐，而这种生产方式所能提供的财富是不能支撑当今人们发展的。不断创新、不断发展才能为共同富裕奠定坚实的基础。

第五部分是"夯实乡村全面振兴的组织基础"。元阳县地处边疆民族地区，基层党组织建设的坚强有力，事关党在边疆民族地区的执政根基。元阳县聚焦强基固本，筑牢基层党组织的坚强战斗堡垒，不断织密党的组织体系，建好建强基层党员队伍，在全面提升基层组织服务力方面成效显著。坚持目标导向，元阳县以民生为重点进一步加强基层党组织建设，健全和完善选人用人机制，深入推进基层党组织自我革命，锻造更加坚强的农村基层党组织。

农村专业合作经济组织随着我国经济不断发展而步入新的发展时期，体现出组织方式多样化、合作内容不断丰富和拓展、管理和运营市场化、与农民利益联结程度高的特征，是推进乡村全面振兴的重要力量。元阳县农村专业合作经济组织建设成效明显，形成了一些典型经验，包括突出示范引领，大力发展农村专业合作社；撬动人才杠杆，培育新型职业农民；创新合作方式，支持乡村企业发展；进行资源整合，振兴乡村文旅产业；等等。未来可以进一步拓展农村专业合作经济组织的合作深度和广度，因地制宜加强新型职业农民培育，通过建立利益联结机制促进涉农企业发展与乡村振兴深度关联，联动各方力量擦亮生态旅游与文化旅游深度融合的品牌。

社会组织既是民主政治发展的重要条件，又是民主政治发展的重要结果。元阳县的社会组织有多种类型，其突出特点体现为组织化水平的迅速提高，这有利于"乡村问题内部化"。社会组织可以和政府结成良好伙伴关系，共同为社会公共需要服务。村民自治组织是夯实基层民主的坚实根基，在元阳县的农村，村民委员会、村民会议、村民代表会议、村民小组会议、村规民约使村民自治以丰富的形式在实践中展开。元阳县不断强化社会组织发展成效和创新成效，充分发挥社会组织对基层民主的积极影响，释放村民自治组织的治理效能，充分彰显村民自治组织的多重价值，进一步为乡村全面振兴进行组织赋能。

目　录

第一章　驰而不息的现代化之路

　　党的二十大报告明确提出，"从现在起，中国共产党的中心任务就是团结带领全国各族人民全面建成社会主义现代化强国、实现第二个百年奋斗目标，以中国式现代化全面推进中华民族伟大复兴"。[①] 新时代新征程中国共产党的使命任务同向同行、协同耦合，共同开创第二个百年的辉煌。2023年，习近平总书记在中共中央政治局第九次集体学习时强调："全面建成社会主义现代化强国，一个民族也不能少。"[②] 实际上，从传统到现代的社会转型并不是相同序列的"单线"模式，而是各不相同的"多线"模式，其中"本土化"的过程深深镶嵌于各国的社会文化体系中。[③]

　　位于西南边疆民族地区的云南省红河州元阳县，自新中国成立以来，走上了驰而不息的社会主义现代化之路。1949 年，中国人民解放军滇桂黔边纵队进入新街，宣告新街和平解放。1950 年 1 月 27 日，由建水、个旧、蒙自三县析置，成立新民县，后改名为元阳县，从此，元阳人民的历史翻开了新的一页。元阳县进行了和平协商土地改革，在改革开放后开展了一系列社会主义现代化建设的边疆县实践探索。这一系列改革激发了元阳人民的生产积极性，解放了其生产力。1994~2020 年，元阳县经历了扶贫开发、脱贫摘帽的过程，最后取得了脱贫攻坚的胜利，这为巩固拓展脱贫攻坚成果同乡村振兴有效衔接提供了坚实的基础。

---

① 《习近平：高举中国特色社会主义伟大旗帜 为全面建设社会主义现代化国家而团结奋斗——在中国共产党第二次全国代表大会上的报告》，中国政府网，2022 年 10 月 25 日，https://www.gov.cn/xinwen/2022-10/25/content_5721685.htm，最后访问日期：2023 年 8 月 26 日。

② 《习近平：铸牢中华民族共同体意识 推进新时代党的民族工作高质量发展》，中国政府网，2024 年 1 月 31 日，https://www.gov.cn/yaowen/liebiao/202401/content_6929283.htm，最后访问日期：2024 年 1 月 31 日。

③ 何明、周皓：《以中国式现代化全面推进中华民族共同体建设》，《思想战线》2023 年第 6 期。

第一节　反贫困的历程

一　从土地改革到经济体制改革

元阳地区自明、清以来一直为世袭的土司所统治。境内共设大小九个土司，土地和山林为土司所有，属于封建领主所有制。土司制度下，土地的最高所有权属于土司。1950年，元阳县的地主、富农虽只占全县总户数的7%，但占有全县总耕地面积的36.9%，而占全县总户数93%的农民，只占有总耕地面积的63.1%。地主、富农通过地租、高利贷、雇工三个方面残酷地剥削广大贫苦农民：地租通常是产量的50%~70%；高利贷年利高达70%~100%；雇工常是无偿劳役。广大贫苦农民只占有少量土地，有的完全丧失土地。[①] 人民生活极度贫困。

新中国成立后的土地改革运动是中国历史上几千年来一次彻底的革命，它不仅彻底废除了封建土地剥削制度，消灭了地主阶级，使亿万农民成为土地的主人，而且从根本上解放了生产力，为新中国成立初期国民经济的恢复和发展奠定了基础。新中国成立后，1956年，元阳大地上也分两批进行了历时196天的"和平协商土地改革"。[②] 和平协商土地改革强调稳定性、渐进性和制度化，通过修正和调整现有的制度实现社会的改革和发展，是一个逐步推进和持续的过程。元阳县和平协商土地改革中执行的是"慎重稳进"的方针。当时，元阳县的广大农民对封建领主有人格上的依附关系，这些领主既是本民族的剥削者，又是本民族的统治阶级。新中国成立后，他们中的大多数人拥护中国共产党的领导，在民族团结、对敌斗争、发展生产等方面做出了一定的贡献。元阳县通过自上而下和平协商，有步骤、有区别地废除封建领主和地主的土地所有制，实行农民所有制，解放农村

---

① 元阳县人民政府土地管理局、《元阳县土地志》编纂委员会编《元阳县土地志》，云南民族出版社，1998，第31页。

② 云南省元阳县志编纂委员会编《元阳县志》，贵州民族出版社，1990，第16页。

生产力，发展农业生产，为过渡到社会主义创造条件。具体来说，元阳县土地改革采取说理说法的方式，坚持不打、不斗，除现行犯外不捕的原则，没收地主多余的和征收富农多余的土地与耕牛骡马分给农民。对地主、富农不挖底财、不收浮财。

马克思关于后发国家向社会主义过渡的理论，证明了后发国家的发展是可以跨越社会发展阶段的，这为我国在民族地区实行"直接过渡到社会主义社会"的政策提供了依据和启示。"直过区"是新中国成立初期针对仍处于原始社会末期发展阶段或已进入阶级社会的云南等边疆民族地区的特定历史性称谓，元阳县上新城乡采山坪村和黄茅岭乡的普龙寨村就属于此类。1956~1957年，经云南省委批准，元阳县在这些地区采取"直接过渡"的形式，即不进行土地改革，而是以"团结、生产、进步"为长期的工作方针，通过国家政府和先进地区长期有效的帮助，直接地、逐步地过渡到社会主义社会，[1] 从而在元阳县成功地解决了处于不同社会发展阶段的各民族如何共同走上社会主义道路的问题。之所以能"直接过渡"，是因为20世纪50年代末的"直过区"内，土地占有并不十分集中，生产力水平低下，民族内部阶级分化不明显，农民对土地的私有观念并不是很强烈，而是认为土地是可以随意垦种的，加之其他地方互助合作运动的强烈影响，"农民合作化的要求数倍于土地要求"[2]。这实际上也体现了边疆人民对现代化社会的一种向往，因此"直过区"可以依靠贫苦农民直接过渡，元阳县帮助其试办互助组，建立乡政权。1956年，采山坪苗族自治乡成立，同年7月26日，元阳县委确定采山坪苗族自治乡不搞土地改革，以"团结、生产、进步"为中心，逐渐开展互助合作，在发展生产中稳妥地消除原始落后因素，直接过渡到社会主义。同年12月15日，采山坪苗族自治乡人民委员会正式建立，从此采山坪各族人民翻身做了主人，结束了"桃子开花，苗族搬家"的苦难日子。元阳县通过派出"采山坪直过区工作队"帮助发

---

[1] 中共云南省委党史研究室：《云南民族"直过区"经济社会发展研究资料汇编》，云南民族出版社，2006，第3页。

[2] 中共云南省委党史研究室：《云南民族"直过区"经济社会发展研究资料汇编》，云南民族出版社，2006，第210页。

展生产，并先赠送生产生活物资，协助当地农民提前种完农作物，改变苗族"冬天织裙子、支鱼雀，小伙子串亲找老婆，妇女编麻布下地干活"的传统习惯。①

和平协商土地改革的胜利结束，变革了封建生产关系，释放了元阳县的生产力。全县划出地主、富农 2498 户，占总农户的 6.9%；其他阶级（阶层）33252 户，占总农户的 93.1%。没收地主的土地 75783 亩、森林 7351 亩，征收富农的土地 1027 亩，全县人均分到耕地 1.53 亩。土司、地主分到的耕地面积较改革前减少 82.3%，富农分到的耕地面积较改革前减少 41.8%，农民分到的耕地面积较改革前增加 92.5%，其中极贫农户分到的耕地面积较改革前增加 2.4 倍。和平协商土地改革的胜利结束，消灭了千百年来的封建剥削制度，使元阳县经济社会开始走上社会主义的发展道路。

刚刚分到了土地的广大农民，一方面，摆脱贫困的愿望强烈，生产积极性高；另一方面，口粮、耕牛、资金、农具不足，生产、生活上有许多困难，农民呈单打独斗的散户状，难以抵御自然灾害和突发状况。根据云南省委的指示，在土地改革结束后，元阳县转向引导农民走社会主义道路，发展互助合作。根据"由互助到合作，由小到大，由少到多，由低级到高级，以及在经营管理上由简单到复杂"的原则，充分发动群众，和平协商办社。1956 年 5 月 12 日，龙树坝村的 3 个互助组建立了全县第一个农业生产合作社，即"尼尔合作社"（"尼尔"为彝语，即天福），入社农户 33 户。后来，新广平村建立了"街马单鲁合作社"（"街马单鲁"为哈尼语，即光明大道）。1957 年，28 个初级农业生产合作社，社社丰收，全县出现了新中国成立以来农业生产的第一个飞跃。1958 年 8 月，80% 的农户进入了初级农业生产合作社，农业合作化高潮在全县基本形成。②

土地改革后建立的农民土地所有制在一段时间内有效地促进了生产力和农村经济的发展，为工业化的发展开辟了道路；土地改革摧毁了封建专

---

① 中共云南省委党史研究室：《云南民族"直过区"经济社会发展研究资料汇编》，云南民族出版社，2006，第 205 页。

② 云南省元阳县志编纂委员会编《元阳县志》，贵州民族出版社，1990，第 96 页。

制统治的基础，标志着近代以来中国人民反封建任务的最终完成，为中国政治现代化开辟了全新的局面；土地改革打破了传统社会农民与地主的不平等依附关系，用更为广泛的爱国主义和社会主义观念取代了一些狭隘的传统思想，有利于农民在新的集体主义和国家至上的意识激励下齐心协力地建设新中国。[①]

二　改革开放后农村生产承包制度的探索

党的十一届三中全会作出把全党工作的重点转移到社会主义现代化建设上来的重大战略决策，并讨论了农业生产的问题。1979 年 3 月，国家号召在农业体制上可以"五花八门"，大胆试验，只要能调动农民的积极性，各种办法都可以试行，元阳县各族农民纷纷响应。[②] 1978～1985 年，中国的扶贫行动处于通过体制改革推动扶贫阶段，这一时期的农村经济体制探索和变革，使农村经济增长迅速，最终使得贫困人口急剧减少。

1979 年，元阳县 1242 个生产队试行的生产责任制形式有 10 余种，其中，联产承包到组的有 310 个队；包产到组，责任到人的有 211 个队；包工包产到户的有 133 个队；包工到组不包产的有 47 个队。具体承包办法是："两搭配，四不准，六落实"，即土地、耕牛搭配，不准买卖土地、不准出租转让土地、不准破坏公共财物、不准从事盘剥，落实土地、耕牛、管理、奖惩、干部报酬、农民生产积极性。1981 年冬，县委在小新街公社火烧坡生产队进行签订包交提留到户合同试点，并在全县推广，承包合同期普遍定为三年。1982 年，全县农村全面完成了农村经济体制改革，生产力得到了提高，当年粮食总产量为 7000 万公斤，比 1980 年增长 15%。

1984 年冬，县委在逢春岭公社试点，完善了责任制，与全国提法统一，统称为"家庭联产承包责任制"，并且把承包合同期延长至 2000 年，让农民服下了定心丸。家庭联产承包责任制坚持土地归集体所有，按人口或劳力搭配给承包户经营，分配上实行"完成国家的，上交集体的，剩下都是自己的"办法。国家征购粮任务下达到户，由承包户负责完成。集体提留一般占承包产量的 1%~3%。家庭联产承包责任制调动了各族农民的生产积极性，解放了生产力，农村商品经济随之兴起，使农村出现了一批商品生产和商品经营的专业户、重点户和经济联合体。1998 年，元阳县进一步完善家庭联产承包责任制，在"明确所有权、稳定承包权、放活使用权"的基础上，再次宣布土地承包期延长到 2030 年不变，极大地调动了农民的积极性。[1] 事实上，中国的家庭联产承包责任制是一场在坚持集体所有制不变条件下向农民赋权的制度变迁。将家庭承包引入集体经济，能够激发承包农户的生产积极性，弥补传统集体所有制激励机制上的不足，有利于发挥家庭经营的优势。以家庭承包经营为基础、统分结合的双层经营体制的确立推动了中国农业现代化的进程，是适应社会主义初级阶段农村生产发展水平的经营制度。[2]

制度的探索与改革，能极大解放农民的小农经济思想，帮助其逐步树立商品经济的新观念。20 世纪 80 年代中期，元阳县涌现出一批发展商品经济的带头人。1984 年嘎娘区大伍寨粮食生产专业户江子文，为国家提供商品粮 5500 公斤。在元阳县农民人均纯收入仅为 81 元的 1984 年，[3] 南沙区沙仁沟村农民陶文清一家，抓紧粮食生产，积极开展多种经营，全年除完成国家任务和集体提留外，人均有粮 906 公斤，人均收入 1188 元。大坪区张家寨苗族农民张明亮，从 1982 年起大种草果，人称"草果大王"，1985 年收入现金 38500 元。1984 年，全县有专业户、重点户共计 5631 户，新经济联合体 409 个，纳入农户 1782 户。专业户、重点户、新经济联合体共计 7413 户，占全县总农户的 14.4%，他们是先进生产力的代表，是 20 世纪 80 年代的新型农民。

需要清醒面对的事实是，元阳县人口众多，人民群众的生活并不富裕。1985 年，元阳县农村经济总收入为 4360.58 万元，人均 145 元；纯收入为 3683.33 万元，人均 122 元；农民人均口粮不足 200 公斤，农村有相当一部

---

① 元阳县地方志编纂委员会编《元阳县志》，云南民族出版社，2009，第 3 页。
② 刘守英：《农村土地制度改革：从家庭联产承包责任制到三权分置》，《经济研究》2022 年第 2 期。
③ 元阳县地方志编纂委员会编《元阳县志》，云南民族出版社，2009，第 98 页。

分农民尚未解决温饱问题。[①] 1985 年，全县地方财政收入 230 万元，支出 1306 万元，地方财政的自给能力很低，长期依靠国家补贴，元阳大地上的贫困之殇依然严峻。

改革开放以后的经济高速增长，并不是"平均地"反映在中国的每一寸土地上的，中国农村的贫困分布具有区域集中的特点，因此，改革开放后，区域性的扶贫策略也尤为必要，这种策略有利于节约扶贫政策执行的成本。因此，确定国家级贫困县，并对贫困县的发展进行政策支持就是一个基本的区域性扶贫战略举措。20 世纪 80 年代中期，国家确立了 331 个国家重点扶持贫困县。[②] 1986 年，元阳县被确立为云南省的 26 个贫困县之一，1987 年被确定为国家重点扶持贫困县。之后，随着国家具体项目和政策的落地，社会各界的挂钩帮扶，元阳县开始步入扶贫攻坚的进程。[③]

三　扶贫攻坚迈出坚实步伐

1984 年 9 月，中共中央和国务院联合出台了《关于帮助贫困地区尽快改变面貌的通知》。[④] 1986 年，《中华人民共和国国民经济和社会发展第七个五年计划》指出，国家对老、少、边、穷地区继续在资金方面实行扶持政策，减轻税收负担，组织发达地区对其的对口支援工作。可见，解决大多数贫困地区贫困人口的温饱问题成为中国政府扶贫工作的一个长期目标，也凸显了中国式现代化是"一个都不能少"的全体人民共同富裕的现代化。1986 年，我国进入大规模开发式扶贫阶段。1986~2005 年，元阳县根据党和国家、云南省的各项扶贫政策，将开放与开发相结合、易地扶贫与就地脱贫相结合，制定了扶贫开发的总体规划，组织实施了热区综合农业开发、

---

① 云南省元阳县志编纂委员会编《元阳县志》，贵州民族出版社，1990，第 6 页。
② 《国家扶贫开发工作重点县和连片特困地区县的认定》，中国政府网，2013 年 3 月 1 日，https://www.gov.cn/gzdt/2013-03/01/content_2343058.htm，最后访问日期：2023 年 8 月 26 日。
③ 资料来源于元阳县人民政府。
④ 《中共中央、国务院关于帮助贫困地区尽快改变面貌的通知》，中国改革信息库，1984 年 9 月 29 日，http://www.reformdata.org/1984/0929/1886.shtml，最后访问日期：2023 年 10 月 30 日。

易地扶贫开发、确定扶贫攻坚乡、小额信贷扶贫、教育扶贫、挂钩扶贫和定点帮扶等工程，经过艰苦的工作，元阳县的贫困面貌大有改观。行政村"通水、通电、通公路"的目标首先得到实现。群众有房住、有饭吃、有衣穿、有电视看，娃娃有学上，初级卫生保健覆盖农村，这些措施的逐步落实，使得元阳县的扶贫攻坚迈出了坚实步伐。

1994年，中共中央、国务院开始实施《国家八七扶贫攻坚计划》，1996年，云南省委、省政府出台《关于打好扶贫攻坚战确保"九五"基本脱贫的决定》。1994年，元阳县开始实施《元阳县七年扶贫攻坚计划》，计划用4亿元资金，用7年的时间解决28.5万名贫困人口的温饱问题，简称为"4728"扶贫攻坚计划。在该计划的指导下，元阳县于同年开始实施"221工程"，即在高寒山区退耕还林20万亩，开发热区土地20万亩，转移高山区10万名贫困人口到热区开发实现脱贫致富奔小康。

元阳县海拔1200米以下的热区具有丰富的光热资源，适合热带、亚热带植物终年生长，占全县总面积的38%，然而热区人口仅占全县总人口的20%，有83.9%的热区土地没有得到开发利用，人与资源未得到合理配置，具有巨大的发展、脱贫潜力。① 与《元阳县七年扶贫攻坚计划》配套，元阳县制定了《元阳县热区综合农业开发规划》，逐步转移高山区贫困人口到自然资源丰富而人口稀少的热区，实现人口资源与自然资源的合理配置。《元阳县热区综合农业开发规划》对呼山、风口山、哨普山、嚅咱山、桃园山、芭蕉岭山、骂尖山、卡里卡山、绿山、小土龙、复兴山、红土寨、路那山、岩际山共14个热区单体进行开发，规划面积61.47万亩。元阳县通过基础设施建设和产业开发，加强水利、水电、公路交通、集镇村寨建设，优化不同坡度的产业种植，组织10万名高山群众参与热区开发，实现易地扶贫。

在元阳县14个热区单体开发中，最为典型的是呼山易地扶贫开发。呼山是红河与排沙河之间的一条狭长的独立山体，地处低热河谷，光热条件优越、土地资源丰富，总面积6.5万亩中可开发面积为4.3万亩，最大的不

---

① 中共元阳县委党史研究室编《中国共产党元阳历史（1978年12月~2008年12月）》，德宏民族出版社，2017，第131页。

足在于该地区严重缺水。1991年，元阳县通过实施"南水北调"工程和肥香村水库枢纽灌区工程，将者那河水引上呼山，解决呼山缺水的问题，发动7个乡镇的3万余名民工上阵，苦干两个冬春，完成了全长18.9千米的者那大沟。1997年3月，连接者那大沟全长2340米的赛刀倒虹吸工程竣工，该工程通过倒虹吸原理引水上呼山，让"水往高处走"，为开发呼山奠定了基础。1996年7月，云南省政府批准元阳县为易地脱贫试点县，并把呼山项目确定为易地扶贫开发示范工程给予扶持。1997年12月，元阳县首次从高山地区转移农户到呼山，完成安置转移2135户10672人，形成了团结、幸福、呼山三个移民新村。为巩固易地扶贫搬迁成果，按照"先定耕，后定居"的思路，调用农业机械进行坡地改台地，按人均2亩耕地承包给移民种植甘蔗、玉米、木薯、香蕉等农作物。截至2005年，呼山易地扶贫开发累计投入资金5260万元，开垦荒山3万亩，其中耕地2.1万亩。水利、供水、电力、卫生、教育、住房等基础设施不断完善，此外国家给予每户移民2000元的建房补助，使移民全部住上了安居房，移民年人均收入达到了1240元。2000年，呼山成立村委会，隶属南沙镇。呼山易地扶贫开发是元阳县实施较早、较为成功，且取得长效发展的扶贫开发项目。时至今日，呼山乡村振兴的各项成绩依然亮眼，呼山移民过上了安居乐业的生活。

现代社会中，现代信贷要素和金融市场的不断完善，对农村的脱贫和发展影响巨大。各地为了进一步消除贫困、改善民生，逐步实现共同富裕，纷纷完善保障兜底，发挥财政资金的主导作用，撬动金融资本、社会资金投入。元阳县也开始尝试利用金融信贷手段进行扶贫试点，为贫困群众提供脱贫的金融服务。1997年9月，元阳县在胜村乡的麻栗寨、胜村两个自然村开展小额信贷扶贫试点。按照农民自愿组合的原则，每5人组成一个贷款小组，小组成员担负贷款互帮、互督、互保的责任。贷款人可自选发展项目，申请小额信贷资金。首批选择150户组建30个贷款小组，投放小额信贷资金15万元，扶持农户从事小商品经营和饮食服务，年底还贷率达100%。1998年后，小额信贷向种植业、养殖业、加工业投放，为农村经济发展注入了新的活力。2000年，全县小额信贷覆盖72个行政村，353个自然村，投放小额信贷资金 1237.8 万元，累计回笼资金 856.78 万元，还贷率69%。2005 年，投放小额信贷资金 1286.15 万元，覆盖 10 个乡镇，99 个行政村，344 个自然村，涉及贷款农户 11863 户，受益人口 58000 人。① 元阳县通过小额信贷的制度创新为贫困群众提供金融服务，在坚持市场基本取向的情况下开展信贷要素配置和金融市场改革，不断激发市场活力，协调了政府和市场关系，不断提高信贷、资本配置效率，有效补齐了正规金融部门难以服务于贫困农村低收入群体的短板，使贫困群众通过信贷市场获得更加公正的发展机会，激活了农村信贷市场发展的潜力，在培养村民的现代性信任意识方面具有重要作用。②

横向帮扶作为国家层面的制度安排，具有中国特色，充分体现了社会主义制度在消除贫困方面的巨大制度优势。③ 在脱贫攻坚进程中，元阳县通过挂钩扶贫、对口帮扶等政策，获得了来自省内外各级党委和政府、党员干部、实体机构的帮扶。④ 1996 年，云南省人民政府确定元阳县为省计划委员会定点挂钩扶贫对象，省计划委员会、省水利厅、省发展改革委等政府机构通过挂职帮扶、投资帮扶、以工代赈等方式，完善了元阳县的水利、公路等基础设施建设。1997 年起，上海市青浦区对口帮扶元阳县，通过帮助制订扶贫计划、确定扶贫项目、投资扶贫、教育扶贫等，在科技、文化、卫生等方面为元阳县脱贫攻坚做出了显著成效。1998 年，元阳县委出台《关于在全县开展党员干部结对帮扶的实施意见》，⑤ 在部门挂钩扶贫的基础上，以结对到户扶贫为重点，采取一名党员干部联系一户贫困户，广泛开展"伸出一双手，献出一份爱，送去一片情"的献爱心活动，用 3 年的时间逐步解决全县贫困人口的温饱问题，使贫困群众基本实现有饭吃、有衣穿、有房住、有水喝、有学上。红河州属机关计划委员会、交通局以及州

① 元阳县地方志编纂委员会编《元阳县志》，云南民族出版社，2009，第 186 页。
② 孙若梅：《小额信贷在农村信贷市场中作用的探讨》，《中国农村经济》2006 年第 8 期。
③ 深圳市委党校课题组：《中国式帮扶：伟大实践呼唤创新理论》，《光明日报》2021 年 12 月 30 日，第 14 版。
④ 中共元阳县委党史研究室编《中国共产党元阳历史（1978 年 12 月~2008 年 12 月）》，德宏民族出版社，2017，第 133~135 页。
⑤ 资料来源于元阳县人民政府提供的材料。

委组织部等部门到元阳县挂钩帮扶，县级领导干部、县属部门挂钩联系村委会，县属机关单位的党员干部挂钩帮扶贫困户。

1986 年，我国首次确定了农村人口的温饱标准，确定农区县农民人均纯收入在 150 元以下为贫困人口。当年，元阳县被确立为云南省贫困县，农民人均纯收入仅为 131 元，全县贫困人口为 248403 人，占全县总人口的比重为 78.3%。2005 年，元阳县农民人均纯收入为 892 元，[①] 是 1986 年的 6.8 倍，按照国家当时的农村人口脱贫标准，农民人均纯收入 683 元以下的为绝对贫困人口，全县贫困人口由 1986 年的 24.8 万人，下降为 18.4 万人，占总人口的比重也下降为 48.9%，元阳县扶贫攻坚迈出了坚实步伐。[②]

2016~2020 年，是元阳县"十三五"期间努力脱贫摘帽的五年。2020 年 5 月 16 日，云南省人民政府发布通知，批准元阳县退出贫困县。元阳县千百年来的绝对贫困问题得到历史性解决，"边疆、民族、山区、美丽"成为元阳县新县情。2019 年，元阳县农村常住居民人均可支配收入实际增长 10.6%，实际增速高于全国农村增速 1 个百分点、高于全省农村增速 0.1 个百分点，创造了元阳县减贫史上的最好成绩。2016~2020 年，全县区域性整体贫困得到治理，人民群众生产生活条件得到改善，绝对贫困基本消除。全县 9 个贫困乡镇、125 个贫困村脱贫出列，38216 户 176004 人贫困人口实现脱贫，贫困发生率从 2013 年末的 39.64% 降至 2020 年末的 0%。

脱贫摘帽过程中，元阳县总结推广了一些可圈可点的经验，如稻鱼鸭综合种养模式、农村危房改造"三个组织起来"、革除陋习"六步法"等，此外，就业扶贫政企农"一金三保"劳务输出项目荣获全国创业就业服务展示交流活动"优秀项目奖"，"阿者科计划"被教育部列为第四届直属高校精准扶贫精准脱贫十大典型项目，"电商+梯田红米"精准扶贫模式入选全国电商扶贫典型案例，元阳县成功获批国家级电子商务进农村综合示范县。在摆脱贫困的过程中，国家政策和资金的给予固然重要，但盘活地区现有资源禀赋助力经济和产业发展更是重中之重。具体来说，在产业、就

---

① 元阳县地方志编纂委员会编《元阳县志》，云南民族出版社，2009，第 98 页。
② 元阳县地方志编纂委员会编《元阳县志》，云南民族出版社，2009，第 184 页。

业、住房保障、教育、健康、饮水保障、生态、金融等方面，元阳县采取了很多举措。

2019年，元阳县出台《元阳县产业扶贫"1+5+10"实施方案》①，该方案聚焦元阳县产业扶贫，通过产业扶贫覆盖到户、带动贫困户精准脱贫，还涉及金融扶贫、社会扶贫等，立足元阳县的资源禀赋，关注乡村旅游、特色种植养殖、电子商务、就业扶贫等领域的扶贫实效。在扶贫的参与主体方面，探索出"公司+农户""公司+合作社+农户"等利益联结机制，鼓励各类经营主体积极参与扶贫减贫工作。截至2020年底，全县引进和培育了农业龙头企业17家、合作社380个，累计发展了水稻种植19.09万亩、水果种植16.1万亩、蔬菜种植5.35万亩，成功探索出了稻鱼鸭综合种养模式、"四金"模式、电商模式等产业扶贫路径，先后建成了呼山生态休闲农庄、红土青柚产业园、红河谷养殖扶贫示范园区、南沙水塘莲雾等示范基地，有效带动了建档立卡3.66万户脱贫增收，实现了具有劳动能力的贫困户至少有一个新型经营主体覆盖带动的目标。

通常，产业扶贫的对象主要是那些具有一定劳动能力，但因资金匮乏或找不到合适的家庭产业而导致贫困的农户。针对这些农户，政府通过注入扶贫资金，扶持贫困人口发展特色产业，可以提升贫困地区贫困人口的自我发展能力，促进贫困地区贫困人口脱贫致富。然而，贫困地区尚有一些劳动能力匮乏，或者缺乏劳动机会的贫困人口，因此，除了产业扶贫外，元阳县也不断提高劳动力技能，实现增收就业扶贫。2018年6月，元阳县被列为"一金三保"劳务输出模式试点县。"一金"指劳务合作金；"三保"指确保参加劳务合作的贫困户实现就业增收脱贫，确保村集体经济长

---

① 参见《2018年元阳县政府工作报告》。"1+5+10"的"1"即《元阳县加快推进产业扶贫的实施意见》；"5"即《元阳县产业扶贫覆盖到户实施方案》《元阳县新型农村合作经济组织带动建档立卡贫困户全覆盖实施方案》《元阳县鼓励新型经营主体带动贫困户精准脱贫实施方案》《元阳县金融助推产业扶贫工作实施方案》《元阳县社会扶贫实施方案》；"10"即《元阳县稻鱼鸭综合种养扶贫方案》《元阳县热带水果种植扶贫方案》《元阳县中药材种植扶贫方案》《元阳县冬季农业开发扶贫方案》《元阳县制糖甘蔗种植扶贫方案》《元阳县茶叶种植扶贫方案》《元阳县规模化养殖扶贫方案》《元阳县旅游扶贫方案》《元阳县电商扶贫方案》《元阳县就业扶贫方案》。

期稳定增长，确保劳务合作金安全。这一模式有助于解决人力资源公司资金周转难、贫困户劳动力增收难、村集体经济发展难的问题。同时，还带来了"三多"效益：劳动者实现就业后持续工作时间越长奖励越多；村组动员劳动力外出务工的人数越多村集体收益越多；人力资源公司组织劳务输出人数越多收益越大。这种模式，也被总结为"基层党组织＋劳务合作社＋人力资源公司＋贫困群众"利益共享联结机制，是激发群众务工动力、增强企业发展活力、形成服务合力的组织化劳务输出模式。2019 年 6 月，"一金三保"劳务输出模式在第二届全国创业就业服务展示交流活动中荣获"优秀项目奖"。元阳县通过有针对性地组织农村劳动力开展实用技能培训，探索实施政企农"一金三保"劳务输出模式，并且在新冠疫情期间采取"点对点""一站式"直达运输服务，以应对疫情对就业的影响，全县建档立卡劳动力转移就业率达到 77.33%，实现有转移就业意愿的劳动力 100% 安排转移就业；针对"无法离乡、无业可扶、无力脱贫"的特殊人群，通过乡村公共服务、生态护林员岗位等安置 7688 人；建立就业扶贫基地 33 个，吸纳就业 2520 人，其中建档立卡户 457 人，有效增加了贫困户家庭劳务收入。

习近平总书记在党的十九大报告中提出，"增进民生福祉是发展的根本目的。必须多谋民生之利、多解民生之忧，在发展中补齐民生短板、促进社会公平正义，在幼有所育、学有所教、劳有所得、病有所医、老有所养、住有所居、弱有所扶上不断取得新进展，深入开展脱贫攻坚，保证全体人民在共建共享发展中有更多获得感，不断促进人的全面发展、全体人民共同富裕"。① 在住房保障方面，元阳县按照"安全稳固，遮风避雨，保证正常使用安全和基本使用功能"的基本要求，秉承"危房不住人、住人无危房"的原则，分类实施农村危房改造和易地扶贫搬迁安置项目。截至 2020 年 11 月，元阳县总投资 7.99 亿元，实施农村危房改造 34035 户，其中，抗

---

① 《习近平：决胜全面建成小康社会 夺取新时代中国特色社会主义伟大胜利——在中国共产党第十九次全国代表大会上的报告》，新华网，2017 年 10 月 27 日，http://www.xinhuanet.com/politics/19cpcnc/2017-10/27/c_1121867529.htm，最后访问日期：2023 年 8 月 26 日。

震安居工程涉及 9631 户；投资 7.73 亿元，实施易地扶贫搬迁安置项目 42 个，共搬迁 2935 户 13474 人，其中建档立卡贫困户 2259 户 10660 人、同步搬迁户 676 户 2814 人。全县农村危房改造和易地扶贫搬迁已全部实现 100% 入住。① 在教育扶贫方面，坚持一手抓控辍保学、一手抓义务教育均衡发展，认真落实国家教育资助政策，严格执行"双线四级六长"目标管理制、"五书"制、"六包"工作责任制，实现建档立卡贫困生资助从学前教育到大学全覆盖。2016~2020 年，元阳县累计发放各类教育资助资金 5.86 亿元，义务教育均衡发展已于 2019 年通过国家督导评估，实现义务教育阶段建档立卡贫困户子女"零辍学"。在健康扶贫方面，实施"健康元阳"行动计划，开展三级医院一对一帮扶、义诊巡诊活动，采取基本医疗保险、大病保险、医疗救助、医疗费用兜底保障机制"四重保障"措施，全县建档立卡贫困户已全部参加城乡居民基本医疗保险、大病保险，符合条件的 100% 享受医疗救助，享受"先诊疗、后付费"及"一站式"结算、大病专项救治、家庭医生签约等服务，2020 年全县建档立卡贫困户住院患者实际报销比例达 90.61%。在饮水保障方面，2016~2020 年，元阳县投资 11.29 亿元推进重点水利工程建设，投资 7703.91 万元完成 725 个农村饮水安全建设及巩固提升项目，按照《云南省脱贫攻坚农村饮水安全评价细则》要求，全县建档立卡贫困户用水量、水质、用水方便程度和供水保证率达到规定标准，使得贫困户的饮水安全得到保障。②

"两山"理念让元阳县看到，"绿水青山"与"金山银山"之间、生态保护与经济增长之间并非始终处于不可调和状态的对立关系，而是辩证统一的关系。元阳县脱贫攻坚所取得的成果，可以说是践行"绿水青山就是金山银山"的深刻写照。自 2004 年我国正式建立森林生态效益补偿基金制度并明确补偿标准以来，中央财政高度重视森林资源管护，不断加大投入力度，这是对生态保护者因履行生态保护责任所增加的支出和付出的成本予以适当补偿的激励性制度安排。元阳县在脱贫攻坚的 2016~2020 年，每年

---

① 资料来源于中共元阳县委员会、元阳县人民政府 2022 年 11 月 24 日提供的材料。
② 资料来源于中共元阳县委员会、元阳县人民政府 2022 年 11 月 24 日提供的材料。

完成 70.73 万亩公益林 436.6 万元生态效益补偿资金兑付，累计兑付 2183 万元，惠及建档立卡贫困户 14139 户 63723 人；累计投入各类造林资金 38860.72 万元，新增造林 26.408 万亩，实施退耕还林项目 14.16 万亩，惠及建档立卡贫困户 4847 户 23498 人；安排生态护林员 2156 人，带动贫困户就业 2156 户 10775 人。这些补偿资金和造林资金被用于公益林的营造、抚育、保护、管理和非国有公益林权利人的经济补偿等，有利于实现生态保护和治理的成本共担、合作共治、效益共享，以及营造生态文明的氛围。此外，在脱贫攻坚的 2016～2020 年，元阳县累计投入资金 212.7 万元实施林业农村能源项目，安装太阳能热水器 1769 台、节柴灶 860 眼，全部安排于建档立卡贫困户家中。[1]

此外，元阳县通过稻鱼鸭综合种养模式、梯田红米品牌精准扶贫模式、哈尼梯田文旅品牌促农增收模式，持续打造哈尼梯田绿色生态品牌和文化旅游品牌，持续守护绿水青山，打造"金山银山"，提升地方物质生产与文旅服务的生态附加值，促进地方发展和贫困人口收入提高。

金融扶贫能够促进贫困地区产业的持续性发展，有"四两拨千斤"的作用。

小额信贷扶贫方面，元阳县出台了《元阳县扶贫小额信贷管理办法（试行）》，确保扶贫小额信贷专款专用，并配足扶贫小额信贷风险补偿金。2014 年由中国银监会、保监会、财政部、中国人民银行、国务院扶贫办联合推出的精准扶贫信贷产品——扶贫小额信贷，在为贫困户发展产业提供了资金支持的同时，也为激发贫困户内生动力提供了引擎，为改善贫困地区金融生态、提升社会治理水平提供了抓手，为世界其他国家解决贫困人口贷款难问题贡献了中国方案。国务院扶贫办委托的第三方机构调查显示，扶贫小额信贷对贫困户增收的贡献率达 12.4%。[2] 从中国及全球扶贫的角度

---

① 《"山沟沟"变"聚宝盆"——元阳县联社金融支持梯田红米及"稻鱼鸭"综合种养》，"红河州银行业协会"微信公众号，2020 年 6 月 3 日，https://mp.weixin.qq.com/s/5oWT3P At1QTirfJ6HB_fAg，最后访问日期：2023 年 8 月 26 日。

② 李均锋：《扶贫小额信贷是金融精准扶贫的成功实践》，《清华金融评论》2020 年第 7 期。

看，中国扶贫小额信贷是在发现问题、解决问题中逐渐规范发展起来的，历经了从无到有、从落地到落细、从不完善到完善的过程。

账户和银行卡的普及是民众获得金融服务、消除"金融排斥"的第一步。由于山路崎岖，哈尼梯田周边的老百姓要去银行办理线下业务经常是一个令他们头疼的问题。一些家中没有年轻人的中老年人的数字素养不足以支持他们使用手机银行完成线上业务，而且去线下银行办理业务也往往被他们认为更安全。以往去线下银行网点办事只能坐车去新街镇，要花掉少则半小时，多则1个多小时的时间，极为不便。历经数月的精心筹备，2019年12月9日，农行元阳哈尼小镇支行正式对外提供金融服务，网点配备了科技含量高、业务品种全的现代化金融智能机器和设备，对于助推元阳县脱贫攻坚，有效向深度贫困地区延伸金融服务具有重要作用。网点的新建，为梯田周边4个乡镇10多万名哈尼族等少数民族老百姓、商户等提供了金融服务，也提升了游客在自然景区的金融服务体验，让老百姓办业务不用再驱车去新街镇了，从而方便了群众生活。

青年是创新创业的重要主体，在知识和技术获取渠道多元化的当下，贫困地区的青年创业更多的是要解决资金问题。为了助力元阳县的青年创业，助推元阳的精准扶贫工作，2017年底元阳团县委和元阳县农村信用合作联社在元阳电商产业园区挂牌成立首个"农村青年创业金融服务站"，将共青团的组织优势和金融机构的专业优势结合起来，解决创业青年金融信息缺乏、金融服务缺失、融资难等问题。一些元阳本地的创业青年结合当地的产业和自身的技能，也积极加入推动"云品出滇"，助力消费扶贫，为家乡乡村振兴贡献青年力量。

不断改进工作方法和工作作风是保证各项事业、工作得以推进的重要法宝。脱贫攻坚战通常被称为"一块难啃的硬骨头"，元阳县在工作方式方法上做到了严格、精准、压实责任。贫困户的收入核查是一个有目共睹的难点。因此，元阳县在管理扶贫对象方面做到精准动态管理：围绕"零漏评、零错退"目标进行扶贫对象动态管理工作，通过村民会议评议、入户核实、村"两委"审议、乡级审核、行业部门比对、县级复核等程序，进行贫困对象动态管理和贫困退出工作。在项目资金管理方面，按照"村申报、乡审核、县审定"的程序，根据贫困村退出 7 条标准、20 项巩固措施，以"缺什么、补什么"为原则，开展动态调整，制定了村级"施工图"、乡级"路线图"、县级项目库。项目库动态调整后，涉及全县 14 个乡镇，138 个行政村，建档立卡人口直接受益 38216 户 176004 人，到村（组）、到户、到人项目涉及十大类 55 个大项 72 个小项 27286 个单项，总投资 327391.88 万元。2016～2020 年底，全县统筹整合使用财政涉农资金 33.75 亿元，其中中央资金 23.84 亿元、省级资金 7.40 亿元、州级资金 1.69 亿元、县级资金 0.82 亿元，优化资金配置，实现从"大水漫灌"向"精准滴灌"转变，把每一分钱都用在刀刃上。在干部队伍方面，为脱贫攻坚提供人才保障，派出驻村扶贫工作队员 524 名，选派贫困村第一书记 125 名；从脱贫攻坚一线调整使用干部 294 名，其中提拔干部 173 名，委以重用干部 121 名。[①]

第二节　振兴的基础：脱贫攻坚成效显著

2020 年 5 月 16 日，云南省人民政府发布通知，正式批准元阳县退出贫困县，元阳县如期实现脱贫摘帽。脱贫攻坚的全面胜利对元阳县的改变是历史性的，不仅有力推进了西南边疆民族地区摆脱贫困的进程，而且实现了元阳人民的夙愿。2021 年全国脱贫攻坚总结表彰大会提出，现行标准下，我国农村贫困人口全部实现脱贫、贫困县全部摘帽、区域性整体贫困得到解决。《人类减贫的中国实践》白皮书中提到，根据国民经济社会发展水平和贫困人口基本生活需求确定扶贫标准，是中国实施大规模、有计划、有组织扶贫以来一直的做法。新时代脱贫攻坚取得的全面胜利主要由以下五个方面构成，一是贫困人口生活水平显著提升，二是贫困地区落后面貌根本改变，三是脱贫群众精神风貌焕然一新，四是特殊困难群体生存发展权

---

① 资料来源于中共元阳县委员会、元阳县人民政府 2020 年 11 月 24 日提供的材料。

利有效保障，五是贫困地区基层治理能力显著提升。① 元阳县在这五个方面都取得了显著成效。

一　贫困人口生活水平显著提升

居民人均可支配收入通常用来衡量老百姓的收入水平，是反映老百姓生活水平、福祉状况的主要指标。2019 年，元阳县城镇常住居民人均可支配收入为 33060 元，农村常住居民人均可支配收入为 9465 元。2020 年，元阳县农村常住居民人均可支配收入为 10251 元，比上年增长 8.3%。城镇常住居民人均可支配收入 34217 元，比上年增长 3.5%。② 元阳县建档立卡贫困人口实现城乡居民养老保险、大病保险参保全覆盖，实施政企农"一金三保"劳务输出模式，使得 2020 年全县建档立卡劳动力转移就业率达到77.33%，实现有转移就业意愿的劳动力 100% 安排转移就业。元阳县实现了建档立卡贫困户"一户一人"稳定就业、"一人一技"强基固本、"一村百人"组织化输出、"百村万户"全面覆盖。

案例 1-1　元阳县南沙镇呼山村脱贫攻坚的成效和生活的巨变

呼山村位于南沙镇西北部，共 905 户 4253 人，大部分群众是 20 世纪 90 年代从高寒山区上半山区搬迁而来的。脱贫攻坚以来，呼山村引进龙头企业发挥示范引领作用，因地制宜发展特色产业，以"党建+企业+基地+农户"的模式，有效带动了当地群众持续增收。过去，村民们靠外出务工和进行传统的种植、养殖来维持生活，经济基础相对薄弱。在脱贫攻坚期间，呼山村的特色水果种植以枇杷为主。为振兴枇杷产业，呼山村咪革种植、养殖农民专业合作社应运而生，合作社通

---

① 《〈人类减贫的中国实践〉白皮书（全文）》，中华人民共和国国务院新闻办公室网站，2021 年 4 月 6 日，http://www.scio.gov.cn/zfbps/ndhf/2021n_2242/202207/t20220704_130673.html，最后访问日期：2023 年 8 月 26 日。

② 红河州党史研究和地方志编纂办公室编《红河州年鉴 2021》，云南人民出版社，2022，第556 页。

过派出去学习、请进来培训的方式，不断提高社员的枇杷种植管理技术。特别是国家乡村振兴科技特派团枇杷产业组入驻呼山指导后，社员的施肥、修枝、防虫、疏花、疏果等技术得到提高。呼山村枇杷种植面积 10000 多亩，2021 年总产值达 3500 万元。引入呼山众创农业开发有限公司（以下简称"呼山众创"）和元阳县富坤牧业开发有限公司，两家公司分别投入 5500 余万元和 3000 万元在呼山村流转土地 1200 亩。农户除了通过流转土地得到租金，还可优先到基地务工，赚取每人每天劳务费 100 元。2022 年，呼山村的鱼苗良种繁育中心平均每天返聘当地农户 10~20 人，每个劳动力每年至少可获 2.2 万元务工收入；生猪养殖基地吸纳当地 19 户 51 人到公司工作，这些职工人均月收入增加 3000 元。

中国式现代化一个重要方面就是"物质文明和精神文明相协调的现代化"。随着物质生活水平的提高，农村居民的消费内容也不断丰富，旅游消费所占比重日益提高。目前，"乡村旅游"已是被重点关注的领域，但其往往指的是城市居民到农村旅游，农民是作为接待者、服务者出现的。事实上，"农民出游"已经成为一个强势崛起的消费事项，农民旅游消费也呈现上升之势。根据文化和旅游部数据：2023 年上半年，农村居民国内旅游 5.25 亿人次，同比增长 44.2%；农村居民出游花费 0.32 万亿元，同比增长 41.5%。[①] 仅以在西南边疆民族地区元阳县的一家名为"地道元阳"的旅行社为例就可见一斑：该旅行社 2019~2022 年，共组织 1600 余名边疆民族地区的农民出门旅游，旅游目的地包括北京、上海、苏州、杭州、广东，甚至还有香港和澳门地区。尽管 2020 年 5 月 16 日，位于西南边疆民族地区的云南省红河州元阳县才退出贫困县，2022 年，元阳县农村常住居民人均可支配收入也仅 12208 元[②]，但该地农民强劲的旅游消费不应被忽视，对此现

---

①　《2023 年上半年国内旅游数据情况》，中国政府网，2023 年 7 月 18 日，https://www.gov.cn/lianbo/bumen/202307/content_6892643.htm，最后访问日期：2023 年 10 月 29 日。

②　参见《元阳县 2022 年政府工作报告》。

象也不应局限于经济和消费场域的讨论。物质富足、精神富有是社会主义现代化的根本要求。物质贫困不是社会主义，精神贫乏也不是社会主义。从不断推进共同富裕的角度看，农民进城旅游是农民在物质生活达到一定水平而出现的一种物质和精神交织的生活形态，这种生活形态产生的物质和精神的"双重获得感"有助于推动农民将旅游体验转变为追求美好生活而干事创业的力量，甚至影响农民的教育观念。

"十三五"期间，元阳县投入7.99亿元实施农村危房改造工程共涉及了34035户；投资7.88亿元实施易地扶贫搬迁安置项目42个，共搬迁了2935户13474人；实施7个增减挂钩项目，实现了财政收入3.97亿元；投入5.41亿元实施教育扶贫项目建设，义务教育均衡发展通过了国家督导评估认定，平均受教育年限从8.5年提升到10年，有效阻断了贫困的代际传递，让下一代的教育有了希望。建档立卡贫困生资助从学前教育到大学全覆盖。"十三五"期间，元阳县累计发放各类教育资助资金5.86亿元，实现义务教育阶段建档立卡贫困户子女"零辍学"。

健康扶贫取得成效。实施"健康元阳"行动计划，扎实推进医疗机构标准化"三个一"工程建设、三级医院一对一帮扶、义诊巡诊活动，全面落实基本医疗保险、大病保险、医疗救助、医疗费用兜底保障机制"四重保障"措施，全县建档立卡贫困户已全部参加城乡居民基本医疗保险、大病保险，符合条件的100%享受医疗救助，享受"先诊疗、后付费"及"一站式"结算、大病专项救治、家庭医生签约等服务。2020年，全县建档立卡贫困户住院患者实际报销比例达90.61%。农村饮水更便捷，更有安全保障。"十三五"期间，元阳县投资11.29亿元推进重点水利工程建设，投资7703.91万元完成725个农村饮水安全建设及巩固提升项目，按照《云南省脱贫攻坚农村饮水安全评价细则》要求，实现全县建档立卡贫困户水量、水质、用水方便程度和供水保证率达到规定标准。

二　贫困地区落后面貌根本改变

"要致富，先修路。"交通作为基础设施的重要维度，其便利通达不仅有助于解决外部的资本、技术和市场进入的问题，也便于带动本村劳动力外出务工就业。可以说，基础设施投入是脱贫攻坚的"开路先锋"，也是国家主导的脱贫模式的主要特点。元阳县为全国滇南边境集中连片特困地区县，长期以来，地区基础设施条件十分薄弱，公共服务极度匮乏，经济社会发展十分滞后，贫困整体面貌改变艰难。2020年脱贫攻坚战的胜利，让全县的整体落后面貌得到显著改变。"要致富，先修路"道出了基础设施对于发展和致富的重要性。除此之外，交通、水利、电力、通信等基础设施的落后严重影响着元阳县与其他地方的区隔。因此，基础设施建设能够极大促进贫困地区经济社会的落后面貌得以改变。

截至2020年底，全县境内公路总里程达3964公里，建制村公路硬化率、自然村通公路率达100%，特别是元阳民用机场项目已上报国务院、中央军委启动项目立项审批程序，元蔓、元绿、建（个）元高速公路项目快速推进，元阳县交通区位优势日益凸显。水、电、互联网等基础设施落地见效，教育、文化、卫生等公共服务设施短板加大补齐力度，群众生产生活条件显著改善，公共服务能力不断提升。

投资拉动基础设施建设实现新突破。元阳民用机场、沿边铁路前期工作稳步推进，交通基础设施建设实现历史性突破，红河南部交通枢纽中心优势初步彰显。在元阳县一些适合热带水果种植的河谷地带，如果不打通运输的基础设施建设，其果蔬种植就意味着"增产不增收"。在元阳县小新街乡绿山村就是如此。

案例1-2　迫切提升水果运输效率的绿山村

绿山村北以红河为界，东以蛮巩河为界，西隔蛮堤河与上新城乡相望，南接都鲁保、大拉卡两个村，土地面积为3万亩。最低海拔为170米，最高海拔为900米，大部分土地位于河谷区，属典型的亚热带气候。目前，全村道路已经硬化完成，村容村貌有了大幅改观。绿山村甘蔗种植面积为2600亩、生姜种植面积达900亩、香蕉种植面积为1300余亩，这个大山中的"水果产地"最大的问题就是水果运输。因

此，绿山村村民希望对从风口山出发的"蛮杏河岔路口至蛮板段"的
25公里泥土路进行硬化或改造升级，这将会大幅缩短绿山村到个旧市
冷墩水果交易市场的时间，将有利于村民抓住绿山村芒果、冬早蔬菜
进入市场的先机。

元阳县水利保障能力大幅提升，投资12.18亿元实施丫多河、东观音山
等水库及增益寨水库至烂衙门引水工程建设，解决了哈尼梯田、呼山片区
灌溉问题，受益群众达92514人；实现农村集中供水率达100%、饮水安全
全面达标。能源和通信保障能力明显提升，建成大鲁沙、蛮巩河、骂匪河
等6座水电站，农村电网改造全部完成，群众用电更加安全、更加稳定。全
县有134个行政村已通10000V以上的动力电，1234个自然村实现100%通
380V动力电。广播电视、网络宽带全面覆盖，有效减少了城乡之间的信息
差。全县14个乡镇138个行政村（含社区）1234个自然村的广播电视信号
均已覆盖，覆盖率已达100%，实现村委会、学校和村卫生室光纤网络与4G
网络全覆盖。县城家庭宽带接入能力达1000兆，农村家庭达200兆，全县
4G网络覆盖率达92%。

全县电商销售等新业态迅速发展，手机成为新农具，直播成为新农活。
2019年元阳县成功获批国家级电子商务进农村综合示范县。元阳县电子商
务进农村综合示范项目采取"州级统筹+县级主导"方式，围绕建设较为完
善的电商公共服务、物流仓储配送、农产品供应链、电商人才培训、电商
精准扶贫五大体系，整体推进实施。加大电商知识普及力度，推动农村电
商工作快速开展。元阳县在培训过程中，邀请专家学者、电商创业成功人
士等进行授课，并根据不同培训群体动态调整培训内容。培训内容包含开
网店技巧、抖音拍摄技巧、短视频制作、有赞微小店开设等，以及传授流
量数据、订单数据、转化率数据等知识，以此提升学员数据分析能力、拍
照技巧，帮助其优化客户视觉体验等。在各方共同努力下，截至2022年8
月，元阳县共开展电商培训69场6236人次。培训对象为县、乡、村干部，
农产品生产基地、农业专业合作社、农业服务机构等从事农产品生产经营

的机构，返乡大学生，返乡农民工，大学生村官，农村创业青年，农村家庭妇女，电商网点负责人；培训方式为知识普及、岗位实操、专业提升、企业定制等，突出个性化需求，推出菜单式、点对点及外出考察培训；充分利用园区、企业、协会等资源，建立"基地管理员+项目经理+创业导师+专家咨询+商业网络"五级孵化培训体系。

案例 1-3　元阳县村民过上了便捷的"网购"生活

近年来，随着元阳县电子商务进农村项目不断深入推进，即便是离元阳南沙县城有近 3 小时车程的小新街乡绿山村，其村民网购的包裹一般 3~4 天也能到达手中。举例来说，绿山村的各自然村村民下单的电商货物来到元阳县城的县级物流中心后，由物流中心的客车再分送到全县各个村委会。满载绿山村村民快递货物的客车，途经附近的都鲁保村委会，到达绿山村绿山寨小卖部快递超市，由位于绿山村绿山寨的一个快递超市通知村民取件。村民每取一个快递，快递超市收取 3 元的费用。目前，绿山村只有一个位于绿山寨的小卖部属于快递超市，具有收发快递的功能。所谓的快递超市，就是快递驿站叠加超市或小卖部，快递超市可以收发、中转、暂存快递，同时也为小卖部的业务引流，从而实现店铺和驿站的双重盈利。

元阳县公共文化服务体系不断健全，建成村级综合性文化服务中心 138 个，建成县级图书总馆、县级文化总馆和 14 个乡镇分馆及 18 个行政村（社区）服务点，实现数字文化网络电视全覆盖。

元阳县的发展，就是不断践行"绿水青山就是金山银山"的生动写照，通过生态文明建设引领，哈尼梯田保护发展不断取得新成果。2020 年 1 月，"元阳哈尼梯田景区"正式被列入省级创建国家 5A 级旅游景区预备名单。2018 年 12 月，红河州元阳哈尼梯田遗产区被生态环境部命名为第二批"绿水青山就是金山银山"实践创新基地。2019 年 11 月，元阳梯田入选中国摄影家协会推出的"摄影发现中国"十大景观之一。2020 年 11 月，元阳县被中国气象局授予"中国天然氧吧"称号。这些荣誉和称号，成为元阳县一张张亮丽的"名片"。

"十三五"期间，元阳县每年完成70.73万亩436.6万元的公益林生态效益补偿资金兑付，累计兑付2183万元，惠及建档立卡贫困户14139户63723人；安排生态护林员2156人，带动贫困户2156户10775人。"民亦劳止，汔可小康"，南沙镇甘蔗山村村民白金昆就是在守护"绿水青山"过程中获得发展红利的一员，他是南沙镇的护林员，2020年已经每年可以拿8000元补贴，加上153亩土地流转租金收入7万多元、退耕还林补偿款一年1万多元，收入水平已经提前进入小康生活了。

三　脱贫群众精神风貌焕然一新

脱贫攻坚战中，各级党委政府为贫困地区的脱贫提供了政策支持，全国发展较好较快的地方与贫困地区结对帮扶提供了物质支持，但树立贫困户的脱贫意识，提升其致富的热情和精神面貌也是非常重要的。脱贫攻坚既是一场深刻的物质革命，也是一场深刻的思想革命。"只有首先'摆脱'了我们头脑中的'贫困'，才能使我们所主管的区域'摆脱贫困'，才能使我们整个国家和民族'摆脱贫困'，走上繁荣富裕之路。"① 元阳县脱贫攻坚战期间，贫困群众的观念意识得到显著改变，致富的热情不断提升，内生动力不断增强。脱贫攻坚让贫困群众向往美好的生活，展现出致富的热情和积极向上的精神面貌。

案例1-4　立志回乡"当老板"的种植大户杨昆有

小新街乡绿山村的杨昆有曾为该村的建档立卡户，2018年11月，杨昆有在元蔓高速架桥工作中发生意外，导致右脚脚跟骨骨折，之后2019年整年，他只能在老家休养。个人的病痛遇上国家脱贫攻坚的深入开展，让杨昆有穷则思变。他开始边在家休养边种植香蕉、甘蔗，

---

① 习近平:《摆脱贫困》，福建人民出版社，1992，第160页。

受益于政府和当地企业的惠农政策，比如与元阳英茂糖业有限公司（以下简称"英茂公司"）签订种植协议，由公司预支农户种植甘蔗的种苗费、人工费，开展种植技术咨询服务等，到了收获季节，英茂公司和县农业农村局来田地测量实际产量、现场验收，以每吨 450 元的价格收购甘蔗。终于，种植纯收益在 2021 年达到 10 万元，杨昆有甚至有了当"老板"的野心。杨昆有这么说过一句话："我是干不怕、亏不怕的人。家里人看到我种甘蔗亏了就骂，认为打工来钱快。"但是杨昆有坚信："打工一个月干得多少钱都是打工，自己干赚了 5 角钱都是老板。"①

从这一案例中可以发现，外出务工尽管对脱贫的效果明显，但政府也不应忽视那些因照顾家庭、个人健康、突发事故等无法外出的困难户，应在村中发展产业，使得这部分农户不出村子也可以实现有活可干、有钱可挣。

主人翁意识显著提升，现代观念不断增强。获得脱贫攻坚红利的贫困群众，对村寨的建设更加关心，更加愿意为集体的事情"操心"。2020 年 8 月，元阳县充分发挥党组织核心引领作用，严格落实村级重点决策事项"四议两公开"制度，督促指导其 138 个行政村（含社区）1307 个村（居）民小组制定村规民约。充分发挥工会、共青团、妇联等群团组织和老年协会、红白理事会等群众组织作用，广泛搭建党员群众参与村内事务的平台。采取"1+X"党群划区域共管模式，由 1 名党员任片区组长，组织带领群众划片包干，开展政策宣传、环境整治等工作。在易地搬迁安置点同步建立"一站式"为民服务站，全力做好安置区建设管理、组织搬迁入住、社区管理服务、就学就医、社会保障等工作。在元阳县，青年参与村寨集体事务的积极性不断提升，更多的年轻人愿意到村委会工作服务。

---

① 访谈对象：杨昆有，男，彝族，1979 年生，绿山村种植大户。访谈时间：2023 年 2 月 4 日。

案例1-5 返乡参加村委会基层治理的李金博

上新城乡新城村委会团总支副书记、民政协理员李金博，2018年中专毕业后在县城当会计，后来，2021年初回到家乡村委会工作。[①] 他带领村民组织起在外读书学生的自治组织"学生会"，带着他们举办乡村春晚、篮球赛，打扫卫生，插秧，关爱留守儿童，让新城村的青年们更加认同自己的村寨。他带领村委会人员开设、运营了村级微信公众号、视频号"醉美捞市"，发挥自己的摄影、剪辑长处，利用自媒体宣传民生政策，提高了群众对政策的知晓率；弘扬少数民族文化，增强了村民的文化自信；发布敬老爱幼、卫生整治等先进事例，引领了新时代文明乡风。李金博用哈尼语发布了讲解"两险"政策的短视频，赢得了群众的广泛认可，获得转评赞1706条，播放量达到8万余次。群众思想进步了，缴纳"两险"的热情也比以前显著提升了，更加积极参与履行各项政策。"醉美捞市"微信公众号、视频号上经常有这样的留言，"我们村越来越好了""这样的活动我们也可以办一个""在外看到你的视频，对家乡的思念也可以少一分了"。这样的回乡"领头雁"还很多，如绿山村1988年出生的杨朴亮，也返乡带领村民种植小黄姜、甘蔗，成为群众信得过的年轻人，带领贫困群众脱贫的意愿越来越强烈，2020年10月被选为绿山村党总支副书记，目前为村党总支书记。[②]

破除生活陋习，乡风文明不断凸显。勤俭节约、勤劳致富也是脱贫的重要方面。红白喜事大操大办加重了贫困户的负担，也让脱贫攻坚举步维艰。观念的转变、乡风文明的发展在脱贫攻坚阶段取得了新进展。比如元阳县俄扎乡重点推行"婚丧改革"取得实效。2019年底，俄扎乡共有人口23155人，其中哈尼族就有21766人，占总人口的94%。过去，村民在举办

[①] 访谈对象：李金博，男，哈尼族，1997年生，新城村委会团总支书记。访谈时间：2023年1月30日。

[②] 访谈对象：杨朴亮，男，彝族，1988年生，绿山村党总支书记。访谈时间：2023年2月4日。

婚礼、葬礼时讲究人情、注重形式，很多村民即便经济拮据也要把婚丧仪式办得"体面"，因大操大办返贫的现象屡见不鲜。为帮助农户减轻经济负担、卸下"人情枷锁"，俄扎乡推行了以"婚丧改革"为重点的移风易俗行动，提出了"一改二减三取消"的举措（"一改"，由传统浪费改为勤俭节约；二减，即减礼数、减天数；三取消，即取消吹号、取消放烟花、取消叫祭）。据初步估计，2019 年俄扎乡全乡共简办丧葬 26 起，群众节约资金 130 余万元。在推行婚丧简办的同时，为了净化民风、营造勤劳致富的氛围，俄扎乡以"爱心超市"为载体，通过正向激励、反向鞭策，对孝顺老人、遵守村规、助人为乐、拾金不昧的家庭和个人进行公开表扬，对卫生习惯差、房前屋后脏乱、红白喜事大操大办、好吃懒做、沉迷喝酒赌博的家庭和个人进行曝光，营造"人人知耻、人人争先"的良好脱贫氛围。[①] 随着农村现代化的不断发展，消费品、工业品的下乡以及乡村旅游的兴旺，乡村里的垃圾也越来越多。元阳县新街镇爱春村是乡村旅游发展较好的村，该村的驻村援助团队利用村规民约来约束村民行为，对于乱扔垃圾的一次罚款 50 元，规定村民将垃圾扔进垃圾桶，定点堆放。雇用村民常规打扫，村集体公司有 4 名清洁工，每月工资 800 元，每日清扫 3 次。开展这些工作之后，村内卫生环境有了很大的改观。

四　特殊困难群体生存发展权利有效保障

党的十八大以来，党和国家实施的精准扶贫方略中，要求扶贫方式由"大水漫灌式"转变为"精准滴灌式"。在边疆多民族贫困地区，特殊困难群体如妇女、儿童、老人和残疾人等要获得平等的、高质量的生存和发展，政府必须对其采取"倾斜"政策，更加用心、用情、用力地通过"精准滴灌"的方式帮扶他们。

贫困妇女的生存、健康和发展状况得到改善。女性贫困具有演化性、

---

① 《【我的脱贫故事】穆道斌：用真心换真情　用实干赢信任》，"云上梯田和美元阳"微信公众号，2020 年 10 月 13 日，https://mp.weixin.qq.com/s/lLJxkWlduD8MLl6IZRpSgg，最后访问日期：2023 年 8 月 26 日。

传递性、分散性、隐蔽性、多样性、易受损害性、多重交叉的脆弱性等特点，[①] 贫困地区妇女脱贫不仅是妇女本身的生存发展问题，事实上也是有效阻断贫困代际传递、促进家庭和谐幸福的关键，因而是脱贫攻坚战中的一个重要抓手。[②] 2018 年至 2020 年 6 月，中国妇女发展基金会与阿里巴巴公司在元阳县开始实施"加油木兰"——关注贫困女性保障项目，采用"公益+扶贫+互联网保险"模式，为元阳县 0~100 岁建档立卡贫困女性赠送"加油木兰"保险，提供了教育、医疗、生育保障。截至 2019 年底，共为符合条件的元阳县贫困女性购买公益保险金 1394 万元，受益 157570 人次，成功理赔教育、医疗、生育保险人数共计 2077 人，兑现金额 400.15 万元。[③] 该项目中，多元主体合力进行精准扶贫，通过区块链技术等精准助推，借助公益组织弥补政府政策忽视的方面。此外，"农村贫困母亲两癌救助专项基金"（中央专项彩票公益金）自 2017 年在元阳县落地以来，对农村妇女中乳腺癌、宫颈癌患者实施救助，每人发放救助金 10000 元，2018 年共 4 人获得救助，2019 年共 7 人获得救助，2020 年共 10 人获得救助。[④]

案例 1-6 脱贫攻坚行动中的巾帼力量

生长于哈尼梯田边的彝族姑娘刘玲芝，目前为国家级和省级巾帼示范基地合作社攀枝花乡勐弄刺绣农民专业合作社的负责人，她曾就读于江西服装学院，后返乡创业。在上海东西部协作资金支持下，于 2016 年在攀枝花乡建成元阳县第一个民族刺绣农民专业合作社。合作社引进电脑绣花机等设备，建成加工传承基地，采用"公司+村集体+合作社+传承基地+绣娘"模式，发展刺绣产业，壮大村集体经济，为农村妇女提供更多就业岗位，帮助当地农村贫困妇女不离乡土、不离家庭就能增收。

---

① 苏海：《中国农村贫困女性的减贫历程与经验反思》，《云南社会科学》2019 年第 6 期。
② 聂常虹、王雷：《我国贫困妇女脱贫问题政策研究》，《中国科学院院刊》2019 年第 1 期。
③ 徐磊：《元阳县：实施"加油木兰"项目筑牢返贫风险"防火墙"》，《红河日报》2020 年 6 月 29 日，第 1 版。
④ 数据来源于元阳县妇联。

此外，"十三五"期间，上海市徐汇区妇联在元阳县绣梦工坊创办"女神集市"项目，沪滇对口帮扶项目点落地元阳梦创科技有限公司，这些精准滴灌的扶贫举措反映出贫困治理是一项巨大和持久性的工作，贯彻精准扶贫、精准脱贫基本方略，必须坚持"大扶贫格局"，广泛调动社会各方力量共同参与、共同谋划，合力打出精准扶贫"组合拳"，才能加速推进中国贫困地区脱贫减贫进程。①

儿童受关爱水平不断提高。元阳县制定实施《元阳县妇女儿童发展规划（2011—2020）》，成为脱贫攻坚进程中元阳县妇女儿童事业发展的政策参考和行动指引。元阳县以儿童之家为载体，积极发挥儿童之家作用，开展丰富的关爱活动，多措并举做好关爱留守儿童工作，让留守儿童感受温暖、快乐生活、健康成长，助力精准扶贫工作。利用"六一"儿童节等契机，开展"小微聚大爱"活动征集留守儿童心愿，通过微信公众号号召爱心人士奉献爱心，实现孩子们的微心愿。儿童之家提供免费借阅图书，免费使用体育器械、电脑等设施的服务，让留守儿童课外有去处，让孩子们的课余生活丰富起来。②

对农村低保、特困人员、困难残疾人和重度残疾人、孤儿、高龄长寿、突发性暂时性的困难对象，实行社会保障兜底。2014 年至 2020 年 10 月，全县累计发放建档立卡户救助资金 39655.44 万元，其中农村低保金 36657.57 万元，特困人员供养金 1390.57 万元，孤儿基本生活保障金 1181.97 万元，残疾人"两项补贴"425.33 万元；累计支出临时救助资金 4482.72 万元。同时，对享受救助政策的人员实行动态管理，及时清退不符合救助条件的人员，及时纳入符合政策享受范围的困难群众，把真正需要救助的困难群众及时鉴别出来。③

---

① 高歌：《公益保险在女性精准扶贫中的应用——以"加油木兰"·关注贫困女性保障项目为例》，《北京航空航天大学学报》（社会科学版）2021 年第 1 期。
② 资料来源于元阳县人民政府 2022 年 11 月 24 日提供的材料。
③ 高红丽、肖琳平：《【我的脱贫故事】县民政局做好社会救助保障 兜住兜牢民生底线》，"云上梯田和美元阳"微信公众号，2020 年 10 月 14 日，https://mp.weixin.qq.com/s/OPMEmcqj3_iaVeulDxsehA，最后访问日期：2023 年 8 月 27 日。

五　贫困地区基层治理能力显著提升

从历史经验来看，摆脱贫困不仅仅是给钱给物的"输血式"扶贫，更是要努力消除贫困的系统性根源，解决贫困农户的权利匮乏问题。由此，需要机制和制度、组织创新，推动农村基层治理走向现代化，提升贫困治理的长期效能。[①] 脱贫攻坚进程中，元阳县的农村基层党组织建设、基层群众自治、社会治理水平等方面都有显著提升。

农村基层党组织更加坚强。大道蕴于历史，中国人民革命发展事业不断取得胜利靠的就是中国共产党。党的建设是推进脱贫攻坚行动的"定海神针"。元阳县全面加强村级党组织建设，农村党组织的政治功能、组织功能、服务功能持续强化，村集体经济培育壮大，农村危房改造"三个组织起来"、革除陋习"六步法"、殡葬改革"一改二减三取消"、扶贫"爱心超市"等基层党组织实践经验得到省州肯定和推广，党在农民特别是在贫困群众心中的地位更加稳固，党员身份认同更加强烈。广大驻村第一书记、工作队员和帮扶干部以初心赢民心、用真情暖民情，更加密切了党群干群关系，普遍激发了群众内生动力，带动了农村社会风气持续向好。

脱贫攻坚中涌现出的一系列典型经验，凸显了贫困地区群众对党和政府的信任。农村危房改造是脱贫攻坚中的"一块硬骨头"，处理不好容易激发干群矛盾甚至影响党和政府的形象。元阳县利用"三个组织起来"工作法使全县上下形成合力，有效推进农村危房改造工作。元阳县是红河州农村危房存量最大的县市之一，通过把干部队伍组织起来、把工程技术队伍组织起来、把群众组织起来的"三个组织起来"方式，最大限度提高农村危房改造工作组织化程度。2014~2019 年，全县共投资 7.99 亿元，实施农村危房改造 34035 户，实施易地扶贫搬迁安置项目 42 个，共搬迁 2935 户 13527 人，其中建档立卡贫困户 2259 户 10660 人。全县农村危房改造和易地扶贫搬迁已实现 100% 入住。这一工作法在 2019 年红河州深度贫困地区脱贫攻

[①] 李兆珩：《脱贫攻坚对农村基层治理现代化与法治化进程的战略支撑探析》，《领导科学》2020 年第 10 期。

坚现场推进会暨州扶贫开发领导小组第二十一次会议上，得到州委领导的肯定，并被要求各级各部门学习和运用到决战脱贫攻坚大会战的各环节全过程。

此外，元阳县通过"六步法"革陋习、促脱贫也凸显了党的建设与群众自治形成的合力。一是组织领。把党支部书记作为抓班子带队伍的核心，注重发挥党组织的阵地作用，不断增强党组织的凝聚力、向心力。与信用社联合打造"信用村"，为村民借贷提供便利。二是群众议。充分调动群众参与村级治理的积极性、主动性，成立52个村民议事会，召开议事会议298次，商议事宜854件。建立矛盾纠纷调处平台，从源头减少群众"不满意、不认可、不买账"现象。建立公开公示平台，避免因小事未解积攒成大事的情况。三是村规管。针对性完善村规民约，推进革除陋习移风易俗，执行殡葬改革23起，节约费用52万元；通过"善行义举榜"表彰152名先进人物。四是党员带。发挥党员在脱贫攻坚和基层组织建设中的示范带头作用，大力培养"明白人、带头人"，带领群众致富。五是队员帮。注重发挥驻村工作队员的作用，以"驻在一方，奉献一方"的理念，展示各自的优势，让"驻村"真正实现"助村"。六是志愿者推。着力打造巾帼服务队、卫生保洁队、驻村帮扶队、爱心服务队4类志愿者队伍64支，让志愿者活跃在脱贫攻坚的战场。①

传统乡村的治理要依赖地缘、亲缘和血缘关系。随着教育、工作等出现现代的流动性，乡村自治也生发出新的内生动力。

案例1-7 乡村自治中的青年力量

2016年，在县城当公务员的下新城村村民陈光福②提出在下新城村建立"学生会"，目的在于通过这一组织把本村的学生力量召集凝聚起来，形成读书成才的氛围。陈光福找到包括李金博（2021年6月，李金博从一个在外务工的中专学历青年，变为村委会民政协理员）在内

---

① 资料来源于中共元阳县委员会、元阳县人民政府提供的材料。
② 2023年调研时为元阳县税务局南沙分局局长。

的三个负责人,组建了微信群"捞市普玛学生会"。"学生会"在2016年7月成立,从刚开始的二三十人,发展到2023年初有148人。下新城村"学生会"会员为本村所有在读学生及中专、高中以上毕业生,分为小学组、高中组、大学组三个小组。值得注意的是,下新城村的"学生会"并不是大学校园中延伸社会现代管理体系的"学生会",而是一个村民学生群体自治组织。下新城村"学生会"的成员分布在红河州内外的不同学校,平时主要通过微信群沟通交流。"学生会"组织的活动不仅涉及学习方面,也包含凝聚村寨、促进团结、文化传承、乡村治理、关爱帮扶等活动。比如"学生会"曾开展组织学习宣传党的方针政策、乡村卫生环境治理大扫除、学习交流座谈会、乡村春晚及篮球赛等活动。

根据2023年2月在下新城村的调研发现,该村在2016年为了筹集2018年"乡村春晚"资金而成立的"学生会",解决了村集体经济发展滞后导致文化活力不足的问题。该村通过基层自治的组织创新,激发了乡村文化振兴的活力。此外,在调查过程中,也发现其他村寨存在自发性的青年组织,如元阳县攀枝花乡的硐浦村也有三个青年协会组织,在元阳县牛角寨镇的彝族村落脚弄村也存在青年协会,通过这些组织,党在农村的执政基础更加牢固,基层治理更具活力,贫困群众自我管理、自我教育、自我服务、自我监督不断加强。

第三节　衔接乡村振兴　不忘利民初心

在2020年3月6日召开的决战决胜脱贫攻坚座谈会上,习近平总书记提出要"接续推进全面脱贫与乡村振兴有效衔接。脱贫摘帽不是终点,而是新生活、新奋斗的起点"。① 2020年,全县脱贫攻坚工作取得决定性胜利,

---

① 《习近平:在决战决胜脱贫攻坚座谈会上的讲话》,求是网,2020年3月6日,http://www.qstheory.cn/yaowen/2020-03/06/c_1125674761.htm,最后访问日期:2023年8月26日。

为乡村振兴打下了坚实的基础，但全面推进乡村振兴还道阻且长，脱贫地区、脱贫人口的进一步发展依然面临诸多困难挑战，如部分人口稳定脱贫质量不高、部分易地扶贫搬迁群众稳定脱贫困难较多、部分脱贫地区后续发展基础依然相对薄弱、脱贫人口返贫和边缘人口致贫两种风险并存。因此，科学设置过渡期是必然选择。① 要真正做到巩固拓展脱贫攻坚成果同乡村振兴有效衔接就有必要对脱贫之路的经验做出深刻的总结。在不同阶段的工作中，扶贫的难点、重点以及具体的做法都是存在差异的，所取得的经验也是丰富的，努力在丰富的经验中发现那些贯穿所有阶段，尤其是在精准扶贫工作中起到决定性作用的经验是非常必要的，这也是有效衔接阶段以及开展乡村全面振兴工作的重要基础。

改革开放以来，中国的减贫方略经历了发展式扶贫（1978～1985 年），到开发式扶贫（1986～2000 年）、综合性扶贫（2001～2011 年）和精准扶贫（2012～2020 年）四个阶段，② 解决了中国历史上长期存在的绝对贫困问题，也为全世界的减贫事业提供了中国方案。"其作始也简，其将毕也必巨。"③ 脱贫摘帽不是中国减贫之路的最终目的地。根据《中共中央 国务院关于实现巩固拓展脱贫攻坚成果同乡村振兴有效衔接的意见》，脱贫攻坚目标任务完成后，设立 5 年过渡期。脱贫地区要根据形势变化，理清工作思路，做好过渡期内领导体制、工作体系、发展规划、政策举措、考核机制等有效衔接，从解决建档立卡贫困人口"两不愁三保障"为重点转向实现乡村产业兴旺、生态宜居、乡风文明、治理有效、生活富裕，从集中资源支持脱贫攻坚转向巩固拓展脱贫攻坚成果和全面推进乡村振兴。④

元阳县取得脱贫攻坚的胜利意味着绝对贫困被消除，绝对贫困转化为相对贫困或非贫困。因此，5 年过渡期的任务本质上是解决相对贫困的问

---

① 黄承伟：《设立脱贫攻坚过渡期的政策指向和多重意蕴》，《人民论坛》2021 年第 11 期。

② 董帅兵、郝亚光：《巩固、拓展与衔接：过渡期贫困治理的路径探索》，《经济学家》2021年第 8 期。

③ 憨山：《庄子内篇注》，梅愚点校，崇文书局，2015，第 79 页。

④ 《中共中央 国务院关于实现巩固拓展脱贫攻坚成果同乡村振兴有效衔接的意见》，中国政府网，2021 年 3 月 22 日，https://www.gov.cn/zhengce/2021-03/22/content_5594969.htm，最后访问日期：2023 年 8 月 26 日。

题。过渡期就是要巩固拓展脱贫攻坚成果，防止相对贫困向绝对贫困的逆向转化。元阳县曾是红河州最大的贫困县，经济发展底子薄、返贫风险高，只有继续统筹推进巩固拓展脱贫攻坚成果，才能不发生规模性返贫，同乡村振兴有效衔接，从而全面推进乡村振兴。绝对贫困消除后，2021 年 4 月元阳县出台了《元阳县关于实现巩固拓展脱贫攻坚成果同乡村振兴有效衔接的实施方案》。2021 年 8 月，元阳县被列为国家乡村振兴重点帮扶县。2022 年 5 月，元阳县发布《元阳县乡村振兴重点帮扶县巩固拓展脱贫攻坚成果同乡村振兴有效衔接实施方案（2022—2025 年）》，2022 年 8 月，发布《元阳县促进脱贫人口及低收入群体持续增收三年行动实施方案（2022—2024年）》，从县域顶层设计着手，为具体的制度安排提供了遵循和保障。[①]

一　过渡期内的具体措施

动态监测，巩固成果，防止返贫是过渡期内的重要措施。截至 2020 年底，我国脱贫攻坚战取得全面胜利，现行标准下农村贫困人口全部脱贫。然而，对于边疆民族地区来说，由于经济发展基础还比较薄弱，一些农户可能会因病因灾因意外事故等导致基本生活出现严重困难，如果不能得到及时帮扶，容易返贫致贫。党和国家在脱贫攻坚后的过渡期建立了防止返贫动态监测和帮扶机制。在过渡期，"相对贫困向绝对贫困的转化，本质上是贫困由多维向一维的转化，即经济、权利、文化等维度的相对贫困转化为经济维度的绝对贫困，这不仅意味着经济上的再次返贫，而且在社会权利、文化发展等方面也陷入贫困"。[②] 这也就是说，经济上的绝对贫困产生的原因，有可能来自经济之外。在元阳县，边疆的彝族、哈尼族等少数民族在举办红白喜事时讲究人情，是典型的人情社会，很多村民即便囊中羞涩也要把婚礼、丧事办得隆重、体面，这种红白喜事的大操大办成为家庭开支的"大头"，甚至造成严重的经济负担，脱贫户因大操大办导致返贫的

[①]　资料来源于元阳县人民政府 2022 年 11 月 24 日提供的材料。
[②]　董帅、郝亚光：《巩固、拓展与衔接：过渡期贫困治理的路径探索》，《经济学家》2021 年第 8 期。

现象也时有发生。因病因学返贫和细节保障不到位而造成的"二次返贫"也有发生的情况。此外，家庭唯一住房出现安全问题；家里吃水遇到困难，家庭无力解决，包括断水超过 1 个月、水质有问题、取水距离较远（时间较长）等；家庭成员患大病、重病、长期慢性病等，医药费较高家庭无力负担；家里学生上学开支较大，家庭无力负担；家里因灾、因意外事故等造成收入大幅减少或支出大幅增加影响基本生活。出现这些情况的家庭都可以申请成为监测对象①。在脱贫攻坚的收官之年——2020 年，全县计划脱贫共 1675 户 5936 人、5 个贫困村均已达退出标准，全县贫困发生率均降到0%。即便如此，2020 年以来返贫风险依然存在：截至 2020 年 12 月 31 日，全县监测对象有 3947 户 18972 人，其中脱贫不稳定户 2327 户 11333 人，边缘易致贫户 1620 户 7639 人；截至 2021 年 12 月 31 日，监测对象有 3289 户14508 人，其中脱贫不稳定户 1840 户 7975 人，边缘易致贫户 1073 户 5063人，突发严重困难户 376 户 1470 人；截至 2022 年 12 月 31 日，监测对象有3583 户 15619 人，其中脱贫不稳定户 1829 户 7849 人，边缘易致贫户 1227户 5706 人，突发严重困难户 527 户 2064 人。②受疫情和灾情影响，还有少部分劳动力没有实现就业，返贫致贫风险仍然存在。

元阳县守住不发生规模性返贫底线的目标为"力争 2 年内实现动态清零"，培育农民稳定增收长效机制方面则是"确保过渡期内脱贫人口收入增速高于全省农民收入增速。到 2025 年全县农村居民可支配收入达到 20000元，村级集体所有制经济全面发展平均每村经营性收入达到 10 万元"。③可见，即便是在 2020 年的脱贫标准下元阳县农村贫困人口全部脱贫，贫困县摘帽，消除了绝对贫困和区域性整体贫困，局部贫困和返贫的风险也依然没有消除。

中共中央要求实现精准脱贫，防止平均数掩盖大多数，这对于元阳县这一返贫风险高的地区来说尤为重要。2021 年，元阳县出台《关于建立防

---

① 监测对象有三种类型：脱贫不稳定户、边缘易致贫户、突发严重困难户。
② 数据来源于元阳县乡村振兴局。
③ 资料来源于《元阳县乡村振兴重点帮扶县巩固拓展脱贫攻坚成果同乡村振兴有效衔接实施方案（2022—2025 年）》，2022 年 5 月 5 日元阳县人民政府提供。

止返贫监测和帮扶机制的实施方案》《元阳县扶贫开发领导小组关于建立多部门联动机制防止返贫风险的通知》等防止返贫监测预警和动态帮扶的办法、实施方案等规范性文件，更加精准、持续地开展风险监测帮扶。

发挥云南省"政府救助平台"①的平台作用。元阳县建立线上网络化与线下网格化结合的常态化动态监测帮扶工作机制，构建"政府找"与"找政府"双向协同机制，推动困难群众无阻力、无障碍申请，提高动态监测和帮扶工作效率，有效筑牢防止出现规模性返贫安全闸门，切实做到早发现、早干预、早帮扶。自2021年10月29日平台建立至2022年10月，一年间收到农户自主申报信息2133件，办结2044件，办结率95.83%。②

扶贫信息系统问题数据得到有效清洗。元阳县按照"核心是精准"的要求，以数据准确为重点，全力提高数据质量。组建数据清洗专班。县、乡、村三级数据清洗工作专班，常态化开展数据质量清洗维护。加强业务培训。开展3期培训会和调度会，跟进业务指导和工作调度，累计参会人员328人。根据《数据质量评估规则》，强化扶贫数据比对，全面修改完善扶贫数据，做到"账账相符""账实相符"。强化工作协调配合力度。通过县、乡、村三级干部的共同努力，把数据清洗工作做得清清楚楚、明明白白，为扶贫数据及时更新提供基本保证，确保扶贫数据与行业数据一致、口径统一。截至2022年10月，各级专班已对反馈的38批次问题数据进行全面清洗。③

精准识别出重点人群"三类人群"之后，就要开展相应的防止返贫工作。首先，按照一户一施策、一业一方案的原则，对有产业发展条件的监测对象进行"精准滴灌"。充分了解监测户的生产生活条件，按照宜养则养、宜种则种、宜流转则流转、宜带动则带动的方式全方位提高监测户产业发展能力。2022年，元阳县对水源充足、养殖条件较好、种养积极性高、

---

① 2021年10月29日，云南省"政府救助平台"正式上线运行，该平台聚焦解决云南省农村低收入人口"两不愁三保障"和饮水安全问题，实现农村低收入人口帮扶全覆盖。群众可以在线申请6类15项救助，涉及民政、人社、住建、水利、教育、卫健、医保7个部门。
② 数据来源于元阳县乡村振兴局。
③ 数据来源于元阳县乡村振兴局。

有种养经验并能按哈尼梯田稻鱼鸭综合种养规范要求开挖鱼沟的种养监测户进行稻鱼鸭帮扶。对有意愿发展畜牧业、种植巨菌草的监测户，每亩补助种苗、肥料费 600 元。对有意愿发展蔬菜种植的监测户进行蔬菜帮扶，开展现场观摩培训、巡回指导和现场指导服务，加强田间实际操作技能和肥水管理技术培训，以点带面带动元阳县形成 1 万亩的冬早蔬菜产业集群。其次，针对有产业发展条件的监测对象的产业技术需求，进行种植养殖技术培训，由产业发展指导员进村入户进行一对一产业发展专项指导，选派有产业发展经验的本村"土专家""田秀才""农博士""产业发展带头人"对监测户提供日常产业发展帮助和技术指导。

立足资源禀赋、促进脱贫人口持续增收是元阳县在发展中采取的又一项重要举措。只要政府能够务实地利用其有限的资源和施政能力创造局部有利的条件，以支持内外资企业利用要素禀赋发展该国具有比较优势的产业，那么，每个国家就都能够迅速创造出在国际市场具有竞争优势的产业，都有可能告别过去的命运，开启一个充满活力的发展和脱贫的新篇章。一国尚且如此，对于中国的县域经济发展来说，也是如此。

事实上，元阳县在减贫过程中，正是从自身优势资源禀赋入手，通过政府的比较优势，向着乡村振兴不断努力。在多年的发展过程中，由于特殊的地形和传统的耕作方式决定了哈尼梯田的农业产业在低水平线徘徊，人民群众的生活水平一直得不到提高。面对难题，元阳县委、县政府立足元阳县的资源禀赋，在保护哈尼梯田的前提下对千年哈尼稻作系统进行深入挖掘，开发出稻鱼鸭综合种养模式增加农业产业附加值。元阳县虽然是深度贫困县，但也是农业大县，境内气候条件立体，适于多种农作物及经济作物生长，加之面积广阔的土地，这一带的自然资源十分丰富，有热区土地 60 余万亩，其中，坡度在 25 度以下的可垦土地 40 万亩，是种植冬早蔬菜、热带经济林果等多种经济作物最理想的地区。近年来，元阳县围绕红河谷热区经济产业发展，创新工作思路，狠抓工作落实，形成合力推进，红河谷经济开发开放带农业发展取得阶段性进展，元阳县紧紧抓住发展高原特色农业、红河谷绿色经济走廊和加快南部山区综合开发的机遇，提出

"三个经济带"的农业产业发展思路，即在海拔 1600 米及以上建设高山林果经济带，形成以种植林下草果、茶叶为主的产业；在海拔 800～1600 米的中半山发展粮畜禽鱼经济带，培植以水稻、玉米、稻田养鱼等为主的产业；在海拔 800 米以下的矮山河谷热区经济带，发展以蔬菜、甘蔗、水果等为主的产业。元阳县还编制实施了《元阳县关于加快建设红河谷经济开发开放带现代农业示范区的意见》《元阳红河谷现代生态蔬菜产业园总体规划（2018—2022 年）》等系列规划，制定印发了《元阳县推行"十个一"链长制工作实施方案》。围绕"田米鱼蛋林，菜果药草石"布局产业链，依托龙头企业带动、重点园区支撑，抓好"一丘田""一粒米""一条鱼""一枚蛋""一片林""一棵菜""一片果""一味药""一棵草""一块石"的"十个一"链长制工作，做强做优做大 10 条精深加工产业链，持续推进优势产业发展。[1]

元阳县通过全县脱贫人口及低收入群体持续增收三年行动的实施方案和促进低收入脱贫人口收入过万三年专项行动，力争 2022～2024 年全县脱贫人口及低收入群体人均纯收入年平均增速保持在 22% 以上；力争 2023 年底全县脱贫人口及低收入群体人均纯收入在 1 万元以上，2024 年底超过 2 万元。具体来说，根据家庭人均纯收入从低到高，分别实行"帮扶增收""提质增收""助推增收"政策。具体措施则是农业产业提质增效增收一批、转移就业水平提升和促进分工分业增收一批、"十个一"链长制产业链增收一批。[2]

梯田红米被认定为"云南六大名米"之一，元阳县获得"中国红米之乡"称号。元阳县创建国家级电子商务进农村综合示范县，建成电子商务产业园、乡村新型商业中心，搭建线上"元阳商城"，完成 14 个乡镇和 67 个村级电商物流服务站建设，其电商交易额达 4700 万元，拥有滇园优选、集配速递等 7 家企业入驻园区。

---

[1] 资料来源于元阳县人民政府提供的材料。
[2] 资料来源于元阳县农业农村和科学技术局提供的材料。

真正的发展应该是以人为中心的发展。[①] 培养高素质"新农人"也是发展的重要目的和手段。人的观念的改变在发展中起着非常重要的作用。改革开放后的家庭联产承包责任制在解放了生产力的同时，也转变了农民的观念。农民为了提高投入产出率，必然迸发出学习科学致富的热情，从责任制初期农民的"抢财神"，[②] 到当前不少农民实现科技致富这一变化，便是一个有力的证明。观念的改变是需要以科学技术能力的培养为基础的，政府部门在科技推广和人才培养方面的工作对于改变人的观念具有基础性的重要作用。

元阳县在 2021 年被列为国家乡村振兴重点帮扶县之后，顺应农村产业和农民生产科技应用需求，推动各类科技资源和人才下乡，开展产业科技帮扶，深入田间地头，为粮食作物、有机蔬菜、热带水果、水禽养殖等产业"对症开方"，帮带培育"土专家""田秀才"。制定《国家乡村振兴重点帮扶县元阳县科技特派团 2023 年工作方案》，支持科技特派员、中小科技企业、返乡创业人员以技术、资金等方式入股，创办领办合作社、企业等市场主体，与所在村组、群众形成产业发展共同体，推进全产业链兴农行动。通过科技特派团专家培育新型经营主体和建设服务体系，元阳县建立"党组织+科技企业+基地+农户"发展模式，以科研成果促进产业科技助企、带农增收；建立科技特派团成员包乡联村机制，推动科技特派团深入水稻、木薯、香蕉、荔枝、枇杷、水禽六大产业开展调研，摸排问题和难点，集中精力实现在良种培育、新型肥药、绿色防控等方面的技术攻关，完成 4 个重点帮扶乡镇转化应用，产出关键技术成果 31 项，转化应用科研技术成果 7 项，成功让每亩香蕉、枇杷同比增产 120 公斤、100 公斤。整合国家科技特派团 29 名高层次专家人才，采取"一对一""一对多""师傅+徒弟"等方式，开展农技人才培养。以"现场指导+田间调研"教学模式开展"传帮带"137 人，结对帮带本土科技骨干人员 62 名，举办种植养殖技

① 阿图罗·埃斯科瓦尔：《遭遇发展——第三世界的形成与瓦解》，汪淳玉等译，社会科学文献出版社，2011，第 10 页。

② 穆青、周原：《抢"财神"——河南农村见闻》，《新闻记者》1983 年第 2 期。

术等培训30期涉及2650人，病虫害管理、土壤施肥等技术培训7次覆盖农户1000余人次，为推动农业产业高质高效发展提供人才支撑，实现科技助农向"造血型"转变。①

此外，还通过开展农村劳动力职业技能培训，培养新型农民和高素质农民。2021~2022年，在农民工元旦、春节返乡时机，元阳县依托有资质的培训机构对农村劳动力开展培训。通过培训提升劳动力综合素质水平和创业从业技能，确保受训人员掌握1~2项实用技术，使其遵守法律法规和依法维护自身权益的意识也得到提高（见图1-1）。劳动者综合素质和就业竞争力得到提升，收入得到增加。2022年初，参与培训的300余人中150人为文旅类工种，② 这为乡村振兴战略进程中哈尼梯田文旅融合发展提供人才支撑。

图1-1 元阳县第四批创业合伙人培训
资料来源：调查组拍摄，2022年12月16日。

元阳县为监测对象提供公益性岗位以促进增收。这些岗位是使用中央财政衔接推进乡村振兴补助资金开发的就业和社保协理、保洁、护路、管水、扶残助残、公共卫生、疫情防控、公共基础设施维护等非营利性社会公共服务岗位。这些岗位主要面向年龄在16~65周岁，具有元阳县户籍，

---

① 数据来源于元阳县农科局。
② 数据来源于元阳县人力资源和社会保障局，2023年9月。

有就业能力和就业愿望且能胜任相应工作的监测对象家庭劳动力。但有些监测对象不得应聘公益性岗位，比如那些家庭成员已实现稳定就业的，对巩固拓展脱贫攻坚成果助力乡村振兴工作不支持的，对公益事业、乡村治理不支持的。2022 年，元阳县面向监测对象的公益性岗位实际开发 136 个，总计补贴资金 47.89 万元。2023 年 1~8 月，面向监测对象的公益性岗位实际开发 177 个，总计补贴资金 90.45 万元。① 考虑到疫情影响，2022 年，元阳县调整了乡村公益性岗位待遇标准以应对新冠疫情，并持续巩固拓展脱贫攻坚成果。坚持兜底保障、绩效考核、差异发放的原则，对考核合格者不再实行每月按照岗位个数前 40% 的 500 元、前 30% 的 600 元、前 20% 的 700 元、前 10% 的 800 元四个档次的标准，2022 年 8 月起每月按照岗位个数前 70% 的 800 元、前 20% 的 900 元、前 10% 的 1000 元三个档次发放补贴。

二 治国有常，利民为本

面向未来，元阳县驰而不息的现代化之路仍在继续。元阳县要在全面推进乡村振兴中取得更大成绩，就要回顾历史，总结经验。新中国成立以后，中国共产党带领元阳人民走上了驰而不息的现代化发展之路。于 1956 年进行了和平协商土地改革，废除了封建土地所有制，实现了土地归农民所有的历史性转变。土地改革后到改革开放前，元阳县在经济体制的合作化道路上进行了曲折探索。党的十一届三中全会后，1982 年全县农村全面完成了农村经济体制改革。通过工商企业利改税，农村经济体制改革，元阳县建立基层供销社，将土地承包合同期延长至 2000 年，实行家庭联产承包责任制等。2016 年以来，元阳县紧扣精准扶贫、精准脱贫基本方略，"两不愁三保障"基本要求和核心指标，经过不懈努力，于 2020 年 5 月 16 日退出贫困县，全县脱贫攻坚工作取得决定性胜利。5 年过渡期开始后，全面乡村振兴不断推进。

"治国有常，而利民为本；政教有经，而令行为上。"② 治理国家的基本

---

① 数据来源于元阳县人力资源和社会保障局，2023 年 9 月。
② 《淮南子》，顾迁译注，中华书局，2009，第 205 页。

方略，就是以对人民有利为根本。为中国人民谋幸福，为中华民族谋复兴，这个初心和使命是激励中国共产党人不断前进的根本动力。党坚持全心全意为人民服务，在任何时候都把群众利益放在第一位，与群众同甘共苦，保持最密切的联系，始终把人民放在心中最高位置、把人民对美好生活的向往作为奋斗目标。西南边疆民族地区的元阳县在摆脱贫困，迈向现代化的过程中，无论是巨大的基础设施工程，还是细微到每一个家庭和个体如何发展，党和国家力量的发挥无疑是巨大、全面而细致入微的。一个微小的视角，映射着中国乡村的沧桑巨变，彰显着顶层设计与实践探索的辩证统一，也折射着党和国家的初心使命。

从元阳县实施"以工代赈"这一政策工具的情况，可以小见大地反映出中国减贫方案中注重人的全面发展的理念。以工代赈是促进群众就近就业增收、提高劳动技能的一项重要政策，能为群众特别是农民工、脱贫人口等提供务工岗位，是完善收入分配制度、支持人民群众通过劳动增加收入创造幸福生活的重要方式，也是推动人民群众共享改革发展成果、提高劳动者素质的有效手段。元阳县在脱贫攻坚与乡村振兴过程中，充分发挥以工代赈项目"赈"的作用和成效，以乡村振兴任务较重地区农村基础设施建设为中心，以集中连片特殊困难地区建设为重点，最大可能提供就业岗位，开展劳动技能培训，动员当地农村劳动力积极参与以工代赈项目的实施，激发其内生动力，拓宽就业增收渠道，增加群众收入，巩固和拓展脱贫攻坚成果。在调查组对元阳县发展改革委的访谈中，一位工作人员通俗地说，"以工代赈中的一个要求是，能用人工劳力的就不用机械，项目跟着就业走，用项目的方式来谋划就业，重点往易地搬迁安置区倾斜"。[①] 据介绍，中央财政项目中的劳务报酬比要求不能低于15%，但元阳县实际会达到20%，略高于国家要求。近年来，随着脱贫攻坚和乡村振兴项目在元阳大地上如火如荼地广泛开展，交通、水利、产业基础设施建设项目增多，以工代赈对只能在家务农，无法外出打工的劳动力有较强的吸引力，比如

---

① 访谈对象：普科长，元阳县发展改革委分管易地搬迁工作。访谈时间：2022年12月16日。

妇女、需要照顾家庭的农村青壮年等。从西方现代化资本增值的逻辑来看，为了提高生产力，不断使用机器和技术代替人的劳动是一个普遍的趋势。然而，中国式现代化坚持人民至上的理念，考虑的是"人口规模巨大的现代化"，所追求的是大多数人的利益，不是两极分化。通过参加以工代赈项目，劳动者在共享脱贫攻坚和乡村振兴战略成果的同时，提高了劳动技能水平，开阔了眼界，而且有利于他们成为"兼业农民"——一方面从事农业生产，另一方面可以通过非农活动获得收入。通过以工代赈，边疆地区的农民打通了"技能提升—防止返贫—提高收入"的发展之路，更有助于农村劳动者形成自食其力的劳动文明，彰显了马克思、恩格斯唯物史观的基本立场和实现"个人的全面而自由的发展"的价值取向。

这只是中国式现代化中人民至上的一个缩影，在中国的脱贫攻坚、乡村振兴战略的实施中，每一个项目的成功落地、每一个人的发展都离不开国家力量的强大支撑，也离不开老百姓满腔情怀的努力。如前文所述的小新街乡绿山村党总支书记杨朴亮，以及上新城乡团总支副书记李金博，他们均为青壮年劳动力，且有在外打工的知识和能力，但都被某一个村寨中的重要人物动员回乡，或参加村中教育事业，或加入村委会等。李金博被同村的一个干部动员返乡到村委会工作，杨朴亮则是被自己的小学老师动员返乡当村小的代课老师，他们俩都是村民眼中对村寨有"情怀"的人。

案例1-8　护林员的代代相传

元阳县牛角寨乡林业站护林员白六章巡山护林25年的故事，不但让当地人竖起大拇指，也被各级媒体广泛传播。2015年，白六章的大儿子放弃了在上海每月6000元的工资收入，子承父业，顺利成为一名护林员，这一干就是8年。生态护林员的岗位补贴为每人每年8000~10000元，而在上海打工每年可以有7万多元的收入。

白六章大儿子的选择是不能用所谓的经济理性去理解的，但若从文化和价值伦理的视角，可以反映出中国共产党动员农民参与国家战略和乡村建设的效果显著，这也反映出：在中国，"国家-农民"关系是紧密相连的。尽管返乡后他们的工资暂时性地比在外打工少了不少，但他们也愿意回家乡的农村发展。暂且不说他们返乡后经济收入已经增加到比较可观的水平，但这一动员过程之所以成功，并不是经济发展视角也不是世俗的自身利益最大化所能解释的，其关键在于背后支撑的乡村文化和关系伦理，用农民的话来说，叫作"乡愁"、"帮忙"和"情怀"等。需要说明的是，在此并非否定农民外出打工，农民外出务工的积极意义是不言而喻的。中国式减贫方案进程中，需要引入历史、文化、伦理价值、村寨集体主义的视角，去理解中国特色的国家与农民关系形态，这种形态不是西方"国家-社会"关系理论下利益主体的互动和博弈，而是立国为家、化家为国的"家国一体"。[①] 由此，才能更好地思考全国各地一场场脱贫攻坚战中，国家动员能取得成功的深层原因。

党的光辉照边疆，边疆人民心向党。老百姓感受到党和国家的关怀，共享国家的发展成果，反过来自然也对党和国家充满热爱。在 20 世纪 60 年代，由陈士可作词、张难作曲的哈尼族名歌《阿波毛主席》被红河州的男女老少广泛传唱。歌曲表达了边疆红河儿女对毛主席的敬爱和思念，是一首献给毛主席、献给共产党的赞歌。歌词中把毛主席比喻成金太阳，带领全国各族人民站起来，是老百姓的大救星。红河州哈尼族是世代"住在云朵上的民族"，尽管红河州与北京隔山隔水，但相距数千里也无法阻止人民对毛主席的热爱。歌曲是表达老百姓真挚情感的重要途径。在这样的歌曲背后，呈现了当地老百姓对中国共产党在边疆推翻了封建压迫，让边疆人民当家作主这段历史的情感，展现了边疆与国家的时空及情感联结。

近年来，坐落于西南边陲的哈尼族村寨得益于脱贫攻坚与乡村振兴的"红利"，其村民更加增进了对国家的认同。栖居的家屋中表达民族团结、家国情怀的各种文化符号非常丰富。国家实施脱贫攻坚战略之后，村寨中的老百姓实现了不愁吃、不愁穿，义务教育、基本医疗和住房安全有保障

---

① 周飞舟：《从脱贫攻坚到乡村振兴：迈向"家国一体"的国家与农民关系》，《社会学研究》2021 年第 6 期。

的"两不愁三保障",使村民真切感受到了国家与村寨,以及与村寨中每个家庭关系的紧密。众多村民家屋中张贴的几代领导人的图像是村民对国家深厚情感的形象表达。在巩固拓展脱贫攻坚成果同乡村振兴有效衔接的现阶段,家屋图像从无到有、到元素日益多元,再到把作为国家象征符号的领导人图像请进家屋并贴挂于最神圣的位置的文化事象,一方面反映了哈尼梯田地区各民族社会生活的巨大变迁,另一方面也反映了各民族百姓对于"幸福何以可能"的深刻理解。这些家屋事象也在一定程度上表明了中华大家庭幸福的基础在于全体人民在物质和精神上的共同富裕。幸福来自各民族的共同团结奋斗。家屋内出现并增多的领导人图像是村民对国家不断帮扶、振兴乡村、推动乡村发展做出积极回应的符号化表达。这也体现了村民对当下生活的肯定以及对未来美好生活的期许。①

习近平总书记对共同富裕作过明确说明,"共同富裕是社会主义的本质要求,是中国式现代化的重要特征。我们说的共同富裕是全体人民共同富裕,是人民群众物质生活和精神生活都富裕,不是少数人的富裕,也不是整齐划一的平均主义。要深入研究不同阶段的目标,分阶段促进共同富裕"。② 让全体中国人民都过上幸福的好日子,是党和国家不忘初心、全心全意为人民服务宗旨的深刻写照。追求美好生活是永恒的主题,是永远的进行时。未来,推进中国式现代化是分阶段、分领域推进的,实现各个阶段发展目标、落实各个领域发展战略需要不断开拓创新。

在这个宏伟的国家现代化征程中,元阳县的故事是一段令人瞩目的篇章。后文讲述的一个个故事中,将继续彰显元阳县在保持社会稳定和经济发展的同时,使得"利民为本"的理念深植于乡村治理之中。

---

① 马翀炜、王琳:《幸福何以可能的符号表征:元阳县箐口村哈尼族家屋图像分析》,《思想战线》2023年第6期。
② 习近平:《扎实推动共同富裕》,《求是》2021年第20期。

第二章　千年梯田的危与机

　　世界文化遗产红河哈尼梯田文化景观是哈尼族、彝族等民族的先民历经千年的辛勤劳作而创造出的山地稻作灌溉文明成就，是人化自然的杰作。世界文化遗产红河哈尼梯田文化景观的遗产区主要分布在元阳县，按照《红河哈尼梯田申报世界文化遗产文本》确定的范围，红河哈尼梯田遗产核心区和缓冲区总面积为 69 万余亩，其中遗产核心区面积为 24 万余亩，涉及元阳县 1 镇 2 乡，18 个行政村，82 个自然村。遗产核心区梯田面积为 70589.1 亩，主要分布在坝达、多依树、老虎嘴 3 个片区；森林面积为 127069.5 亩，大小灌溉沟渠 174 条 752 千米，呈现"森林-村寨-梯田-水系"四素同构的循环农业生态系统。缓冲区面积为 44 万余亩，其中梯田面积 12 万余亩，涉及 3 镇 4 乡共 26 个行政村 171 个自然村。① 哈尼梯田先后获得全球重要农业文化遗产、首批中国重要农业文化遗产、全国重点文物保护单位、国家湿地公园、国家 4A 级旅游景区和全国"绿水青山就是金山银山"实践创新基地等称号。②

　　千百年来，以哈尼族为主的各民族民众在与大自然和谐相处的生产生活实践中，利用当地山脉、河流以及"一山分四季、十里不同天"的独特地理特征与立体气候特点，形成了人与自然和谐共生的、良性循环的农耕体系，谱写了以"山有多高，水有多高"为代表的生态智慧，创造了活态的世界文化遗产。哈尼梯田符合世界文化遗产的多重标准并具有突出的普遍性价值。生活在这片土地上的各民族民众因地制宜、因时制宜、因物制宜地与森林、村寨、梯田和水系的"多声部"交织构建了和谐的"交响乐章"，不仅构筑了上下联结、左右关联的多样生态循环系统，也展现了人与

---

① 资料来源于 2022 年 12 月，中国乡村社会大调查（元阳组）在元阳县梯田遗产区的调查资料。
② 资料来源于元阳县人民政府提供的材料。

自然和谐共生的生态局面。在此过程中，不同民族间的交往、交流与交融也自然而然地发生。

然而，正如再高的梯子也终有最后一级，就是天梯也有尽头，元阳县当然也不可能永无限制地开垦梯田。随着社会的变迁和时代的发展，千年梯田也面临新的挑战和历史机遇。伴随社会交往范围的扩大、生产方式的转变和社会生产力水平的不断提高，原有的与传统农耕社会相适应的生产要素配置显然已经不能满足当下社会发展的需要。曾经创造出丰富灿烂稻作文明的土地上，早已出现了发展乏力的问题，元阳县曾经长期是国家级贫困县也说明了这种被称为人与自然和谐相处的梯田生计方式面临巨大困境，内生于此地的农耕发展模式遭遇了难以维系的危险。老农最朴实的一句"梯田倒是好看了，就是吃不饱肚子"直接表明了如果没有新的发展方式，传统的生计方式是不可能支撑梯田上人们的发展的。此时，曾经创造出璀璨文明的梯田大地要以何种方式才能得以良性发展，当地政府和人民为此做出了哪些尝试？本章回顾梯田的开垦历史、列举梯田所获得的多种荣誉，并且言说千年梯田在当下所遭遇的发展困境，进而梳理当地政府和人民对梯田大地发展乏力的应对措施，以探讨在中国式现代化的背景下实现全体人民共同富裕的途中所会遭遇的阻碍及其解决的可能路径。

第一节　人化自然的杰作

随着人类社会的发展和生产力水平的提高，人们在利用自然、改造自然的同时也创造了文明奇迹。正如马克思深刻地指出："人却懂得按照任何一个种的尺度来进行生产，并且懂得处处都把固有的尺度运用于对象；因此，人也按照美的规律来构造。"① 红河哈尼梯田便是人化自然的杰作。世界文化遗产意义上的哈尼梯田位于红河南岸、哀牢山脉南段的元阳县。

中国式现代化是人与自然和谐共生的现代化。元阳哈尼梯田的创造经

---

① 《1844年经济学哲学手稿》，人民出版社，2014，第206页。

历了漫长的发展变迁过程，是由当地世居的哈尼族、彝族等民族的先民历经千年的辛勤劳作而开垦和耕种的水稻梯田。他们在长期的生产生活中，按照自然规律巧妙地利用山地气候和水土资源，与自然相互作用，以其独特的灌溉系统和传统的农业生产方式，因时制宜、因地制宜以及因物制宜地创造了循环往复的山地稻作梯田农耕体系。哈尼梯田充分体现了人与自然相处的过程中认识和运用自然规律的能力及其主体性作用，更展现了人与自然和谐共生的生态智慧，这种智慧是推进中国式现代化建设的坚实基础。

具有千年历史的元阳哈尼梯田呈现集中连片的规模性、农耕技术的经验性、人文意涵的丰富性，在世界范畴内有着典型的代表意义，不仅被列为国家湿地公园、中国重要农业文化遗产、全国"绿水青山就是金山银山"实践创新基地等，也被列入全球重要农业文化遗产、联合国教科文组织《世界遗产名录》等，堪称世界多样性文化系统的重要资源板块之一。千年梯田的诸多殊荣均离不开人的实践活动和能动作用，是人与自然、人与人、人与社会长期互动的结果。这也表明了"人的本质不是单个人所固有的抽象物，在其现实性上，它是一切社会关系的总和"。① 人的全面发展正是马克思主义的内在要求，也是中国式现代化的出发点和落脚点。

一　梯田开垦的历史溯源

元阳哈尼梯田的形成是各民族先民在漫长的历史过程中探索人与自然和谐关系的结果。哈尼族是"从先秦以来不断南迁的西北氐羌系统民族，经过秦汉魏晋南北朝和唐宋时期的发展，历经了同源异流即民族分化、异源同流即民族融合的发展途径"。② 在哈尼族的形成与发展过程中，迁徙活动和稻作农耕生产是核心内容，这两大社会历史活动孕育了哈尼梯田农耕文化。现有的民族学田野调查资料及相关历史文献中包含着较多可以深入

---

① 《马克思恩格斯文集》（第1卷），人民出版社，2009，第501页。
② 王文光、段丽波：《中国西南古代氐羌民族的融合与分化规律探析》，《云南民族大学学报》（哲学社会科学版）2011年第3期。

挖掘的梯田形成史信息。长达 5000 余行的哈尼族迁徙史诗《哈尼阿培聪坡坡》① 系统地吟唱了哈尼族祖先曲折而漫长的迁徙历史，描述了"哈尼族从诞生、发展到迁徙各地，直至今日所居之地的路线、历程，各迁居地的生产、生活、社会状况以及与其他民族的关系，包括各次重大征战等历史状况"。② 这部史诗多处呈现了开发大田、打埂犁耙、秧苗长高结谷穗的农耕景象。

《哈尼阿培聪坡坡》的七个部分，即《远古的虎尼虎那高山》《从什虽湖到嘎鲁嘎则》《惹罗普楚》《好地诺马阿美》《色厄作娘》《谷哈密查》《森林密密的红河两岸》分别讲述了哈尼族迁徙史上八个重要的地理空间区位，即虎尼虎那、什虽湖、嘎鲁嘎则、惹罗普楚、诺马阿美、色厄作娘、谷哈密查以及红河南岸哀牢山区。

这八个地理空间区位分别与哈尼族迁徙的历史时间轴相对应。"'虎尼虎那'相对应的是哈尼先祖的创世神话，此时的哈尼族先民尚处洪荒时代，在历史时间定位上无据可考；'什虽湖'相对应的是哈尼族先民完成第一次迁徙之后到达的湖滨之地，在这里，粗放式的原始农业开始作为一种辅助的生产手段，与采集狩猎生计方式并存，后因哈尼先祖在此放火烧山撵猎物时，不幸引发山林火灾，七天七夜的大火让什虽湖从人间天堂变成了地狱，哈尼族先民第二次踏上了迁徙之路；'嘎鲁嘎则'相对应的是哈尼族与'阿撮'人交往交流的和谐民族关系；'惹罗普楚'相对应的是哈尼族迁徙史上的重要转折点，在这里哈尼族先民的社会形态发生了巨大的变化，他们掌握了稻作生产方式，并且正式开始农耕定居生活，同时，哈尼族最典型的建筑形制——蘑菇房也开始出现；'诺马阿美'在哈尼族集体记忆中尤为重要，相对应的是哈尼族世代口耳相传的圣境秘地和灵魂归栖之所，哈尼族先民在第四次迁徙抵达圣地'诺马阿美'之后，在这块土地上整整生活了十三辈；'色厄作娘'相对应的是先民短暂停留的一片滨海平坝地区；到了'谷哈密查'，哈尼族的族群文化、经济和社会发展程度都达到了历史的高

---

① 阿培，祖先之意；聪坡坡，从一处搬迁到另一处，也有逃难之意。
② 史军超：《哈尼族文学史》，云南民族出版社，1998，第 356 页。

峰；当哈尼族先民最终迁往山高林密的'红河南岸哀牢山区'定居后，与其他民族一起创造了哈尼梯田稻作农耕文化景观。"①

《哈尼阿培聪坡坡》迁徙史诗描述了哈尼族先民在滨湖平原、崎岖山地探索稻作农耕经验的历史。在"惹罗普楚"和"诺马阿美"时期，哈尼族传统社会中的平坝田制农耕文化首次出现。史诗中记载："哈尼忘不了惹罗——那头一回安寨定居的地方！那头一回开发大田的地方。"② 针对如何开垦水田，《哈尼古歌》是如下描述的。

"最先挖田的是哪个？是先祖三兄弟。他们的帮手是哪个？是尖蹄平角的水牛。水牛不愿去挖田，被人穿通了鼻子，拉着细细的牛索，抵得拉着水牛的命。最先引水的是哪个？是先祖三兄弟。他们的帮手是哪个？是多脚多手的螃蟹。凹塘里的螃蟹啊，引水累得凸出了眼睛。高能的先祖三兄弟，定下了挖田的规矩。没有规矩不会挖田，后人要把这些规矩听清。挖田像盖房子吗？不是哟，兄弟，盖房倒着朝上盖，挖田顺着朝下挖，房子盖了在百年，大田挖了吃千年。挖田不像盖房子吗？也不是哟，姐妹，盖房房脚要伸直，不直的房脚啊，墨线斧子会扯直；挖田田脚也要直，田脚不蹬直啊，锄头兄弟来拉直。水田挖出九大摆，田凸田凹认不得，哪个才会认得呢？泉水才会认得清。挖田要挖水的路，没有水路不会成，水不够到山坡上去短，水不够到石崖里去引。石崖中间去挖沟，崖神阿松的肝子啊，挖出来三朵；陡壁上头去开沟，壁神巴拉独姿的腰花啊，挖出来三斤。挖水路啊，水源头上不给它积沙土，水源脑上不给它出壕沟，水源身上要拿石头铺平，水源脸上不给枯叶遮眼睛。一月不到日已到，一年不到月已到，到了打埂犁田的日子啊，要动手动脚地去打埂了，要跳手跳脚地去犁田了。打埂要望一望锄头，犁田要望一望犁耙，望望锄头逗正，瞧瞧耙口逗紧。逗不正的要拿牛筋木逗正，逗不紧的要凿九个孔逗紧。逗正逗紧了，才能拿起赶牛棍，才能把牛索扯紧。到了田边不要忙，先拿眼睛望一望。望望自家的田里，像不像水碗一样满；望一望兄弟的田里，像不像水缸一

①　马翀炜、罗丹：《哈尼梯田历史溯源及景观价值探析》，《西南边疆民族研究》2019年第1期。
②　《哈尼阿培聪坡坡》，朱小和演唱，史军超等译，中国国际广播出版社，2016，第32页。

样满。又把犁耙棕索支好，犁沟不直，用棕索挡直；水田不平，拿耙子耙平。热烘烘的一月到了，是挖田埂的时候了。砍埂子的短把锄头，好玩一样老实轻。上边埂头薄薄地挖，不要怕把土狗挖绝种；下边埂脚薄薄地铲，不要怕砍断蚯蚓的脖颈。"①

由此可见，哈尼族先民在惹罗安家扎寨时便开始进行水田稻作活动，积累了地方性水资源利用知识。而当时的水田是否为今天的梯田已无从考证。

有研究还指出："哈尼族的水田稻作农耕文化始于'惹罗'建寨时代，但滨湖农耕经验的主要成就则在'洱水'之畔，'洱水'很可能位于今川滇交界处河川纵横的平坝谷地之间，即史诗中的'诺马阿美'及之后的'谷哈密查'等地。因为在富庶的家园'惹罗'遭遇自然灾害，哈尼族先民带上了稻种和农耕生产工具，再次南迁到达两条河水环绕的'诺马阿美'平原，继续开展稻作农耕生计。先民在'诺马阿美'建寨开荒，把记忆中的稻作经验移植到土肥水丰的江河平原地区，并掌握了套种和休耕技术，将稻作农耕技艺发展到一个新的高度。之后，由于不断遭遇自然和社会战争灾害，哈尼族先民继续向东南、南、西南三路迁徙，其活动遍及川、滇、黔三省安宁河、大凉山、乌蒙山、六诏山和哀牢山广大地区。其后进入今云南省境内的哈尼族先民，最初主要活动于滇东北、滇西北直至洱海、滇池岸边的广大地区，之后在'色厄作娘'短暂停留后，再迁徙到滇中腹地'谷哈密查'，并培育出了哈尼红米。"②

"寨脚开出块块大田，一年的红米够吃三年，山边栽起大片棉地，一年的白棉够穿三年。"③ 这便是对其生产生活的生动写照。哈尼族先民把江河稻作生产技术运用到山区，创造了梯田农耕生态体系，并在滇南红河、澜沧江水系的哀牢山和无量山区生息繁衍。如今，红河哈尼梯田的核心区——元阳梯田里仍种植着传统的红米。

从以上描述来看，哈尼族经历了从游牧文化向农耕文化的转型之后，

---

① 西双版纳傣族自治州民族事务委员会编《哈尼族古歌》，云南民族出版社，1992，第58~59页。

② 马翀炜、罗丹：《哈尼梯田历史溯源及景观价值探析》，《西南边疆民族研究》2019年第1期。

③ 《哈尼阿培聪坡坡》，朱小和演唱，史军超等译，中国国际广播出版社，2016，第161页。

又在南迁活动中将平坝农耕经验转换为山地梯田稻作灌溉垦殖方式。哈尼梯田文化景观最终形成于滇南红河、澜沧江水系的哀牢、无量山脉。① 虽然"哈尼族何时开始耕种梯田，史无明确记载"，② 但是，"哈尼族包括梯田文化在内的传统哲学宇宙观是在迁徙过程中形成的。哈尼梯田是哈尼族先民在迁徙过程中因地制宜创造的文明成果，同时不排除吸收和采借其他民族优秀稻作农耕经验系统的可能性"。③ 正如有学者"结合唐代史籍推测哈尼梯田最早出现的时间为唐代或稍前，在类似的中央王朝政令影响微弱的少数民族地区，依赖平整的梯田提供生活之资，形成具有垂直地带特征的红河哈尼梯田社会，属于我国历史上少数民族合理而巧妙地利用自然之利的一种典型"。④

人类在发展的各个历史时期，在与自然的互动及对其的实践过程中，经历了从自然中获取生存资源、对自然进行人为干预、利用自然资源发展机械工业生产以及使用科技保护自然和平衡生态等阶段。在漫长的历史长河中，元阳县在人与自然、人与人、人与社会的互动中，"利用哀牢山区的地貌、气候、植被、水土等立体性特征，创造出了与自然生态系统相适应的良性农业生态循环系统，并形成了一整套梯田耕作与森林生态保护的传统管理方式和知识系统，保证了哈尼族在山大谷深的地理环境中的生存和发展"。⑤ 以元阳梯田为核心区的红河哈尼梯田以其独具特色的耕作方式和灌溉系统形成了世界生态奇观，当地世居民族所展现的生产生活方式反映了人与自然相处的和谐性。在此意义上，"劳动首先是人和自然之间的过程，是人以自身的活动来引起、调整和控制人和自然之间的物质变换的过程"。⑥

---

① 马翀炜、罗丹：《哈尼梯田历史溯源及景观价值探析》，《西南边疆民族研究》2019年第1期。
② 古永继：《哈尼族研究中史误的三点辨正》，《民族研究》2007年第3期。
③ 马翀炜、罗丹：《哈尼梯田历史溯源及景观价值探析》，《西南边疆民族研究》2019年第1期。
④ 侯甬坚：《红河哈尼梯田形成史调查和推测》，《南开学报》（哲学社会科学版）2007年第3期。
⑤ 王清华：《哀牢山哈尼族地区自然生态功能、生态服务系统及林权的演变》，《云南社科动态》2008年第1期。
⑥ 《马克思恩格斯全集》（第23卷），人民出版社，1972，第201~202页。

二　"四素同构"的循环农业生态系统

"科学的社会史研究显示，人在时空中创造知识。"① 如今，人们看到的"森林-村寨-梯田-水系"的生态机制也并非从古至今就是如此这般存在的。这种"林-田-村-水-人"有机和谐的生存空间布局是梯田农耕族群在特定时空中通过不断摸索做出的适应性选择和积极性创造的结果。包括哈尼族在内的各民族民众发挥聪明才智和创造精神，经过勤劳而艰辛的梯田开垦，形成了独特的农耕文明和农耕景观。其中最具代表性的便是"森林-村寨-梯田-水系"四素同构的生产生活生态图景，其不仅构筑了上下联结、左右关联的多样生态循环系统，也体现了哈尼梯田农耕文化在千年传承过程中所蕴含的"生产、生活、生态"的和谐共生关系，更展现了人与自然和谐共生的生态局面。人与自然和谐共生是中国式现代化的重要剖面。

"四素同构"指哈尼梯田由森林、村寨、梯田、水系四种要素有机结合而构成的循环农业生态系统。这一生态农耕体系中的四个主要要素之间形成了紧密相连、相互依存的关系。

千年梯田上方的森林是"四素同构"循环农业生态系统的重要组成部分。山顶的水源林既供应了山腰村寨的生活用水，又经过沟渠系统的串联保障了村寨下方梯田的灌溉用水，地表径流通过沟壑水渠在集水线上顺势有序流淌，滋养了村寨和梯田；高山流水在低地江河中交汇，再通过蒸腾作用将水分搬运回森林和山川地表，为梯田涵养了水源、提供了防止土壤侵蚀的控制措施。首先，由针叶林和阔叶林等构成的茂密的森林是生态系统的基础，保护了土壤，降低了水土流失的风险。森林还具有防风固土、调节气候和保持水源的重要作用。其次，森林与农民之间有着密切的联系。农民利用森林中的资源，如木材和非木材林产品，满足自己的生活需求。同时，农田也受益于森林的保护。森林覆盖保证了水源的丰富和稳定，为

---

① 乔伊斯·阿普尔比、林恩·亨特、玛格丽特·雅各布：《历史的真相》，刘北成、薛绚译，中央编译出版社，1999，第172页。

农田提供了水源。森林还能降低水土流失和土壤侵蚀的风险,保护农田的健康。再次,每个村寨都有的寨神林以及每年都要进行的"祭寨神林"昂玛突仪式中的神林祭祀活动不仅具有凝聚村社的意义,还发挥了提醒村民珍惜森林、注重人与自然和谐关系的作用。最后,森林还提供了符合生物多样性的栖息地,维持了整个生态系统的稳定性。这套具有千年历史的森林生态系统使得深山峡谷地带的哀牢山地区的人口密度约为 300 人/公里^2,①与此同时又维护了有效的生态循环。

村寨是一定的人按照一定的经济关系、社会关系和文化关系组成的一种生产生活空间。②元阳县的村村寨寨是哈尼梯田农耕体系中的人类居住地。这片土地上的村寨中有人口多达几百户(数千人)的大村寨,也有十几户(不到百人)的小村寨。大大小小的村寨错落分布,村民们根据山水形变合理利用着各种生产生活资源。这些村寨的村民由哈尼族、彝族等民族组成,村民们居住在山区不同海拔的房屋中。蘑菇房是哈尼族、彝族村寨传统的民居样式。村寨与森林和梯田相邻,村民们依靠农耕为生,与自然环境紧密联系在一起。村寨也是传承哈尼梯田农耕文化的载体。

在"四素同构"的循环农业生态系统中,梯田是其核心要素。以哈尼族、彝族等世居民族为主体的梯田人通过巧妙的土地利用和水利工程建造了属于世界奇观的千年梯田,形成了延续发展的梯田灌溉模式。梯田人开垦的梯田有大有小,大的田块七八亩,小的田块只能让牛在里面打个滚。这些梯田依山而建、错落有致,形成了一幅壮观的农田景观。梯田不仅提供了可持续的农产品供给,同时也减少了水土流失和土壤侵蚀,保护了水源和森林。

丰富的水源是整个元阳哈尼梯田农耕体系的重要组成部分,也是生态系统得以存在和维系最为重要的基础和关键。《哈尼族古歌》将水称作"亲亲的水娘"。③围绕梯田生活的哈尼族先民利用和支配水资源开沟造田,水

---

① 资料来源于 2022 年 12 月中国乡村社会大调查(元阳组)在元阳县全福庄等地的调查资料。
② 马翀炜:《村寨主义的实证及意义——哈尼族的个案研究》,《开放时代》2016 年第 1 期。
③ 西双版纳傣族自治州民族事务委员会编《哈尼族古歌》,云南民族出版社,1992,第 56 页。

的存在为梯田灌溉注入了生命力。梯田的水源来自山顶的森林植被和山体蓄留的降水。"借助森林中茂密的林冠层、松软的枯枝落叶层以及地下发达的植物根截持、吸收、贮存、释放雨水，每平方公里的森林可贮水5～10吨，而1万公顷林地所含水量相当于一座300万立方米的水库，形成一个'天然水库'。同时，交叠分布于山体致密岩层中的疏松砂岩体形成一个'地下水库'，化作山间常年不息的清泉和溪流，蓄水功能实现了'山有多高、水有多高、田有多高'的壮丽奇观。"①

沟渠是重要的水利设施。当地村民利用沟渠将水引入梯田，用传统的"木刻分水法"分水，由"赶沟人"管护沟渠。"木刻分水法"是实现了水量的合理分配，大多数村寨在水沟中设置木桩，并在木桩上刻出大小不同的槽口，按"刻"计算，即用木刻进行分水（见图2-1）。专门的"赶沟人"［"衣斗皆抛"（彝语）、"楼嘎类帕"（哈尼语）］有固定的收入，其

图2-1　传统木刻分水

资料来源：调查组拍摄，2023年7月。

---

① 资料来源于2022年12月中国乡村社会大调查（元阳组）在元阳县调查时由哈尼梯田元阳管理委员会提供的材料。

收入来源于受益于沟渠的村寨。由森林植被形成的"天然水库"和疏松砂岩体形成的"地下水库"化作山间清泉,流入条条沟渠,渠水灌入梯田,层层向下流,最后注入河流,开始新的循环。正如有学者观察到的:"从高山顺沟而来的泉水,由上而下注入自高层的梯田,高层梯田水满,流入下一块梯田,再满再往下流……直到汇入河谷江河。这样,每块田都是沟渠,成为水流上下连接的部分。"①

近年来,元阳县新建的东观音山水库以及小型坝塘增加了旱季梯田供水量。"为保证水稻高产及哈尼梯田的美观,哈尼梯田水深一般必须保持在20~25厘米,全年用水量为504.3米³/亩。元阳县全面加大遗产区水利配套设施建设力度,累计实施229项农村饮水工程,治理水土流失面积11万余亩,控制灌溉面积可达6670亩。哈尼梯田形成了反复循环、周而复始的良性生态系统,构成了一个有机有序的生命共同体,其充分展示了哈尼梯田的生态文明价值。"② 元阳梯田的引水、储水、配水、管水环节涉及输肥和控温问题,退水则涉及尾水处理问题,针对这些问题的创举最终都助益营建了一个突破族际、寨际边界的,水资源高效利用的,多元文化互补的,集中的,均衡的,可持续的和谐共生机制,③ 形成了人与自然、人与人和谐共生的梯田灌溉秩序。

哈尼梯田依山而建,林在山上、村在林下、田在水中、人在景中,勾画了一幅人与自然和谐共生的优美画卷(见图2-2)。这一"四素同构"的循环农业生态系统使得元阳哈尼梯田变得更加优质。在元阳哈尼梯田区域,森林和村寨之间存在着密切的关系。森林提供了村寨所需的木材和非木材林产品,满足了居民的生活和建设需求。村寨依靠森林资源为生,通过传统农耕方式种植了农作物。村寨也受益于森林的保护作用,森林可以减少土壤侵蚀、提供饮用水和灌溉水,并维持空气质量和气候调节。村寨是元

---

① 王清华:《梯田文化论:哈尼族生态农业》,云南大学出版社,2011,第26页。
② 资料来源于2022年12月28日中国乡村社会大调查(元阳组)在元阳县调查时由哈尼梯田元阳管理委员会提供的材料。
③ 罗丹:《流动与绵延:取水于成的哈尼梯田"族群—生态"命运共同体》,《西北民族大学学报》(哲学社会科学版)2021年第4期。

阳哈尼梯田地区的人居地，它们紧邻着梯田。村寨的居民利用梯田进行农耕，创造了世界上最具特色的梯田景观。梯田为村寨提供了可持续的农产品供给，并增加了村寨的经济收入。村寨依赖于梯田的水资源，通过巧妙的水利工程灌溉了农作物。梯田的保护和管理也需要村民的大量付出。梯田和沟渠、河流组成的水系之间形成了紧密的联系。梯田之间的水源通过一系列的水系，包括溪流、河流和水库等相互连接。梯田借助水系获取灌溉水源，确保了农作物的生长和丰收。水系同时也是生态系统的一部分，提供了生物栖息地和生活环境。它们支持着水生生物的生存和繁殖。

图 2-2　冬日云海里的梯田
资料来源：调查组拍摄，2022 年 12 月。

传统地方性知识维系的梯田生态系统至今仍体现出苗壮的生机与科学的实践意义。在 2010~2013 年云南省四年持续旱灾中，红河哈尼梯田依然能够保产增值，这得益于其"四素同构"的多样性水体自循环所支撑的强大灌溉功能。[①] 通过森林、村寨、梯田、水系四种要素的紧密联系，元阳哈尼梯田形成了一个相互依存、相互支持的生态系统。森林保护了梯田和村寨的水源和土壤，同时也提供了资源和生态旅游的机会。村寨依靠森林和梯田进行农耕生活，并且积极参与对森林、梯田和水系的保护。梯田通过水系得到水源，为村寨提供农作物和经济收入。"四素同构"的循环农

---

① 马翀炜、张明华：《风口箐口：一个哈尼村寨的主客二重奏》，人民出版社，2022，第 16 页。

业生态系统不仅维护了元阳哈尼梯田的生态平衡，也成了当地人文和自然
遗产的重要组成部分。

三　哈尼梯田的诸多殊荣

元阳哈尼梯田景观"作为一个由不同空间单元镶嵌组成，具有明显视
觉特征与功能关系的地理实体，它既是生物的栖息地，也是人类的生存环
境，从而具有经济、生态和文化的多重价值"。[①] 哈尼梯田景观包括涵养水
源的森林、人群集聚的村寨、粮食生长的梯田、水流涌动的沟渠、阡陌纵
横的小径等要素。在此意义上，哈尼梯田也获得了诸多殊荣。

2010年6月，"哈尼稻作梯田系统"被联合国粮食及农业组织列为全球
重要农业文化遗产保护项目试点；2013年5月，"云南红河哈尼稻作梯田系
统"入选第一批中国重要农业文化遗产。以哈尼族民众为主的各民族村民
不但在梯田内种植红米等优质的稻米品种，同时也在梯田水面养殖鱼和鸭
等家禽。种植一季稻、放养一批鱼、饲养一批鸭是元阳哈尼族、彝族等各
民族民众世代传承的生产方式，亦是他们梯田耕作的日常。村民们将种植
业与养殖业有机结合，其中鱼和鸭在梯田里的活动不仅可以除草、松土，
还能够控制病虫害，而且鱼和鸭的粪便还是良好的有机肥，降低了水稻的
种植成本；与此同时，稻草为鱼和鸭遮阴蔽日，形成了田养鱼鸭、鱼鸭养
稻的循环生态场。哈尼梯田延续千年的"木刻分水"、"冲肥"（赶沟）、
"传统稻作生产"等农耕模式是农业资源利用与保护的典范，也是世界高山
农业生产经验的集中体现。

2013年6月，"红河哈尼梯田文化景观"被列入联合国教科文组织《世
界遗产名录》，成为中国第45项世界文化遗产。在这样的背景下，作为生
产劳动对象的梯田被建构成了彰显"人与自然和谐相处"的"人类文化遗
产"的文化符号。包括元阳梯田在内的红河哈尼梯田作为以农耕文明为主
题的活态世界遗产，其特征是活态，物质载体是梯田，而关键在于人的活

---

① 　肖笃宁等：《景观价值与景观保护评价》，《地理科学》2006年第4期。

动/行为。其独具特色的景观样态和丰富多元的人文内涵，具有稀有性、多样性、功效性、和谐性、美学性和宜人性等特点，符合世界文化遗产的多重标准并具有"突出的普遍性价值"①。

第一，元阳哈尼梯田的稀有性价值体现为梯田景观外在的结构形态、形成过程和所表现出的地质年代结构的稀有性以及所蕴含的社会文化意义，不仅符合了存在的罕见文化和自然价值超越国家界限，对全人类的现在和未来均具有普遍的重要意义这一世界遗产总体价值标准，也体现了世界意义上的突出的普遍性价值。元阳梯田随山势地形变化，因地制宜，坡缓地大则开垦大田，坡陡地小则开垦小田。因其面积庞大，形状各异，连绵成片，地势险峻（从15度的缓坡到75度的峭壁上都有梯田），级数众多、层层叠叠，海拔落差大（从山脚到海拔近2000米的山巅，层级最多超过3000级），而呈现规模性、集中性和险峻性的特点。

人是社会中的人，"人与景观是相互作用和相互影响的，景观的外在形式和我们人类的个性、信仰及目标密不可分"。② 元阳梯田景观蕴含的社会文化意义是其稀有性价值的重要组成部分。生态和自然环境为人类文化的形成提供了物质基础，文化正是人与自然相互作用过程的历史凝聚。③ 哈尼族先民将迁徙活动中积累的生存智慧实践作用于地方性生产生活，利用哀牢山地区地理环境和资源、把握自然规律，从而建构了元阳梯田经济、社会和文化系统。元阳梯田的形成和发展反映了以哈尼族为主的各民族民众的世界观、人生观和价值观，在世界同质文化事象中具有稀有性和不可替代性。

---

① 国际公认的"突出的普遍性价值"的六项标准为：①代表一种独特的艺术成就，一种创造性的天才杰作；②能在一定时期内或世界某一文化区域内，对建筑艺术、纪念物艺术、规划或景观设计方面的发展产生重大影响；③能为一种已消逝的文明或文化传统提供一种独特的或至少是特殊的见证；④可作为一种建筑或建筑群或景观的杰出范例，展示人类历史上一个（或几个）重要阶段；⑤可作为传统的人类居住地或使用地的杰出范例，代表一种（或几种）文化，尤其在不可逆转之变化的影响下变得易于损坏；⑥与具有特殊普遍意义的事件或现行传统或思想或信仰或文学艺术作品有直接和实质的联系（只有在某些特殊情况下或该项标准与其他标准一起作用时，此款才能成为列入《世界遗产名录》的理由）。

② 张敏：《哈尼族聚落景观的美学思考》，《贵州大学学报》（艺术版）2005年第1期。

③ 克莱德·克鲁克洪等：《文化与个人》，高佳、何红、何维凌译，浙江人民出版社，1986，第6~7页。

第二，元阳梯田的多样性价值体现为空间格局的多元同构。具体表现为"森林-村寨-梯田-水系"生态系统多样性和围绕梯田灌溉水资源形成的"神山圣水"多样性民俗文化子系统。景观多样性是指景观单元在结构和功能方面的多样性，它反映了景观的复杂程度。[1] 丰富的生态系统所带来的景观成为哈尼梯田多样性特征的典型。[2] 元阳梯田景观位于云南境内哀牢山脉西南侧的横断山纵谷区，从山麓至山顶分别跨越热带、亚热带、温带、寒带等数种气候类型，具有"一山有四季、十里不同天"的气候特征。哈尼族与当地世居民族充分利用哀牢山地区的气候和地理条件，通过神灵信仰体系和民族惯习法相结合的二元约束力保护山顶的林木系统，使海拔较高的山巅成为天然森林"蓄水池"，同时在"冬暖夏凉、气候适中的山腰地带建寨，而将村寨之下炎热湿润的山坡开垦为梯田，利于稻谷生长和农业生产"，[3] 构筑了上下联结、左右关联的多样生态循环系统，该系统又包含若干相互影响、互相依存的生态子系统。元阳梯田的存在对世界活态生物多样性保护具有重要意义。

第三，元阳梯田的功效性价值主要体现为以梯田为纽带的经济功能和生态功能。哀牢山地区连绵不绝的数十万亩梯田，是当地政府对元阳县箐口村及其周边地区进行旅游开发的重要资源。千百年来，元阳梯田支撑了当地世居民族的人口与社会再生产。随着人口膨胀与生产生活资源相对不足之间的人地矛盾逐步凸显，梯田农耕族群通过开垦新的土地和兴建新寨的方法来分流人口以缓解人地压力。[4] 哈尼"村寨的不断裂变，既是自然资源有限带来的压力使然，同时也是哈尼人的文化选择。村寨不断裂变的结果既避免了对某一个地方的过度开发，又避免了许多地方没有开发，从而造成土地资源利用不均衡的情况"。[5] 伴随全球化的发展，元阳梯田文化景

① 肖笃宁等：《景观价值与景观保护评价》，《地理科学》2006年第4期。
② 马翀炜、罗丹：《哈尼梯田历史溯源及景观价值探析》，《西南边疆民族研究》2019年第1期。
③ 高凯：《红河哈尼梯田文化景观的形与神》，《昆明理工大学学报》（社会科学版）2013年第6期。
④ 马翀炜、罗丹：《哈尼梯田历史溯源及景观价值探析》，《西南边疆民族研究》2019年第1期。
⑤ 马翀炜、王永锋：《哀牢山区哈尼族鱼塘的生态人类学分析——以元阳县全福庄为例》，《西南边疆民族研究》2012年第1期。

观也成了供人观光游览的人文景观。哈尼梯田，是一个产品，也是一个文化，这个产品生产的过程是一个文化创造的过程，它的产品消费也是一个文化享受的过程。值得注意的是，随着元阳梯田旅游文化的利用和开发，梯田农耕族群的文化观、宗教观、哲学观以及传统民俗内涵需要面向更广阔的空间，其景观文化持有者的生产生活也发生着变化。

第四，元阳梯田的和谐性价值主要体现为在这片土地上生存的各民族和睦相处，形成了交往、交流、交融互嵌共生的格局。当地哈尼民众不仅依照四季时令顺序举行相应的祭祀礼仪、节日庆典和祈祝活动以祈盼人与自然的平衡以及社会和谐，还与毗邻的其他民族共享大自然赐予的资源，共同维护和创造属于他们共有的生态环境。

第五，元阳梯田的美学性价值表现在其精致玲珑的田埂曲线形态、梯田景观的神形兼备以及丰富的文化内涵之中。梯田气势磅礴，极具艺术美感，是人在实践过程中通过艰辛的劳作用双手雕刻的艺术作品。由人的劳动创造而形成的壮美或者说崇高美是元阳梯田景观最为突出的美学价值。以哈尼族为主体的各民族民众"在大山上开凿出上千级的、数千亩甚至上万亩连成一片的梯田景观具有宏大、奔放、雄浑的特性。梯田景观壮美所蕴积的强盛的力量和磅礴的气势，表征的动态劲健之力，在无形中激发了观赏者的浩然之气、英雄襟度和宽广壮伟的胸怀，提示观赏者去思考景观文化持有者的内在精神特质，这也是哈尼梯田能被人们称为'中华风度'的原因"。[①] 人在改变了世界的同时也改变了自己。马克思就曾指出，"通过实践创造对象世界，改造无机界，人证明自己是有意识的类存在物"，"人却懂得按照任何一个种的尺度来进行生产，并且懂得处处都把固有的尺度运用于对象；因此，人也按照美的规律来构造"。[②]

第六，元阳梯田的宜人性价值主要体现为其房屋建筑和总体居住格局比较特别。土木结构草盖顶形式的蘑菇房点缀于森林梯田和潺潺沟渠水流之间，蘑菇房冬暖夏凉，十分宜于人居。蘑菇房周围种植翠竹、果木和各

---

①　马翀炜、罗丹：《哈尼梯田历史溯源及景观价值探析》，《西南边疆民族研究》2019 年第 1 期。
②　《1844 年经济学哲学手稿》，人民出版社，2014，第 206 页。

种蔬菜，寨内的人畜用水多源自高山密林中的活泉水。森林和水田两大子系统形成的天然湿地有效调节着气候，使得哈尼村寨湿度充分，气候四季宜人。

哈尼梯田是靠人背牛驮，在几百米甚至上千米的高山上修建的田地，也是当地几十代人创造的艺术作品。梯田的存在为山区增加了耕地、提高了粮食产量、保持了水土，形成了独特的农耕文化系统。"在现代社会中日渐成为世界所凝视的文化符号，其景观价值在于可以满足来自异域的他者认知新的世界以及新的生态文化系统的需求，这一景观遗产其实也就是当地生态文化系统的具体体现。"[①]

2018 年 12 月，哈尼梯田还被列入第二批"绿水青山就是金山银山"实践创新基地。马克思曾提到，"随着对象性的现实在社会中对人来说到处成为人的本质力量的现实，成为人的现实，因而成为人自己的本质力量的现实，一切对象对他来说也就成为他自身的对象化，成为确证和实现他的个性的对象"[②]。千年梯田以浑然天成的水库、延续千年的粮库、持续发展的钱库、独具魅力的碳库、享誉世界的文库成为中国生态文明建设的标志性符号，也为世界农耕文化的传承与发展、人与自然和谐共生的生态环境的探索提供了借鉴和参考。正如习近平总书记在云南考察中所寄语的："只要坚持生态优先、绿色发展，锲而不舍，久久为功，就一定能把绿水青山变成金山银山。"[③]

习近平总书记在党的二十大报告中强调，"中国式现代化是人与自然和谐共生的现代化"，"必须牢固树立和践行绿水青山就是金山银山的理念，站在人与自然和谐共生的高度谋划发展"。千年梯田在赓续古老农耕传承、赢得诸多殊荣的同时，也迎来了新的发展机遇与挑战。联合国教科文组织希望当地不要改变梯田景观并尽力维系水稻种植，联合国粮农组织要求稻作系统获得活态的传承与发展，国家文物局与国家林业和草原局也有各类相应的规定和要求，加之生态保护红线、永久基本农田和城镇开发边界三

---

① 马翀炜、张明华：《风口箐口：一个哈尼村寨的主客二重奏》，人民出版社，2022，第 21 页。
② 《马克思恩格斯文集》（第 1 卷），人民出版社，2009，第 190~191 页。
③ 习近平：《论坚持人与自然和谐共生》，中央文献出版社，2022，第 138 页。

条国土空间控制线相关政策的严格执行，对梯田景观以及梯田稻作系统的存续与保护要求上升到了前所未有的高度。

第二节　千年梯田的最高一级阶梯

具有创造性和发展性的人及其社会生活的存在，其本质不是一成不变的，在其现实性上是一切社会关系的总和。梯田是农耕社会的产物。随着社会的变迁和时代的发展，千年梯田的生机也面临新的挑战。仅靠梯田的农业产出是不可能再满足梯田耕种者当下发展需求的。

1979 年诺贝尔经济学奖获得者舒尔茨认为"完全以农民世代使用的各种生产要素为基础的农业可以称之为传统农业"，[1] 在传统农业中技术状况保持不变，持有和获得收入来源的偏好和动机状况保持不变，以及这两种状况保持不变的持续时间足以使获得作为收入来源的农业要素的边际偏好和动机同作为一种对持久收入流投资的边际生产力以及同接近于零的纯储蓄达到一种均衡状态。[2] 但是，在扩大了范围的社会交往中，生产的外部性使得这三个因素被逐一改变，传统农业中的平衡被打破而出现了危机。在遭遇现代生产方式和生产关系时，不同生产要素的重要性排序及生产要素之间的组合发生了变化，在存续了千年的梯田大地上，土地在生产中不再占据最重要的位置。生产方式的转变也影响了微妙的人地关系，进而牵动了农耕生态系统的平衡，加之近年来极端气候的偶发，梯田生态各要素之间的张力达到了极度紧绷的状态。生态、人口、生产等多方面的挑战都使曾经孕育出绚丽农耕文明的世界文化遗产红河哈尼梯田文化景观遭遇了良性发展的问题。

一　生态平衡脆弱

哈尼梯田已经存续了上千年的可持续的良性生态关系在近年来由于生

①　西奥多·W. 舒尔茨：《改造传统农业》，梁小民译，商务印书馆，2006，第 4 页。
②　西奥多·W. 舒尔茨：《改造传统农业》，梁小民译，商务印书馆，2006，第 26 页。

产秩序的逐渐失衡以及气候环境的显著变化而开始呈现失序状态，水土流失、水源污染和生物多样性减少等生态问题加剧。在极端气候的频繁影响下，哈尼梯田的生态失衡进一步加剧了生产生活中的矛盾。

哈尼梯田核心区螺蛳田片区位于元阳县攀枝花乡，距离县城南沙镇约55公里，因整个片区核心位置的稻田狭长迂回、蜿蜒曲折，勾勒出几个螺蛳的形状而得此名。2002年5月，华大集团在国际顶级学术期刊《科学》以封面文章发表"水稻基因组的工作框架序列图"时，选择了螺蛳田片区的美景奇观作为封面。

近年来，随着社会生产方式的变化以及社会流动性的增强，生于梯田边、长于梯田边的村民逐渐外出寻找生计，稻作垦殖已经不是村民主要的经济来源。从纯粹经济理性的角度看，当下传统的农耕方式已经难以满足村民日益增长的对美好生活的需要，因而，螺蛳田片区也遭遇了其他农业社区所面对的共同问题，即传统农业生产收入在家庭总收入中的比重不断下降，土地要素在经济增长中的地位越来越低，其结果就是土地被流转、托管、低价出售，甚至是抛荒。农业耕作的减少也影响了原本壮美的景区风貌，春夏的郁郁葱葱、秋天的漫山金黄、冬天稻谷收割后田里的波光粼粼，这些历经数千年经人在大地上雕刻而成的绝美风光也如打上"补丁"、缠上"绷带"一般失去风采。

从2020年开始，地方政府大力推动对螺蛳田片区的恢复。攀枝花乡政府动员百姓、集中村集体的力量，并且聘请专营农田修复的公司，由其加固田埂、翻新土质，恢复完再交还给老百姓耕作。螺蛳田片区在2021年恢复了200亩，2022年恢复了60亩。

经过修复的螺蛳田片区也迎来了新的发展机遇。2022年3月，元阳县与华大集团达成合作协议，决定在已恢复的螺蛳田片区，培育种植1300多种稻谷，将水稻品种及健康监测等相关民生项目与元阳的"非遗"和民族特色相结合，建立兼具民族特色和科技内核的"世界梯田水稻公园"。2022年4月28日，元阳县邀请华大集团在螺蛳田片区举办"2022年水稻基因组20周年暨哈尼梯田'双遗'万物密码活动——2022年元阳哈尼梯田'开秧门'仪式"，由央视网对此进行全程直播。

截至 2022 年底，整个螺蛳田片区上千亩梯田除 40 亩改种玉米外，其他农田已经完成了修复。在前几年被抛荒、改种其他作物的稻田又一次重获生机，村民等待着新的一年到来时，犁田、耙田、育苗、插秧、收获，一如这片土地上已经重复了上千年的那样。

2023 年，调查组再次前往攀枝花乡调查。7 月下旬，海拔 1400 米左右半山腰以下的地方，因为气候更加炎热，已经开始陆续收割水稻了。稻穗重重地击打在谷船上，一下，两下，丰收的声音回荡了整个山谷。但是，秋收季节，相同海拔的螺蛳田片区除去零星几块绿色之外，放眼望去全是干涸的焦黄，田里杂草肆意乱窜，偶尔几块田里还有放火烧过的痕迹，大部分田是闲置的。最中间那几块组成了螺蛳形状的稻田，在 2022 年举办过哈尼族"开秧门"活动，国家级"非遗"项目《四季生产调》的省级代表性传承人李有亮带领着几十位哈尼族姑娘小伙在其中最大的田里祭祀秧神，并插下秧苗，祈求风调雨顺、谷物满仓。可如今，这里也从水田变成了旱田，干涸皲裂，如一只在太阳底下烤晒了很久的螺蛳，艰难地喘息着。

从 2022 年的盎然生机到 2023 年的凋敝疮痍，最主要的原因是气候的干旱。2023 年初，元阳县遭遇了大旱，播种季节基本没下雨。原先在螺蛳田片区入口处已经有几丘田育了秧，秧苗长势喜人，村民们也早早地做好了准备，但是到了栽秧的时间，迟迟等不到降雨，灌溉用水极度缺乏，没有办法栽秧。此时，又过了种植苞谷等耐旱的作物的时间，整个螺蛳田片区只能抛荒一年。看着眼前空空荡荡的农田，调查组成员脑子里浮现出曾经上过《科学》期刊封面的那幅郁郁葱葱生机盎然的照片，强烈的对比让人不禁唏嘘。

六七月进入雨季，攀枝花乡政府也开始对螺蛳田片区进行抢救性恢复，在乡党委书记和乡长的带领下，各个村的"两委"成员、党员一同前往受影响的片区铲除杂草、翻新土质、引水浇灌。调查组前往调查的时候，道路旁的几丘田已经可以从水沟里引水浇灌，但大部分农田还是处于干涸的状态，而且长期干旱的梯田如果突然大水漫灌，很容易造成田埂塌方，所以只能慢慢地放水进去，稻田的恢复也必定是个缓慢的过程。历经重重艰辛才得以恢复的农田，因为气候的变化，一夕之间又重遇危机。原本便已发展乏力的千年梯田因为生态平衡的脆弱再一次遭遇了困境。

二 人地关系紧张

元阳哈尼梯田文化景观的形成与发展离不开土地的支撑。土地是农民的基本生产资料，也是农民最主要的生活保障。千百年来，哈尼族、彝族、汉族等世居民族民众挥起手中的锄头和犁耙，在哀牢山上雕刻出了一块块梯田，造就了令人惊叹的世界文化遗产景观，更支撑了当地村寨的人口与社会再生产。但是，社会的发展也带来了人口的增加，而梯田所能提供的生产资源又相对固定和有限，人地矛盾便逐步凸显。

我国土地资源具有以下特点：绝对数量较大，耕地占有量小；各类土地资源分布不平衡，土地生产力水平较低；等等。① 根据我国第三次全国国土调查的结果，2019 年底，我国的人均耕地面积为 1.36 亩，不足世界平均水平的 40%。② 就全国层面而言，粮食需求量的巨大与土地资源稀缺的现实之间已经拉满张力，而在元阳县的调查发现，如此矛盾在此地更为显著突出。为了更加清晰全面地呈现元阳哈尼梯田的人地关系，调查组的调查涵盖了联合国教科文组织根据景观价值、景观及地形单元完整性、景观价值延续性等标准划分的遗产核心区及缓冲区，并从中选取了 5 个具有代表性的村子进行参与观察和深入了解。其中，箐口村、硐浦村和保山寨村 3 个村子位于世界遗产核心区内，脚弄村和岩际村位于遗产的缓冲区。箐口村距离元阳县老县城新街镇政府所在地仅 7 公里，而最遥远的岩际村距离新街镇政府 33 公里，距离县城南沙镇则有 63 公里，样本村落的选取涵盖了元阳县内位置最优越和最偏僻的村寨。具体调查数据如表 2-1 所示。

---

① 《我国土地资源的特点》，中国政府网，2009 年 3 月 30 日，https://www.mnr.gov.cn/zt/hd/dqr/40dqr/tdzy/201807/t20180709_2054708.html，最后访问日期：2023 年 10 月 7 日。

② 杨舒：《我国多措并举严守耕地红线》，中国政府网，2022 年 6 月 26 日，https://www.gov.cn/xinwen/2022-06/26/content_5697791.htm，最后访问日期：2023 年 10 月 7 日。

表 2-1　五个抽样村人口及耕地调查情况

村名	户数（户）	人口（人）	水田面积（亩）		旱地面积（亩）	
			总面积	人均面积	总面积	人均面积
硐浦村	633	3164	853	0.27	1123	0.35
岩际村	600	2820	984	0.35	1920	0.68
脚弄村	754	3167	1249	0.39	1111	0.35
箐口村	238	1007	453	0.45	404	0.40
保山寨村	208	964	636	0.66	623	0.65

资料来源：调查组根据调查材料整理，2023 年 7 月。

在调查选取的 5 个村子中，攀枝花乡的硐浦村水田和旱地的人均面积都为最少，分别仅为 0.27 亩和 0.35 亩，总人均耕地面积为 0.62 亩，还不足2019 年底全国平均水平的一半。即使是在耕地最为宽裕的保山寨村，水田和旱地相加人均 1.31 亩的面积也才勉强接近全国平均数值。可见，无论是梯田核心区还是缓冲区内的村寨，都面临着严峻的耕地不足的问题。考虑到我国人均耕地面积已经远低于世界平均水平，哈尼梯田日益绷紧的人地关系则更为突出，已经严重阻碍了千年梯田的良性发展。为了更加直观地呈现土地的紧张程度，本节以人均耕地面积最少的硐浦村为例进行分析。

位于梯田核心区的硐浦村，全村 633 户 3164 人（户均 5 人），拥有 853亩水田（人均 0.27 亩）、1123 亩旱地（人均 0.35 亩），硐浦村的村落民居坐落在海拔 1800~2000 米，村民们耕种的农田则沿着山坡连绵分布于海拔1000~2000 米，落差可达 1000 米，占据有利地势和气候条件的稻田最高产量约为一年每亩 400 公斤，但一般来说梯田上一亩稻田的产量每年在 300 公斤左右。如果按照中位数每亩 350 公斤的年产量计算，硐浦村村民每人每年能够收获稻谷 94.5 公斤。若将稻谷碾成大米，按最高出米率八成来计算，每人每年可以收获的大米为 75.6 公斤，平均每天可支配食用大米 0.2 公斤，煮成米饭之后也才勉强够一个从事体力活的成年人一顿的饭量。因此如果仅仅依靠种植梯田的单一收入来源，必定难以维持生活的基本需要。

可见，日益增加的人口数量与耕地资源相对不变之间的矛盾，已经严重阻碍了村寨社会的发展，耕作了千年的梯田也亟须通过生产方式的变革以解决良性发展的问题。要想解决日益紧张的人地矛盾，必定要在千年梯田上引入新的生产要素，对已经不适应现代社会发展的那一部分生产关系做出改良。

三　农田价值下降

土地要想保持良好的肥率就离不开农民的耕种和管理。从20世纪90年代中期开始，不断发展的打工经济使土地制度，即"利用农田而发生的一套社会关系"，① 具体表现形式发生了诸多变化。一方面，土地价值的下降是由于生产方式的改变，农耕已经不再是村民们唯一依赖的收入来源，以个体为单位外出务工成为人们重要的劳作方式；另一方面，受地形的影响，哀牢山区的农田耕地面积较小，难以被集中连片地利用，农业机械等现代化的生产工具也难以被使用，严重阻碍了土地生产力的提升。此外，由于该地区是世界文化遗产红河哈尼梯田文化景观地区，不允许改变原有的耕种作物，也不允许引进其他的经济作物，传统农业生产收入在家庭总收入中的比重不断下降。②

事实上，村民的收入中直接来自农业耕作的收入在整体中的占比越来越小，从客观上也造成了农田的重要性日趋下降。元阳县政府公布的统计数据显示，元阳县现有人口459610人。仅2022年，县外省内转移就业人数为62477人，跨省转移就业人数为50071人。如果从更长时段来统计的话，实际上绝大部分村民有过外出务工的经历。社会交往范围的扩大使村民得以到更大的社会网络中进行资源的配置，原先在农闲时节赋闲在家的劳动力因此有了参与周边甚至是沿海地区工业和城市发展的机会。以位于梯田遗产核心区的哈尼族村寨箐口村为例：箐口村全村一共238户1007人，2020年，箐口村外出务工时间超过半年的有268人，夫妻一起外出的有83户。箐口村长期外出务工的人口分布区域非常广：浙江省宁波市、绍兴市；江苏省苏州市、淮安市、盐城市；上海市；安徽省马鞍山市；广东省广州市、深圳市、惠州市、佛山市、揭阳市、东莞市、汕头市；福建省厦门市、

---

① 费孝通、张之毅：《云南三村》，社会科学文献出版社，2006，第14页。
② 马翀炜、张宝元：《涓滴效应及其社会文化影响——以云南省元阳县箐口村为例》，《湖北民族大学学报》（哲学社会科学版）2023年第1期。

泉州市；四川省金阳县；湖南省长沙市；云南省昆明市、西双版纳州、蒙自市、开远市、建水县、河口县、绿春县。此外，在元阳县境内做小生意及打短工的人也有不少。① 可见，如今在村子里，大部分的村民已经脱离了与土地的直接接触。2021 年，箐口村省内务工者的月收入一般在 2500~3500元；省外务工者的月收入一般在 3500~4500 元。② 因为务工经济的兴起，村民的生活得到了极大的改善。在承认村民外出务工参与城市文明发展给乡村带来新的生命力的同时，其衍生的负面效应也是需要直面和解决的。在村民们经由自己勤劳的双手"将收入的蛋糕做大"的同时，许多农田没有得到恰当的照顾，部分农田甚至遭到了抛荒，这也是需要正视的问题。

"山间沟渠如玉带，层层梯田似天梯"，③ 人们时常惊叹哀牢山的巍峨和梯田的秀美，但高山深谷的地形同时也形成了耕地狭小难以被集中连片利用的特点。在追求高效与高产的现代化农业生产面前，千年梯田上那一块块面积狭小的耕地已经不再符合当下发展需要的生产特点，也因此，梯田虽然一望无垠、景色壮观，但实际上难以得到资本化利用进而发挥更大的价值。

第三节 创造盎然的生机

在滇南哀牢山南段的世界文化遗产哈尼梯田，哈尼族、彝族等七个世居民族民众已经在此从事了上千年的垦殖实践，掌握了精湛的农耕技艺，创造了绚丽的农耕文明。在长时段的农事生产中，各族民众的生产生活逐渐呈现以梯田稻作种植为核心的形态，形成了构造滇南社会文化生活的一系列的农耕技艺及人生礼仪。基于稻作种植的社会结构也决定了在生产中传统的生产要素，即土地、技术、劳动力和资本都有着明显的农耕指向。

---

① 马翀炜、张宝元：《涓滴效应及其社会文化影响——以云南省元阳县箐口村为例》，《湖北民族大学学报》（哲学社会科学版）2023 年第 1 期。

② 马翀炜、张宝元：《涓滴效应及其社会文化影响——以云南省元阳县箐口村为例》，《湖北民族大学学报》（哲学社会科学版）2023 年第 1 期。

③ 元阳县地方志编纂委员会编《元阳县志》，云南民族出版社，2009，第 283 页。

但是,随着社会交往范围的扩大、生产方式的转变和社会生产力水平的不断提高,原有的与传统农耕社会相适应的生产要素配置显然已经不能满足当下社会的需要。在壮美旖旎的梯田上生长出的农作生产关系虽然早已把根基牢牢地扎在了苍茫之中,但因上千年来一直浸泡在冷冽的水田里而像农民一样伛偻着身体,蹒跚趔趄。

"但是我们也必须认识到'传统'与'现代'之间并非马克斯·韦伯所想象的排斥与对立的断裂关系,而是交织缠绕在一起的复杂关系,前者以这样或那样的方式嵌入现代化进程的要素和脉络之中,进而形塑出现代化的方向和现代性的样貌。"① 如何正确且高效地处理好传统与现代的关系,在创造性继承传统的同时将其创新性改造发展,不仅仅是文化问题,更是源源不断地为农业社会发展提供所需动力的问题。为了处理好发展中传统与现代之间的关系,元阳县积极尝试,借助国家乡村振兴的战略和其他政策及资源的支持,结合梯田上千年的农耕传统重新思考发展的路径,通过全面推动生态修复改造和提升现有的土地质量、鼓励土地流转以尽可能提升土地价值、积极引入生产资本投入促成现代产业的发展,以创造性继承和创新性发展实现社会生产力水平的提升。

一 生态修复

党的二十大报告明确指出要坚定不移地走人与自然和谐共生的中国式现代化道路,"人与自然是生命共同体,无止境地向自然索取甚至破坏自然必然会遭到大自然的报复。我们坚持可持续发展,坚持节约优先、保护优先、自然恢复为主的方针,像保护眼睛一样保护自然和生态环境,坚定不移走生产发展、生活富裕、生态良好的文明发展道路,实现中华民族永续发展"。② 历经上千年人化自然的垦殖,如今的元阳哈尼梯田在努力实现粮

---

① 何明、周皓:《以中国式现代化全面推进中华民族共同体建设》,《思想战线》2023年第6期。
② 《(受权发布)习近平:高举中国特色社会主义伟大旗帜 为全面建设社会主义现代化国家而团结奋斗——在中国共产党第二十次全国代表大会上的报告》,新华网,2022年10月25日,http://www.news.cn/politics/cpc20/2022-10/25/c_1129079429.htm,最后访问日期:2023年10月5日。

食产量增长、保护粮食安全、维持居民生计的同时，也面临着诸如偶发性的极端气候、水源干涸、塌方滑坡、土地肥力下降等生态困境。如何使得农业发展与生态保护达成平衡便成了在千年梯田上实现中国式现代化所必须解决的问题。调查组进驻元阳县开展多次调查的过程中，观察到元阳县已经进行了一系列有效的探索。

（一）农田建设的标准化

中国式现代化的乡村振兴工作，一定要"牢牢守住十八亿亩耕地红线，逐步把永久基本农田全部建成高标准农田"。[①] 高标准农田建设项目的实施目标是解决农民多年来的生产困境，希望可以有效带动项目实施地区农业产业的高效发展，促进经济发展在减少劳动力投入的同时，提高粮食产能，帮助农户提高收入。通过项目的实施，改善项目区水利条件，项目区可以形成沟相通、路相连、旱能浇、涝能排的高效农田示范园，使农田生产能力进一步提高。同时，对于有千年历史的哈尼梯田而言，实施高标准农田建设项目，可有效利用梯田资源，发展梯田系列品牌农产品，提高梯田产出率。在促进粮食增产、丰富农产品市场的多样化、增加农民经济收入的同时，也可以保证粮食安全和社会稳定，以保证哈尼梯田世界文化遗产的良性存续，为保存全人类社会文化的丰富性和多样性做出更大的贡献。

元阳县高标准农田建设主要内容涉及土壤改良工程、灌溉与排水工程等。土壤改良工程的目的是使现有耕作状况较差的耕地得到彻底改造。在改造耕地时，每亩投入160公斤商品有机肥进行地力提升，提高耕地质量，提升耕地保水、保肥、保土能力，确保农田高产、稳产。灌溉与排水工程主要为新建取水坝、改扩建灌溉沟渠、新建背水桥。元阳县计划通过高标准农田建设，有效改善农业生产条件，提高现有农业生产水平，提高现有耕地资源利用效率和土地产出效率，同时控制水土流失，改善生态环境，

[①] 《（受权发布）习近平：高举中国特色社会主义伟大旗帜 为全面建设社会主义现代化国家而团结奋斗——在中国共产党第二十次全国代表大会上的报告》，新华网，2022年10月25日，http://www.news.cn/politics/cpc20/2022－10/25/c_1129079429.htm，最后访问日期：2023年10月5日。

为农业实现产业化和现代化奠定基础，并以此来促进经济、社会、生态、资源可持续发展。

（二）生态巡护的制度化与常态化

在哈尼梯田上居住的各民族民众，因为地形地势的差异，而呈现不同海拔上村寨立体分布的居住形态。为了公平地分配高山流水的灌溉资源，哈尼梯田的民众在过去制定了一整套有效的"赶沟人"制度，"赶沟人"一年四季都要对水源和水渠通道进行巡视，以保障上下游不同村寨农事灌溉沟渠的畅通。如今，除了原先地方性知识和实践中的"赶沟人"，梯田上又新增了"河长"和"林长"的制度，多方协同以保护梯田生态，继续梯田"森林-村寨-梯田-水系"的四素同构。

2016年12月，中共中央办公厅、国务院办公厅印发了《关于全面推行河长制的意见》，并要求各地区各部门结合实际认真贯彻落实。习近平总书记在2017年的新年贺词中提出"每条河流要有'河长'了"。在此背景下，元阳县也围绕梯田生态的独特性，形成了县-乡-村各级结合的"河长"负责制度，由其对境内的水源定期监管巡查。

岩际村位于元阳县牛角寨镇，元阳县两大干流之一的藤条江从岩际村的山脚底下流过。从村子到山脚的距离看似不远，但因为地形的缘故，通往河边的道路蜿蜒崎岖又陡峭，足足修了12公里，耗资近1000万元。

李书记是岩际村的村党支部书记，按照"河长"制度的规定，他同时也是岩际村的村级"河长"。调查组于2022年7月10日跟随李书记一起前往巡河，这也是7月第一次巡河。快到山脚时，水泥路断了，只剩一段颠簸的土路。来到河边，李书记拿出手机，点开《红河州河长》软件，每次在规定责任位置内不少于30分钟，才可以上传数据完成打卡。走到一个河湾处，因为河流转道而堆积的泥沙在河边形成了一块平整的空地，地面上用泥沙工整地堆起了一块巨大的方形台面，几个巨大的起重机械和传输机械架在台上，刚过上午10点，机械却安静地歇着，沙地上也没有人，看样子是一块废弃了的沙场。李书记察看了一圈沙场情况，虽然沙场已经停工，但他还是和在场的工作人员一再强调注意安全，生产要符合环境规范，不能影响和污染藤条江的河道。

因为时值雨季，河道流水充沛，且没有堵塞的情况，巡河便比较顺利地提前结束。类似的巡河每个月至少要进行4次，每次都需要实时卫星定位打卡。每个月县里都会对各个乡镇的"河长"巡河数据进行统计，并且根据定位打卡次数对各个乡镇进行排名，镇上对"河长"工作也非常重视，一再发通知请各村"河长"按时巡视河道，保障河流通畅安全。

相比于由村党支部书记兼任的"河长"，保障森林安全的护林员人数则更多，责任也更为重大。2021年1月，中共中央办公厅、国务院办公厅印发了《关于全面推行林长制的意见》，要求各地区各部门结合实际认真贯彻落实。2021年11月，国家林业和草原局办公室、财政部办公厅、国家乡村振兴局综合司联合印发了《生态护林员管理办法》，云南省林业和草原局、云南省财政厅、云南省乡村振兴局也在2022年5月联合印发了《云南省生态护林员管理实施细则》，在完善省市县乡村五级林长制体系的同时，招募护林员以对森林资源进行更加有效的管理，同时也对脱贫人口给予一定的政策倾斜，有效提高了脱贫人口的收入。该文件规定："对管护区内的森林、草原、湿地、荒漠、野生动植物等资源进行日常巡护，人均森林管护面积原则上不得少于500亩，湿地、荒漠等资源管护面积原则上不得少于2000亩，草原管护面积原则上不得少于3000亩。"

2022年，元阳县一共招募了2662名护林员，所有上岗的护林员都是脱贫户。今年59岁的方永祥，是牛角寨镇牛角寨村二村的一名护林员，他所巡视的地界位于国家级重点公益林——骂哈箐，该公益林面积一共2832亩。包括方永祥在内的15名护林员在这一片区巡视，他们每年可以获得8000元的政府补贴。早晨，护林员们匆匆吃过早饭，8：00便来到林地开岗前安全例会。会后，护林员们扛上铁锹、镰刀便各自前往划定负责的区域。沟深林密，道路崎岖，他们一路上用柴刀砍掉道路两旁的树枝和杂草，仔细清理路面的枯枝败叶。通常，护林员们上午9：30左右上山，巡视一圈到了下午4：00左右再返回，但一般还需要留两名护林员在山上过夜值班。春节是一年中巡视任务最重的时候，一来整个林区进入旱季，天干物燥非常易燃，二来春节前后燃放烟花庆祝，四处飘散的火星也给护林任务带来了极大的难度。但正是因为有着上千名护林员的坚守，千年梯田上存续至今的森林体系也才得以维持绵延千里的郁郁葱葱。[①]

（三）梯田保护的全天候化

元阳县攀枝花乡的个案可以很好地说明当下元阳县在梯田保护工作方面展开的有益尝试。

攀枝花乡下辖6个行政村，分别是：保山寨村、勐品村、阿勐控村、硐浦村、一碗水村和碧播村。除了碧播村，其余5个村都处于世界文化遗产哈尼梯田元阳管理委员会（以下简称"梯管委"）划定的梯田遗产核心区范围内，对于世界遗产的景观保护有着较为严格的规定。因此，如何在保证农耕生产的同时，做好梯田遗产核心区生态景观的维护便成了一个重要的议题。与此同时，攀枝花全乡境内大部分农耕生产受到了生态保护、基本农田和梯管委遗产核心区这三条红线的限制，在日常生产生活有序进行的同时，确保不违反三条红线也为攀枝花乡提出了极大的应对难度。此外，攀枝花乡也受到了其他因素的挑战，如极端气候导致的山体滑坡等，而攀枝花乡也竭尽全力调动人力、物力和财力资源，以更好地保护梯田。保护梯田不仅仅意味着保护世界文化遗产，更意味着保护千百年来生于斯、长于斯的人们赖以生产和生活最重要的要素——土地。

2018年6月25~26日，位于梯田遗产核心区的老虎嘴景区发生山体滑坡，滑坡区面积约200亩，涉及200多户的耕田。2019年恢复了70亩梯田，2020~2021年恢复了94亩，以上160多亩为乡政府组织修复，农户个人也修复了一部分。已经修复完的梯田大部分种上了水稻，也有少部分修复了但仍空置。2021年，元阳县文旅局实施了一个滑坡治理项目，在梯田上打了38根防护桩。现在面临的问题是水沟还没有完全修复好，引水灌溉的沟渠有的地方堵塞，有的地方被冲垮，还有的地方存在渗漏。位于梯田遗产核心区的老虎嘴景区一共有4条水沟受到影响，其中2021年已经修复了3条水

---

① 资料来源于2023年2月中国乡村社会大调查（元阳组）在元阳县调查时由元阳县融媒体中心提供的材料。

沟，但是不远处的多沙寨的 5 条水沟都还没有实现有效修复。①

高昂的运输成本使得保护梯田的代价巨大。按照梯管委的规定，为了保护文化景观遗产，位于核心区的农田里不能修筑生产路，核心区里的稻田产出了粮食之后只能请外面的马帮进行运输，马帮一般是从邻近的嘎娘乡和小新街乡过来，远的甚至从 100 多公里外的开远市赶过来，稻谷的运输费用为每匹马 50~60 元／趟，每趟每匹马可以运送约 160 斤谷子（马帮一个人赶 3~4 匹马，一天可以跑 5~6 趟，马帮每人按 4 匹马来算，每天可以赚 1000 多元，每人 5 趟可以驮 3200 斤谷子）。更远的地方需要先用马驮到路边再用车拉回家，费用比较高（见图 2-3）。因此百姓希望可以挖一条 2 米左右的生产路，把拖拉机开到田边，但是这与现在梯管委的规定相悖。

图 2-3 雇马驮运稻谷
资料来源：调查组拍摄，2023 年 7 月。

值得注意的是，2023 年 7~8 月，调查组再次前往调查的时候，发现攀枝花乡多个寨子已经陆续有村民引入新的运输方式，开始使用无人机运送

---

① 资料来源于 2022 年 12 月中国乡村社会大调查（元阳组）在元阳县攀枝花乡的调查资料。

稻谷。8月初，位于海拔1300米及以下的稻田已经遍地金黄，稻香四溢。水稻收成之后，除了传统的雇用马帮运输，保山寨村几名外出务工回家的村民，购置了无人机辅助运送水稻。无人机驮谷子收费为每袋10元，可以直接送到家里楼顶，大大减少了运输的成本。

位于攀枝花乡一碗水行政村垭口村的"时光隧道"景区，之所以有此称号，有一种说法是成排的梯田面对正西方，太阳快落山的时候余晖洒在梯田里，每一块田都倒映出一个落下的夕阳，无数抹光影斑驳让人有穿越时空的感觉。另有一种说法是梯田的排列形成一只展翅高飞的大鹏，可以带人穿越时空。2015年之后，香蕉种植作为帮助农户经济增长的项目被大规模引进，本地农户和外来的公司都开始投资香蕉种植，现在的香蕉树苗经过改良，适合高海拔种植，所以海拔为1300~1600米的攀枝花乡有成片的香蕉树。但也因此，景区发生了大规模的梯田耕地非粮化现象，大片原本用作耕地的农田现在被用来种植香蕉，已经看不到波光粼粼、光影斑驳的景象了。香蕉树龄一般在5年左右，寿命长的能有8~9年（得了黄叶病的寿命较短，可能在1~2年）。在严格执行三条红线的规定和要求之后，原本种植香蕉的梯田，现在被强制要求恢复为粮食用地，乡政府也已经组织各个村干部到田里强制清理香蕉树。以生态破坏和粮食安全为代价的眼前的经济利益与绿水青山的可持续发展之间总是存在着权衡与取舍，攀枝花乡此般大力度地投入以保护生态和农田，可见其坚定的决心和信念。

由于梯田上用于引水灌溉的沟渠大部分是用石头砌的，使用时间长了经常会遇到漏水、堵塞的情况。2022年10月21日，位于攀枝花乡"时光隧道"景区的垭口村梯田在收了稻谷之后重新修复了水沟。修水沟时暂时断水，导致部分梯田抛荒，现在水沟重新通水，农户把自己的田犁好（因为还没有放水，很多农户是直接挖田，也有农户一边放水一边赶牛犁田）、田埂挖好之后，就可以重新放水进田里，放水的时候人和水要同时进到田里，以防水冲破田埂出现滑坡塌方。调查组前往调查的时候，距离修复完成只需两周的工期。修水沟涉及两个部门的项目，一为县农科局"高标准农田建设"项目，二为梯管委的"生态沟修复"项目。根据工程实施的难度，水沟修复的费用从每公里 20 万元到 40 万元不等。梯田修复时，除了修整原有的水渠，还要新修输水管道，因为水渠里缺水时需要通过管道送水。在最开始修水管时，设计方在管子上设计了一个减压阀，一个减压阀的价格为 2000 多元，其原理是通过减压阀的调整利用水压的变化自动控制出水的大小。此类为了使修复更符合现实需要的设计理念进一步使水沟修复费用居高不下。加上梯田交通不便，很多建筑材料只能先用车拉到工地附近的地方，然后再用马驮到田里，成本自然也就增加了很多。

在已经耕作千年的梯田上，因无人耕种而导致农田抛荒的情况也是现实存在的。梯田抛荒的原因主要有：①气候大环境的变化，气候变暖；②水资源的减少；③沟渠老化；④青壮年外出务工；⑤梯田产值低，种植的经济效益不高。当地的老百姓也曾算过一笔账，种田每天净收入不到 30 元。修田埂每亩需要 5~6 个工时，费用在 500~600 元；栽秧一亩地需要 4 个女工，按 100 元一天来算，需要 400 元；除草打理需要 300 元左右；打谷子和背谷子的费用一起算为 500~600 元。一亩田大约需要投入 2000 元，但是一亩田收获的稻谷实际上很难获得 2000 元的收入。"那几丘田，我种来种去一年到头三五千块钱都不到，我们两口子出去打工一个月就七八千、一万块钱弄回来了。"[①]

对于这一部分已经抛荒的农田，政府的工作思路是"全面覆盖、突出重点"，根据"轻重缓急"原则，率先恢复的是老虎嘴、多依树、坝达三个梯田景区内涉及抛荒、地质毁坏以及逐渐非粮化的梯田。梯田修复的基本原则是自家的田自家负责，政府对那些头一年没有种植而后又自己恢复种植梯田的农户按照 1000 元/亩的标准进行奖励，如果头一年就已经按照相关要求进行耕种的农户也就是对自家的梯田已经尽到修复的义务，他们是没有奖励的。在这样的激励机制下，那些常年不在家耕种的农户往往就会请他们的亲朋好友前来帮忙，通过修复梯田而争取到政府的奖励。当然，也存在实在找不到人帮忙修复梯田的农户，这时，政府通常就会找第三方

---

① 资料来源于 2022 年 12 月中国乡村社会大调查（元阳组）在元阳县攀枝花乡的调查资料。

（主要是村集体或者兼营农田修复的公司）来恢复梯田，恢复完后再交还给老百姓耕作。交还之后，若发现农户依然没有能力管理，则会在保留农户产权的情况下，将其实际经营权回收一定的年限（3~5年），待这些农户有能力管理了再归还给他们。

在调查中，百姓多次提到自己对稻田深深的情感，"除非是没有办法，否则自家的土地自家种，祖祖辈辈以来对土地还是有很深的感情的"。[①] 即使他们对自家梯田怀有深厚的情感，但是梯田抛荒依旧是当下的现实，也是当地政府以及村民们必须正视的问题。通过以上工作思路的梳理以及从这些思路在现实中的实践来看，不难发现，防止梯田抛荒的责任更多的还是由当地政府来承担。

在山体滑坡等自然灾害以及劳动力外出务工的影响下，哈尼梯田农田抛荒的现象日渐突出。为应对这一现象，政府进行政策引导和技术帮扶，通过专业施工队及时修复农田，从而确保土地这一重要的生产要素得到有效保护。也因此，高效利用哈尼梯田中的土地、尽力促使土地彰显较高的价值成为当务之急。

二　土地流转

土地流转成为元阳县持续开展乡村振兴的首要尝试。结合国家现行政策，元阳县政府出台了一系列的政策和规定，以保证土地能够有效流转。通过将土地流转至公司或合作社，确保土地能够得到集中的、成规模的利用。在哈尼梯田遗产核心区，呼山众创、大华集团等公司将流转之后的土地加以利用，在保证守住生态红线、基本农田和梯管委遗产核心区这三条红线的同时，利用公司自身的独特优势，使得稻作景观被市场化和资本化运用，从而在确保粮食安全的同时，让农业生产得以创造更大的经济价值。

2018年9月，元阳县全面开展了第三次全国国土调查工作。此次国土调查按照国务院的统一部署、云南省和红河州人民政府的工作安排，结合

①　资料来源于2022年12月中国乡村社会大调查（元阳组）在元阳县攀枝花乡的调查资料。

《元阳县人民政府关于开展元阳县第三次全国土地调查的通知》的工作要求，全面采用优于1米分辨率的卫星遥感影像制作调查底图，广泛应用"互联网+调查"、云计算、无人机等新技术，历时3年，汇集了83985个调查图表数据。根据调查，元阳县主要地类数据如下。

1. 耕地37099.02公顷（556485.3亩）。其中，水田14414.77公顷（216221.6亩），占38.86%；旱地21010.20公顷（315153亩），占56.63%。

2. 种植园地8872.82公顷（133092.3亩）。

3. 林地149283.58公顷（2239253.7亩）。

4. 草地2449.35公顷（36740.3亩）。

5. 湿地191.95公顷（2879.3亩）。

6. 城镇村及工矿用地3895.04公顷（58425.6亩）。

7. 交通运输用地3178.03公顷（47670.5亩）。

8. 水域及水利设施用地2145.18公顷（32177.7亩）。①

根据调查数据，以元阳县近46万人口的基数得出，全县人均耕地面积约1.3亩。但现实情况是梯田核心区人均耕地面积远低于全县平均水平，仅为0.5~0.7亩。同时，元阳县也严格遵守国家相应的土地政策，坚持落实最严格的耕地保护制度，坚决遏制耕地"非农化"、严格管控"非粮化"，从严禁止耕地转为其他农用地，完成国家规划下达的耕地保有量和永久基本农田保护目标任务，牢牢守住耕地保护红线。

近年来，农村土地流转政策不断得以明确，农业产业化步伐加快，保证了稻田的规模经营。为了确保土地流转的有序进行，元阳县在县、乡两级均设立了土地流转服务机构，县级的设在县农村经济经营管理站、乡级的设在农业综合服务中心，服务机构按照分级负责、各尽其责的方法，加强对土地经营权的流转政策宣传、业务指导、流转引导、合同登记管理、

---

① 资料来源于2022年12月中国乡村社会大调查（元阳组）在元阳县调查时由县乡村振兴局提供的材料。

矛盾纠纷调处，促进土地经营权规范、有序流转。截至 2022 年 9 月底，元阳县家庭承包经营农户数为 82510 户，家庭承包经营耕地面积为 919078 亩（确权面积），家庭承包耕地互换、转让及经营权流转总面积为 82689 亩。2022 年 6 月 13 日，元阳县农科局下发了《关于转发农村土地（耕地）承包合同（家庭承包方式）示范文本的通知》，让各乡镇做好农村土地承包合同签订和档案管理工作。截至 2022 年 9 月底，全县签订承包耕地互换、转让及经营权流转合同份数为 11106 份，其中土地承包经营权转让面积为 3812 亩，土地承包经营权互换面积为 5722 亩，土地经营权流转面积为 73155 亩。土地经营权流转中出租（转包）为 60359 亩、入股（股份合作）为 11985 亩，其他形式为 811 亩。从土地经营权流转及承包耕地互换、转让去向看，流转入农户的面积为 59304 亩，流转入专业合作社的面积为 5936 亩，流转入企业的面积为 2297 亩，流转入其他主体的面积为 15152 亩。①

因为"三条红线"的影响，世界文化遗产哈尼梯田遗产核心区的土地流转受到了诸多的限制，但是因其成片的水稻种植和绝美的自然风光，陆续有本地和外地的公司不断探索核心区土地的使用方式，在政策允许的范围内流转土地以集中连片使用，创造更好的经济、文化和景观效益。2016 年，云南世博元阳哈尼梯田文化旅游开发有限责任公司（以下简称"世博公司"）曾经流转了一部分攀枝花乡老虎嘴的梯田，1~3 年一签价格为 500 元/亩，3~6 年一签增加 20% 为 600 元/亩，6~9 年一签在 600 元/亩的基础上再增加 30% 为 780 元/亩，一次性签 10 年价格为 800 元/亩。除了流转的费用，世博公司为了保证流转之后的梯田继续耕种，还需要在当地继续雇用劳动力。原本预计开发周期为 10 年，但是 2018 年滑坡之后，世博公司就离开了，之后的合同也没有履行。老虎嘴梯田谷子最高产量达到 800 斤/亩，一般在每亩 500~600 斤。谷子和新米的比例为 80%~85%，2022 年谷子的售价在 1.3~1.6 元/斤。梯田红米的价格更高些，最好的时候可以卖到 5 元/斤，目前的价格在每斤 3 元左右。距离老虎嘴景区不远的螺蛳田景区一共有

---

① 资料来源于 2022 年 12 月中国乡村社会大调查（元阳组）在元阳县调查时由县乡村振兴局提供的材料。

300 多亩耕田，于 2021 年土地流转给了深圳的华大集团，涉及 62 户 210 多亩耕田，流转之后继续种植水稻，其计划在螺蛳田建设一个"世界水稻公园"，发展梯田耕作文化旅游。①

　　相较于多重限制加身的遗产核心区，其他地区在合乎农业法律法规的前提下，则多有尝试流转土地以便集中开发利用。岩际村距离元阳县牛角寨镇政府所在地 27 公里，全村土地面积为 27090 亩，最低海拔 850 米，最高海拔 1780 米，年平均气温为 17℃，年降水量为 1030 毫米，适合种植稻谷、甘蔗、木薯等农作物。全村耕地面积为 2904 亩，其中水田 984 亩、旱地 1920 亩。岩际村曾经是元阳县的重点贫困村，海拔高、雨水少、土壤贫瘠，农业种植条件差，村民种植作物单一，收入较低。村里大部分年轻人外出务工，导致村中部分土地抛荒。岩际村村委会积极探索产业发展新路子，结合元阳县"十个一"链长制工作，将石漠化治理与产业发展相结合，立足岩际村实际的资源优势，通过"合作社+农户"合作模式大力发展养牛产业，以草饲牛，以牛粪反养草，构建了一种全新的绿色低碳循环经济。2022 年，岩际村村委会通过与合作社合作，流转了 1000 亩荒山荒地至合作社，村内土地得到了有效利用。此外，合作社也在当地雇用村民到养牛场种草、养护和日常管理，日结工资为每天 110 元，固定工人工资为每月 3000元，带动村内 86 名村民就近就业，每月发放工资共 8 万余元。截至 2023 年2 月，岩际村的养牛场种草面积达 576 亩，黄牛存栏量为 66 头，水牛存栏量为 97 头。岩际村的养牛场里牧草成片，一头头黄牛悠闲地踱步吃草，将绿意盎然的山坡点缀得生机勃勃。通过农业合作社的集中土地流转，岩际村实现了土地的有效合理利用，为农户增收开辟了新的渠道。②

　　就元阳县的总体情况而言，其在耕地和经济发展的双重压力下，结合"非农化""非粮化"监测与调控背景，并且在符合国家法律法规的前提下流转土地以提高土地开发利用效率，始终是当地政府寻求高速经济发展、

---

① 资料来源于 2022 年 12 月中国乡村社会大调查（元阳组）在元阳县攀枝花乡的调查资料。
② 资料来源于 2022 年 12 月中国乡村社会大调查（元阳组）在元阳县调查时由牛角寨镇岩际村村委会和元阳县融媒体中心提供的材料。

有效保障粮食用地、确保粮食安全的合理应对措施。元阳县土地流转的有益尝试将持续进行下去。

三 新型农民的培育

对于农业和其从业者而言，传统与现代的分野在于"传统农业里的农民投入的人力资本很少，从事消耗大量体力的简单劳动；现代农业里的农民投入了很大的人力资本，不但从事简单劳动，而且要从事主要消耗脑力的复杂劳动。所谓技术实际上都是以人力资本的形式，隐蔽在农业劳动力里面。所以，向农业投入新的生产要素，即技术和知识，是传统农业向现代农业过渡的关键举措"。[①] 也因此，要想对已经不适合当下发展的传统农业进行改造，其核心便在于对农民进行人力资本投资。调查组在元阳县的实地考察发现，元阳县努力挖掘自身传统农业的特色，并将传统农业与现代技术相结合，组织了多场适应当地农业发展现状，有助于当地农民转变生产思维、提高生产技术的培训。

（一）电子商务技术培训

在全国统一大市场中，生长于壮美梯田的稻米鱼鸭等农副产品、植根于哈尼族彝族等少数民族生活的文化产品，都因其独特性和差异性而能够在市场中为消费者提供多样的购买选择。然而，长期以来，因为山高路远、信息阻塞等，这些产品却往往藏在深山无人知。近年来电子商务的发展，为来自哀牢山深处的优质产品提供了出路。

元阳县将电商培训分为普及培训、传统商业模式转型、新媒体运营培训等三个内容，面向农村青年、返乡农民工、退役军人、电商服务站长、基层干部等开展分类分级培训。仅 2021 年，元阳县便开展电商培训 69 场次，累计培训了 6236 人次，其中乡镇普及培训 42 场 4396 人次；电商服务站点电脑技能、专业技能及抖音制作培训 11 场 723 人次；针对基层干部、农村青年等开展的精细化培训 16 场 1117 人次。培训组织者根据培训目标、

---

① 杨永华：《舒尔茨的〈改造传统农业〉与中国三农问题》，《南京社会科学》2003 年第 9 期。

学员要求邀请了知名企业管理者、本土网红等人员担任培训讲师。根据元阳县相关部门的统计，2021 年的培训一共孵化网络直播 8 人、微小店主 57 人，带动电商物流相关企业就业 400 余人。尤其值得一提的是，在元阳县的邀请和促成下，阿里巴巴集团与中信集团联合推动了元阳数字乡村项目，发展"村播计划"，以培养乡村数字化农业人才。2022 年，这一项目通过"线上+线下"结合的方式开展体系化、实战化、长周期的直播课程培训。2022 年 11 月，该项目启动"中信帮扶元阳电商主播孵化训练营"，进行线下和线上授课，内容包括直播基础技能、直播人设打造与流量获取、直播话术与全流程策划等。培训首月累计达 964 人次参训。[①]

（二）无人机耕作培训

出于保护景观遗产完整性的需要，哈尼梯田在享有世界遗产等多种荣誉的同时，也受到了一定的发展限制。梯管委明确规定在梯田遗产核心区内不能新修道路，从如今发展的生产力来看，这无疑造成了梯田耕作和谷物运输成本的增加。近年来，日臻完善的无人机技术可以为解决这一问题提供有效的路径。元阳县政府也注意到了这一技术发展对于梯田种植生产力的潜在促进，开始积极组织农民学习农业无人机操作。

2020 年，元阳县举办了中信集团帮扶元阳县植保无人机惠农项目飞控操作技术培训。培训对象为建档立卡户、明白人、带头人和致富能手。由中信集团出资 158.4 万元，购置了 20 台植保无人机设备，元阳县在牛角寨镇、小新街乡、黄草岭乡、大坪乡 4 个乡镇 10 个村推广实施了新型植保无人机病虫害防治技术，采取了"公司+村集体经济"模式，通过植保无人机运营管理合作，实现了 10 个村辖区内农作物病虫害有效防治。

培训分理论知识和现场操作两个部分。在理论知识培训会上，植保无人机专业操作员向学员们介绍了植保无人机的应用价值及行业趋势，讲解了植保无人机的结构性能、飞行原理、注意事项及日常保养等基础知识，详细介绍了无人机遥控及 App 的应用和植保作业的风险防控等。边讲解边

---

① 资料来源于 2022 年 12 月中国乡村社会大调查（元阳组）在元阳县调查时由元阳县融媒体中心提供的材料。

演示的现场操作培训则让参加培训的农民学员们更为直观地感受到了无人机带来的生产方式转变所释放的强大生产力。①

（三）民族刺绣技能培训

哀牢山深处的元阳县有着汉族、哈尼族、彝族等7个世居民族，其地方文化和民族文化的异质性和多样性集中地体现在了元阳人民的服饰上。以刺绣为代表的工艺在传承和表达民族文化的同时，也因其美观性和实用性而在市场上受到了欢迎。刺绣行业的发展也增加了梯田农民的收入。元阳县举办了多场刺绣工艺培训，挖掘和培养了少数民族民间艺人和刺绣能人等乡土人才，使刺绣成为当地妇女增收致富的技能。

2022年3月28日，元阳县妇联携手红河州大拇指职业技能培训学校举办的"美丽乡村·女子学堂"手工艺（民族刺绣）技能培训，在攀枝花乡勐弄刺绣工坊正式开班，50名绣娘分批次参加了培训，培训为期7天。培训期间，老师通过专业理论和实操训练相结合的方式，指导了绣娘们选材用料、色彩搭配、图案设计、针法要领、走线勾边等多种刺绣技能。

此外，攀枝花乡的勐弄刺绣工坊在积极探索刺绣工艺的同时也以工坊的力量带动广大绣娘提升技艺。工坊与红河学院、云南技师学院初步达成"非遗"文化传承项目培训合作协议，每年组织绣娘参加培训，选拔优秀学员外出交流学习，不断提升绣娘刺绣技艺。2021年以来，勐弄刺绣工坊不断邀请专业人士到攀枝花乡，组织全乡绣娘开展刺绣培训班6期共计245余人次。同时，工坊也利用机会带绣娘们前往昆明、石林、楚雄、石屏、丽江等地考察，以便了解市场发展情况，做到在当下流行趋势中融入传统民绣元素。

工坊自创的"哈尼绣"品牌在深入挖掘民族文化元素的同时合理构建品牌的符号资本，构筑消费区隔，增加产品的文化附加值。结合销售平台

---

① 资料来源于2022年12月中国乡村社会大调查（元阳组）在元阳县调查时由元阳县融媒体中心提供的材料。

的拓展，通过培训提升了刺绣工艺的绣娘实现了从指尖技艺向指尖经济的转变。①

为了解决良性发展的问题，古老的梯田大地上注定要生长出崭新的生产方式，人们生产观念和生产技能的转变便是其中重要的必由之路。政府部门组织的生产培训虽然无法帮助所有人，也无法立即解决所有的问题，但是这些培训所提供的信息打开了一扇窗，让人们看到了更加高效生产的可能。正如调查组 2023 年 8 月所看到的，不少民众已经开始借助无人机耕作。通过培训，新的生产理念也定会在梯田大地上培育出高效的生产方式和新型农民。

四 现代产业的进入

在滇南农耕社会中，各民族围绕农事生产创造了丰富的地方性知识和智慧。以哈尼族为例，哈尼族在漫长的历史中，以古歌《四季生产调》来指导农耕活动的开展。哈尼族《四季生产调》提到每个月分别对应不同的农事活动，插秧、除草等具体的农事生产在歌曲中都能够找到相对应的指导。但是，出于经济回报和其他因素的考量，现在大部分年轻人不愿意种田，村寨里的年轻人也就不谙农事，因此《四季生产调》慢慢失去了它有效传承下去的土壤。更因为新科技的引入，《四季生产调》对如今的农业耕作也渐渐没有了其实际的指导功能。如今，农耕方式已经发生了很大的变化，农耕机、无人机等新型机械上山进入了梯田，新型水稻品种、化肥的使用改变了原先传统的耕作节律，但梯田也因为引进新的生产力而提高耕作产量，在减少劳动工序的同时还保障了农产品的质量。

元阳县对土地、技术、劳动力和资本等生产要素进行优化配置，在积极继承优良农耕传统的同时对已经不再适应当下发展的事项进行创新性改造，引入新的发展动力，不断探索促使传统与现代之间的抵牾得以化解。

---

① 资料来源于 2022 年 12 月中国乡村社会大调查（元阳组）在元阳县调查时由攀枝花乡政府、勐弄刺绣工坊和元阳县融媒体中心提供的材料。

在国家政府的引导基础上，元阳县形成了以下几方面的经验。

（一）加大生产资本的支持力度

传统农业向现代农业的迈进，离不开资金的支持。然而，即使传统农业"作为一种特殊类型的经济均衡状态"，[①] 也存在"对农业生产中通常使用的各种形式资本投资的收益率低"的问题，[②] 因此，在传统农业的发展中引入资本的支持便成了农业高效转型的关键。

为了更精准高效地推进乡村振兴，元阳县政府积极探索以解决传统农业向现代农业转型过程中的资金缺口问题。政府不断向上争取及向外寻找涉农资金，统筹规划，使争取到的资金真正有助于民生，进而确保可以有力支持那些有效提高群众收入水平的发展项目。同时，政府还通过农村商业银行推出兴业贷、惠民贷等小额信贷产品，确保想要发展农业项目的农户能够得到有效支持，积极为农户消除产业发展的障碍。具体而言，元阳县在加大生产资本的支持力度方面，积累了两条重要的工作经验，即通过合理提供涉农专项资金以及大力推广专项贷款，全面实现元阳县各类现代农业项目的有力发展。

1. 合理提供涉农专项资金

元阳县各项目主管部门、项目实施单位严格按照项目实施管理有关规定加强对项目和资金的监管，完善跟踪问效及考核制度，2022 年，统筹整合使用财政涉农资金 34456.34 万元，其中中央资金为 26222.78 万元、省级资金为 5016 万元、州级资金为 3100 万元和县级资金为 117.56 万元。拨付财政涉农资金 34456.34 万元，资金拨付率达 100%，其中拨付到乡镇实施的财政涉农资金为 15865.69 万元、县级行业部门实施的财政涉农资金为 18590.65 万元。按项目类别投入情况，投入农业生产发展的资金为 17525.08 万元，占整合资金的 50.86%；投入基础设施建设的资金为 15515.72 万元，占整合资金的

---

① 西奥多·W.舒尔茨：《改造传统农业》，梁小民译，商务印书馆，2006，第 26 页。
② 西奥多·W.舒尔茨：《改造传统农业》，梁小民译，商务印书馆，2006，第 61 页。

45.03%；其他项目的投入资金为 1415.54 万元，占整合资金的 4.11%。[①]

　　在元阳县推进乡村振兴的过程中，多家地方性代表企业曾获得涉农资金的支持。猛弄刺绣工坊位于元阳县攀枝花乡保山寨村，工坊创立于 2014 年 2 月，至今已有 10 多年的发展历史，但是其因为产品定位不明确、目标市场不清晰等问题，一直存在着极大的发展瓶颈。2021 年起，攀枝花乡政府整合涉农资金，一共投入 86 万元以提升改造厂房功能和扩建生产车间，引进专业设备 36 台，以提高刺绣产品质量，实现刺绣产品生产规模化、标准化。现新建 1000 平方米的生产车间以及 360 平方米的展厅和办公楼。在获得注资之后，工坊也不断优化管理，搭建电商销售平台，采用直播、短视频等方式引流以增加销售额。同时改进产品设计，优化产品质量，工坊现生产的产品以手工拉针民绣为主，将民族特色、文化元素与现代风格相结合，衍生出服饰、荷包、抱枕、公文包、钱包等 300 余种产品。2022 年，工坊累计完成产值 124 万元，收益 20 余万元，固定绣娘每户每年增收 4000 元以上；2023 年，预计实现产值 200 万元和带动从业者 1000 余人次。工坊极大地促进了民族文化产业发展，在保护传统刺绣工艺和文化的同时，有效地带动了民众经济增收。[②]

　　元阳县欧乐茶业有限公司位于元阳县牛角寨镇欧乐村，是欧乐村的村办企业，现有集体茶园面积 2200 亩，私人茶园面积 800 亩，种茶农户涉及 600 余户，茶厂员工 19 人。2022 年，该公司获得元阳县乡村振兴局 100 万元经费，其中 42 万元用于购置机械设备，28 万元用于厂房建设，30 万元用于茶山道路改造。使用经费的条件是每年返还欧乐村 7 万元作为集体经济收入。2023 年，该公司再次获得项目资金 200 万元，公司用这笔资金重新装修厂房，购置新的设备（见图 2-4）。在原有的生产车间之外，将另一栋建于 20 世纪 80 年代的老房子重新装修，现在公司的生产面积一共达 2000 平

---

①　资料来源于 2023 年 2 月中国乡村社会大调查（元阳组）在元阳县调查时由元阳县乡村振兴局提供的材料。

②　资料来源于 2022 年 12 月元阳县融媒体中心提供的材料；2022 年 12 月、2023 年 8 月中国乡村社会大调查（元阳组）在元阳县猛弄刺绣工坊的调查资料。

方米。到目前为止，公司一共获得政府资金 300 万元（除去用于道路修整
的 30 万元之外，剩下的 270 万元直接用于生产）。在得到县涉农资金的投资
之后，元阳县欧乐茶业有限公司现在年产茶叶近 100 吨，产值 400 余万元，
每年用工 6 万余人次，极大地带动了村集体经济的发展，是元阳县涉农资金
合理有效投资的典范。①

图 2-4　元阳县欧乐茶业有限公司最新引进的茶叶生产设备
资料来源：调查组拍摄，2023 年 7 月。

2. 大力推广专项贷款

对于农户来说，在发展初期有着稳定且安全的资金来源，是其实现发
展计划的关键。为此，元阳农村商业银行推出了独具特色的"一县一业兴
业贷"，并计划在未来三年内信贷投放 5 亿元，以支持水稻、鱼、鸭综合种
植养殖产业发展。

"一县一业兴业贷"是元阳农村商业银行为服务乡村振兴战略、助力打
造"一县一业"地域特色农产品，向服务辖区内从事特色农产品种植养殖、

---

① 资料来源于 2022 年 12 月、2023 年 2 月、2023 年 8 月中国乡村社会大调查（元阳组）在元
阳县欧乐茶业有限公司的调查资料。

购销等环节的农户、家庭农场主、种养大户、合作社社员等发放的用于生产经营的信贷产品。"一县一业兴业贷"采取"一次授信、额度控制、循环使用、用款计息、随借随还"的方式发放。考虑到贷款客户的经济和生产情况，贷款收取 4.04‰的低利率；担保方式灵活，可采用信用、保证、抵押质押等方式办理；授信额度高，采用信用、保证担保的额度最高可达 50万元，采用抵押质押担保或由农担公司担保额度最高可达 2000 万元，贷款期限合理，与特色农产品的收获周期和销售资金回笼时间相适配。

除"一县一业兴业贷"外，元阳农村商业银行也积极响应国家相关政策，推出了针对建档立卡户（脱贫户）的小额信贷项目，该项目是利用财政扶贫政策专门为建档立卡贫困户获得发展资金而量身定制的扶贫贷款产品。主要为贫困户提供 5 万元以下（含 5 万元），3 年以内，免担保免抵押、基准利率放贷、财政贴息、县级提供风险补偿金的信用贷款。贷款只能用于发展产业，增加收入。

元阳农村商业银行紧紧围绕全县经济社会发展情况、经济发展需求，充分发挥金融服务"三农"的职责职能，坚定支农支小的核心经营定位，按照"一县一业"的建设目标，不断提升金融服务水平，加大对元阳县特色农业产业的信贷支持力度，助力乡村振兴。2023 年第一季度，元阳农村商业银行有各项贷款 35.19 亿元、存款 54.78 亿元。[①]

在强有力的资金支持下，一批特色现代产业迎来了茁壮发展。与此同时，哈尼梯田自身的品牌化建设与支持也取得了阶段性的成果。

（二）推进梯田红米的品牌化与电商化

在世界遗产哈尼梯田里生长出来的梯田红米是元阳县最具特色的产品之一，梯田红米产业也是近年来元阳县投入大量人力、财力、精力打造的重要现代产业。据中国农业科学院初步测定，元阳县的梯田红米中的钙、铁、锌、硒、铜、镁、钾等微量元素含量极为丰富，特别是镁含量，每 100克可食部分高达 150 毫克，为普通大米的 3～5 倍；钙含量每 100 克可食部

---

① 资料来源于 2023 年 2 月中国乡村社会大调查（元阳组）在元阳县调查时由元阳农村商业银行、县乡村振兴局、县融媒体中心提供的材料。

分达 12.8 毫克，是普通大米的 3 倍。蛋白质、氨基酸、维生素、纤维质的含量也远远高于普通大米，富含人体所需的十八种氨基酸，含量达 7.3%。凭借优秀的品质，元阳县的梯田红米先后获得诸多荣誉。2015 年 3 月，获得有机转换产品认证证书；2015 年 6 月，中国特产协会授予元阳县"中国红米之乡"的荣誉称号；2015 年 11 月，"元阳红·梯田红米"被甄选为人民大会堂指定礼品。为拓宽线上销售渠道，元阳县积极组织企业在快手、抖音、有赞、淘宝、拼多多、"扶贫 832"等平台上架元阳农特产品，如元阳县粮食购销有限公司注册天猫店"元阳红米官方旗舰店"、元阳茗皓茶业有限公司注册抖音小店等，电商销售也带来了线下合作，目前元阳梯田红米已经与全国部分城市的大润发、盒马鲜生、三江超市、银泰等线下渠道合作销售。电商销售为"藏在深闺"的梯田红米打开了更广阔的市场，让哀牢山深处元阳哈尼梯田的好物走出大山，不断提高其农产品附加值，延长产业链。

2017 年，云南元阳梯田红米首次通过农村淘宝上线，短短 12 小时，便售出 15000 公斤，相当于 70 亩梯田的产量。元阳县与农村淘宝合作，通过淘宝平台独有的直供直销新链路模式，对梯田红米的种植、仓储、物流、销售以及大数据反哺的全链路进行整合，提高梯田红米的供应标准和品质，帮助当地农民增加收益。同时，红米出山后，红米的产业链也得以不断衍生，产品附加值得以持续提高。在努力提高作为商品的纯天然红米的价格的同时，元阳县还投入研发资金，开发一系列红米产品，如红米糊系列产品，功能红米茶，功能红米黄酒、啤酒、白酒，红米酱油、醋，红米日化产品红米牙膏、香皂、洗发露、沐浴露，等等。元阳县的梯田红米已走进大超市，通过网络渠道流通到了更加广阔的外地市场，梯田红米的品牌认知度、美誉度正在不断提升。在同外部接触的过程中，本地企业的品牌意识得以加强，多家公司也注册了自己的梯田红米品牌，诸如"阿波红呢""梯田印象""元阳红"等，在优化产品质量的同时提高了产品的附加值。

2019 年，快乐购有限责任公司联合多家电视购物频道推出"云品出滇·元阳丰收节"原产地大直播，直播活动整合多渠道资源，深度助力兴农扶贫，有效推动地域农产品上行。头道汤董事长周宗良等知名人士到元阳开展小黄姜公益助农直播。2020年以来，红河元阳梯田云科技股份有限公司联合云南卫视、湖南卫视、天猫、快手、云南好乐购等媒体平台，先后合作"县长来了""丽江石榴哥""裙子姐姐""李佳琦"等知名网络带货主播，举办6场大型直播活动，观看人数累计达1500万人，销售额超1000万元。①

随着梯田红米的声名远扬，稻鱼鸭综合种植养殖模式也得到了极高的重视。

（三）建立与完善稻鱼鸭综合种植养殖模式

哈尼梯田上千年的农耕技艺在周期性的农业生产中得以有效保留，其中最为典型的代表便是基于本地自然资源发展出的稻鱼鸭综合种植养殖模式。通过将农业技术进行科学性归纳、深挖核心产品、培育扶持地方性龙头企业等措施，元阳县历史悠久的农耕技术得以规模化推广。同时，利用资金支持完善配套产业链，政府、企业和普通养殖者不断引进最新的农业设备和技术，使得传统和现代的农耕技术得以有效结合，从而令历经千年的农业生产再次焕发生机。

2017年2月5日，中共中央、国务院发布名为《关于深入推进农业供给侧结构性改革 加快培育农业农村发展新动能的若干意见》的中央一号文件，指出我国农业农村发展已经进入新的阶段，"农业的主要矛盾由总量不足转变为结构性矛盾，突出表现为阶段性供过于求和供给不足并存，矛盾的主要方面在供给侧"，并提出"推进稻田综合种养"，以此"优化产品产业结构，着力推进农业提质增效"。② 自习近平总书记提出"实施乡村振兴

---

① 资料来源于2022年12月中国乡村社会大调查（元阳组）在元阳县调查时由元阳县融媒体中心提供的材料。

② 《中共中央 国务院关于深入推进农业供给侧结构性改革 加快培育农业农村发展新动能的若干意见》，中国政府网，2017年2月5日，http://www.gov.cn/xinwen/2017-02/05/content_5165626.htm，最后访问日期：2023年4月5日。

战略。农业农村农民问题是关系国计民生的根本性问题，必须始终把解决好'三农'问题作为全党工作重中之重"以来，[1] 稻田综合种植养殖模式得到进一步发展。2022 年 10 月 27 日，农业农村部印发《关于推进稻渔综合种养产业高质量发展的指导意见》，进一步完善生态循环农业模式，稳步推进稻渔综合种养产业高质量发展。[2] 元阳县在稻鱼鸭综合种植养殖模式的建立和完善方面主要进行了如下的做法并取得了一定的效益。

1. 主要做法

（1）深挖核心产品，完善配套产业链

在将县域实际与地方特色相结合以发展特色产业振兴的途中，元阳县围绕稻鱼鸭综合种养模式，深入挖掘"一粒米""一条鱼""一枚蛋"的价值，同时加大对培育养殖、加工处理、市场营销、物流配送等相关产业链的经济和技术投入力度，以保证核心产品的质量和市场竞争力，同时其产业布局也得以完善。

元阳县以"一粒米"为核心，打造绿色有机红米产业链，突出发展梯田红米加工产业，积极引进经济实力强、科技含量高、附加值大的红米生产加工企业，使红米加工业成为元阳县粮油工业的新支柱。梯田红米加工产业效益成为元阳县粮油经济新的增长点，实现产值 8 亿元以上。同时，元阳县扎实推进种业保护，开展技术攻关，加强种质资源保护和利用，加强种子库建设。2022 年，收集稻谷种质资源 88 个，建设良种繁育基地面积 1000 亩。在稻鱼鸭综合种养模式推广的过程中，不断扩大红米种植面积及提高产业加工值，通过品牌效应、企业带动、园区打造，提炼高端红米产业链，提高红米产值。2022 年，全县种植红米面积 10 万亩，实现产量 3.5 万吨，通过精深加工、开发新品种等实现红米总产值 5 亿元。

---

① 《习近平强调，贯彻新发展理念，建设现代化经济体系》，新华网，2017 年 10 月 18 日，http://www.xinhuanet.com//politics/2017-10/18/c_1121820551.htm，最后访问日期：2023 年 4 月 5 日。

② 《农业农村部关于推进稻渔综合种养产业高质量发展的指导意见》，中华人民共和国农业农村部官网，2022 年 10 月 30 日，http://www.moa.gov.cn/govpublic/YYJ/202210/t20221031_6414332.htm，最后访问日期：2023 年 4 月 5 日。

以"一条鱼"为核心，打造水产品养殖加工产业链，积极探索水产品及副产品的养殖、精深加工和品牌包装，实现水产品从初级加工向精深加工转型，着力提升产业附加值。2022年，全县梯田鱼养殖面积为7万亩，产量达2100吨，产值达6300万元。此外，元阳县还积极探索工厂化（陆基集装箱及圆桶养殖）的养殖方式，2022年该方式的养殖产量达650吨，产值达1950万元。

以"一枚蛋"为核心，打造绿色食品精深加工产业链，围绕绿色食品消费需求，发展梯田鸭、梯田鸭蛋等农副产品加工产业，配套发展保鲜、物流信息、冷链储运和终端销售，打造"加工—流通—服务"产业链集群。2022年，全县生产梯田鸭14万只，产蛋2800万枚，实现产值5600万元。同时，元阳县还积极引进企业对梯田鸭、鸭蛋进行包装打造，对产业链进行全链加工升级。2022年，引进并建成投产1家加工企业，实现产量0.5万吨，产值1.5亿元。[①]

（2）培育和扶持地方龙头企业

在稻鱼鸭综合种养模式的推广中，元阳县成功培育元阳县呼山众创农业开发有限公司和元阳县粮食购销有限公司，建成元阳县呼山国家级鱼苗孵化中心、新街镇梯田鸭种苗繁育基地。上述公司和基地与农户建立良性的合作关系，深入参与农户种植养殖各环节，从前期育苗到引进技术设备、提供技术培训，再到后期寻求销路、扩大市场。这些主体整合现有资源提高农产品产量和质量，降低农户的种植和交易成本，在自身得到壮大的同时，也带动农户增收，将发展惠及农户。

元阳县粮食购销有限公司通过签订合同、免费发放红米种子、订单收购等方式，按保底价每公斤7元的收购价优先收购红谷，是龙头企业与农户风险共担、利益共享的体现，进一步降低农户种植养殖风险。

元阳县呼山众创农业开发有限公司在新街镇大鱼塘村、黄草岭村

---

① 资料来源于2022年12月中国乡村社会大调查（元阳组）在元阳县调查时由元阳县农科局提供的材料。

建设数字化智慧农业服务平台,具有配套水质在线设备 7 套,养殖区环境监控 6 套;水下摄像头 2 套,养殖尾水监测系统建设 2 套,农产品追溯系统建设 3 套;养殖病害远程会诊系统建设 1 套;鱼水云移动管理终端 10 套;气象站台 1 个。此外,公司在种植养殖基地配套养殖水质传感器、视频监控、自动化控制等数字化设施设备,配套建设产业基地远程可视化展示、生产管理物联网测控系统、产品质量安全监控、追溯系统等,极大地提升了产业基地数字化水平。公司还通过渔业信息化装备技术工程中心引进建立水产养殖智能管理平台,对元阳哈尼梯田稻鱼鸭产业的养殖环境、水质环境进行实时在线监测和监管,为综合种植养殖的绿色健康发展提供信息支撑,全新的技术使得产业基地的生产过程全程可视。通过网络平台连接苗种基地、集装箱基地和梯田养殖户,可以实现远程智能增氧控制、智能投饵控制、鱼病在线诊疗、养殖环境控制,提供水产养殖病害自助诊断、专家远程会诊。实现智能化远程养殖管控,最大限度减少病害造成的经济损失。利用公司搭建的数字平台,养殖基地日常运行情况可以在"一部手机游云南"App 上实时直播,方便顾客追溯、监督养殖全程。

龙头企业通过引进最新科技,实现了产业基地数字化、养殖过程可视化,并且在企业日常管理和质量安全追溯管理等重点领域及关键环节集成应用信息技术,推动了农业生产中的"科技上山",为传统的种植养殖产业续上了全新的科技发展动力。同时,也为全县的稻鱼鸭综合种养模式树立了良好的榜样,起到了良好的带头示范作用,以己之力带动了综合种植养殖模式的发展。

2. 实现效益

2014 年元阳县大力推广稻鱼鸭综合种养模式以来,累计实施综合种养示范面积 10 余万亩,其中核心示范区面积 6 万亩、辐射带动区面积 4 万余亩,产业覆盖元阳县境内全部 14 个乡镇。通过 8 年多综合种养的经验总结和技术更新,截至 2022 年,元阳县稻鱼鸭综合种养核心示范区亩产值由单一种植水稻不到 2000 元增加到 8000 余元，辐射带动区亩产值达 6000 余元，累计带动农户 37000 余户，其中脱贫户 30000 余户。截至 2022 年 11 月，一共发放鸭苗 14 万只，受益农户 8750 户（每户发放鸭苗 16 只），预计实现产值 3250 余万元。发放鱼苗 176.34 吨，实现产值 3432 万余元。修建永久鱼凼 120 个，布局于 12 个乡镇 61 个行政村 296 个村组，直接受益农户 15538 户。通过示范带动作用，全县发展稻鱼种养面积达 72000 亩，重点区域为新街镇、牛角寨镇、攀枝花乡、沙拉托乡和马街乡，预计可产梯田鱼 1800 吨。①

人类学家萨林斯在其著作《石器时代经济学》中，② 引用了经济学家托尼的说法，认为在历史上，作为生产主体的农民长期处于一种“水深齐颈”的状况，即“只要稍微过来一阵涟漪，就足以把他淹死”。③ 究其原因，是因为人们长时段单一地对自然依赖和索取，在相对封闭的农业社会中过度依赖单一的生产要素，并无法解决农耕社会的生产力发展问题。而在社会急剧变化的当下，现代性使得“时间-空间”得以延伸，④ 人们面临的选择也更加多元，人们投入生产的各种要素也得以不断变化。社会交往范围的扩大，使得人们得以在更广阔的社会之中进行资源配置。值得注意的是，“受都市竞争劳动力的影响而使乡村发生的变化并不仅限于农民收入的增长。相对于过去的秩序‘固体性’，以往维持人们正常生活秩序的规则、惯例、价值观等相对稳定的互动模式在不断地‘流动’，即相对稳定的传统社会关系不断松动”。⑤ 因而，社会交往范围的扩大和社会生产方式的变革，使得生产要素也在不断变化。这种变化可能是新的生产要素的加入，也有可能是对同一类别生产要素的不同要求，比如人才培养和资金支持。

党的二十大报告充分认识到了农村发展的重要性，“全面建设社会主义

① 资料来源于 2022 年 12 月中国乡村社会大调查（元阳组）在元阳县调查时由元阳县农科局提供的资料。

② 马歇尔·萨林斯：《石器时代经济学》，张经纬等译，生活·读书·新知三联书店，2019，第 11 页。

③ 理查德·H. 托尼：《中国的土地和劳动》，安佳译，商务印书馆，2014，第 77 页。

④ 安东尼·吉登斯：《现代性的后果》，田禾译，译林出版社，2011，第 15 页。

⑤ 马翀炜、张宝元：《涓滴效应及其社会文化影响——以云南省元阳县箐口村为例》，《湖北民族大学学报》（哲学社会科学版）2023 年第 1 期。

现代化国家，最艰巨最繁重的任务仍然在农村"，[1] 在指出任务艰巨的同时也肯定迎难而上的决心。在结束脱贫攻坚，顺利过渡到乡村振兴这一时期，以县域为单位，探讨社会发展中的资源支撑和配置问题，有助于发现农耕文明所面临的困境，理解工业文明对农耕社会的推动，正视传统社会溶解的不可逆性而重新思考乡村社会振兴的有效路径，探索工业与农业、城市与乡村的融合式协调发展方式，进而思考解决包括生态、文化、产业、人才等在内的乡村振兴动力来源的问题，更有助于在中国式现代化背景下，实现全体人民共同富裕，促进人与自然和谐共生，从而更有效地推动产业、人才、文化、生态和组织全方位的乡村振兴实践。

---

① 《（受权发布）习近平：高举中国特色社会主义伟大旗帜 为全面建设社会主义现代化国家而团结奋斗——在中国共产党第二十次全国代表大会上的报告》，新华网，2022 年 10 月 25 日，http://www.news.cn/politics/cpc20/2022-10/25/c_1129079429.htm，最后访问日期：2023 年 10 月 5 日。

第三章　传统文化的创新性发展

在中国式现代化的过程中，我们必须坚持把马克思主义基本原理同中国具体实际相结合、同中华优秀传统文化相结合，必须高度重视优秀传统文化的重要意义，充分发挥其积极作用。

近年来，在实施精准扶贫的工作以及巩固拓展脱贫攻坚成果同乡村振兴有效衔接的工作中，元阳县社会经济得到很大程度的发展，人民生活水平也日益提高。为达到物质文明与精神文明相协调的现代化目标，该县的文化工作也与经济工作一样取得了非常大的进展。各民族的传统文化作为各民族在其生存生产生活发展的时间内不断产生、形成、创造的精神和物质财富，源自其生产和生活实践，深刻联结着民众的共同记忆和情感，是中华文化的重要组成部分。中国式现代化建设需要在继承和弘扬中华优秀传统文化的基础上，推进文化的创新与发展，使传统文化在新的历史时期焕发出新的生机和活力。

元阳县以梯田农业为核心，以梯田农耕活动为轴心构建起了完整的传统民族文化体系。梯田是梯田文化的根本，是当地村民千百年来赖以生存的家园。当地百姓在此地以农耕为生，创造了极具特色、多姿多彩的民族文化，其在生产生活、建筑民居、文学艺术、节庆信仰、饮食服饰、伦理道德和日常娱乐等方面的文化都非常丰富。这些文化能流传至今，自然是在长期的实践发展过程中不断创造、不断积累的成果，同时也是不断地随着人们的需求变化而改变的结果。对留存至今的中华优秀传统文化进行发扬与传承有着非常重要的现实意义。

在长期的梯田农耕过程中，元阳县产生了丰富多彩的优秀传统文化。元阳县不仅是哈尼梯田的核心区，也是哈尼传统文化传承的核心地区。元阳县的绝大多数文化事象通过政府有关部门的评定成了"遗产"，得到了规划、保护和利用。换言之，元阳县大量的传统文化已经经历了遗产化。目前，元阳县已有数十项文化事象进入了各级别的非物质文化遗产名录。

可以说，讨论元阳县传统文化的创造性继承与创新性发展之类的问题，基本就是在讨论传统文化的遗产化问题，也就是讨论"非遗"的保护与传承问题。元阳县进入国家级非物质文化遗产名录的有《四季生产调》、"哈尼哈吧"、"祭寨神林"和"矻扎扎节"，其中，前两项属于非物质文化遗产的民间文学类，后两项属于非物质文化遗产的民俗类。

入选国家级名录的四项"非遗"是元阳县最具代表性的优秀传统文化，具有丰富的文化内涵。但是，随着城镇化、市场化带来巨变，这些非物质文化遗产也面临传承的各种困难。因此，为了有效传承和弘扬非物质文化遗产，元阳县文化部门在创造性继承与创新性发展方面做了非常多的努力，采取了一系列措施使传统文化以传统与现代结合的新方式得到了发展。随着当地旅游业的蓬勃发展，元阳县在推进文化与旅游融合发展方面的探索也取得了明显的效果。

第一节 《四季生产调》与"哈尼哈吧"

在长期的梯田农耕过程中，元阳县产生了丰富多彩的优秀传统文化。其中，最具代表性的就是进入国家级非物质文化遗产名录的《四季生产调》和"哈尼哈吧"。在元阳县政府、文化馆等相关部门的有力推动下，元阳县深挖本土文化根脉，将《四季生产调》和"哈尼哈吧"等国家级非物质文化遗产，通过挖掘、整理、创编搬上了舞台，让优秀的传统文化得到了更广泛的关注和传播，更好地保护和传承了绚丽多彩的民族文化，推动了元阳县文化事业的繁荣发展，进一步增强了民族文化自信。

一 《四季生产调》与"哈尼哈吧"简介

《四季生产调》是 2006 年进入第一批国家级非物质文化遗产名录的。

哈尼族《四季生产调》流传于云南省红河哈尼族彝族自治州红河、元阳、绿春、金平、建水等县的哈尼族聚居区，其起源时间不晚于唐代。作为山区梯田生产技术及其礼仪禁忌的百科大典，哈尼族《四季生产调》包括引子、冬季、春季、夏季和秋季五大单元的内容。引子部分强调祖先传承下来的《四季生产调》对哈尼族的生存所具有的意义，其余部分按季节顺序讲述梯田耕作的程序、技术要领，以及与之相应的天文历法知识、自然物候变化规律、节庆祭典知识和人生礼节规范等。《四季生产调》体系严整，通俗易懂，可诵可唱，语言生动活泼，贴近生产、生活，而且传承历史悠久，具有广泛的群众基础。它不仅是梯田生产技术的全面总结，也是哈尼族社会伦理道德规范的集大成之作。《四季生产调》见证了哈尼族梯田稻作文明的变迁历程，为人类梯田稻作文明提供历史和科学价值，对与其相关的研究具有重要的参考价值。同时，它直白、朴素、幽默风趣的语言表述风格给人带来亲切感人的艺术享受和审美体验。无论是过去还是现在，口传心授的《四季生产调》都在哈尼族社会的生产、生活中起着指导作用。随着社会的变迁、经济全球化浪潮的到来，尤其是随着外来强势文化的大量涌入，哈尼族年轻人的价值观念发生了变化，哈尼族《四季生产调》的传承出现了后继乏人的局面。目前，能系统传唱《四季生产调》的长辈艺人和技师已屈指可数，潜心学习《四季生产调》的年青一代哈尼人凤毛麟角。《四季生产调》的抢救、保护迫在眉睫。①

"哈尼哈吧"是 2008 年进入第二批国家级非物质文化遗产名录的。"哈尼哈吧"哈尼语意为哈尼古歌，是哈尼族社会生活中流传广泛、影响深远的民间歌谣，是有别于哈尼族山歌、情歌、儿歌等的庄重、典雅的古老歌唱形式。"哈尼哈吧"主要在云南省南部红河和澜沧江之间的元江、墨江、绿春、金平、江城等哈尼族聚居县流传，思茅、西双版纳、澜沧等地也有。"哈尼哈吧"的内容涉及哈尼族古代社会的生产劳动、原始宗教祭典、人文规范、伦理道德、婚嫁丧葬、吃穿用住、文学艺术等方面，是世世代代以

---

① 《四季生产调》，中国非物质文化遗产网，https://www.ihchina.cn/project_details/12224/，最后访问日期：2024 年 2 月 27 日。

梯田农耕生产生活为核心的哈尼族人教化风俗、规范人生的"百科全书"。从目前收集整理的"哈尼哈吧"资料来看，哈尼古歌《窝果策尼果》《哈尼阿培聪坡坡》《十二奴局》《木地米地》是"哈尼哈吧"的代表性作品。"哈尼哈吧"主要由民间歌手在祭祀、节日、婚丧、起房盖屋等隆重场合的酒席间演唱，表达节日祝贺、吉祥如意的心愿。其内容规模宏大、结构严谨，歌手可以连续演唱几天几夜。演唱方式有一人主唱、众人伴唱或一问一答、二人对唱加众人和声等。"哈尼哈吧"是哈尼族民族文化的体现，具有一定的历史学、文化学、民俗学研究价值。目前能够完整演唱"哈尼哈吧"的歌手日渐减少，这一古老的诗歌演唱形式后继乏人，急需保护。[1]

根据"哈尼哈吧"的内容介绍，《四季生产调》也是"哈尼哈吧"的一部分。也就是说，"哈尼哈吧"是除"山歌、情歌、儿歌"之外的"庄重、典雅的古老歌唱形式"的集成。"哈尼哈吧"的内容非常庞杂，而《四季生产调》只是这个集成中的一部分，或者说是哈尼古歌中最为精华的一部分。

这里简要介绍《四季生产调》的内容，当然这也是对"哈尼哈吧"最精华的一部分的介绍。

《四季生产调》，哈尼语也称之为《哈尼虎拍腊拍补》，意为在一年四季的变化之中，日子的更迭以及历书的翻动，就像一片片树叶被风吹动。这是一部广泛流传于元阳县、绿春县、红河县等地，以生产节律、农耕祭祀活动为主要内容的民间文学作品，它主要反映一年中以自然物候判断节令变化、四季更替情况和随着节令变化的农耕生产活动、节日、祭祀、赶集等情况。《四季生产调》蕴含着丰富的农耕生产知识，其中涉及最多的就是物候历法。物候历，也称作自然历，是人类最早产生的原始历法，它曾普遍存在于各个民族初期的经济活动当中，并为其后各种较为先进的历法奠定了基础。春夏秋冬的交替和动植物样态的变化有其规律和秩序。人们很早就已注意到动植物变化与季节变化的关系，并且根据大自然的物候变化

---

[1] 《哈尼哈吧》，中国非物质文化遗产网，https://www.ihchina.cn/project_details/12299/，最后访问日期：2024 年 2 月 27 日。

来推测时间、季节，安排生产和生活。《四季生产调》的内容几乎包括了这一地区所有有关生产节律、农耕技术、节庆仪式、伦理道德与日常娱乐教化等的内容。

《四季生产调》包含五个方面的内容：引子部分，冬季部分（相当于农历十月至十二月），春季部分（相当于农历一月至三月），夏季部分（相当于农历四月至六月），秋季部分（相当于农历七月至九月）。包括元阳县在内的哀牢山地区，在记年的方式上，大多是对物候的变化轮回进行观察，比如记月时，通过记录月亮的圆缺来完成；对年月日进行命名时，通过十二生肖来进行。第一个月，为农历十月，此时哀牢山地区的人将这个月命名为虎月，之后依次为兔月、龙月等。哀牢山地区的人们将全年分为三季，即"造它"为冷季、"渥都"为暖季、"热渥"为雨季，每季四个月。冷季相当于夏历的秋末和冬季；暖季相当于夏历的春季和初夏；雨季相当于夏历的夏季和初秋。

《四季生产调》有以一些标志性植物和动物的出现和变化来教人们辨认季节、认识节令的内容。例如歌中唱道："哈尼远古的先祖，在不会翻年的时候，就到山林中去认樱桃树，那一轮一轮的樱桃树，就是翻年的十月来到了。"[1] 这是农历十月的物候特征。十一月是"太阳和月亮比长短的月"，[2] 十二月则是"日子一天比一天高，日子一天比一天长起来"。[3]

《四季生产调》不仅用植物和动物来辨别季节气候，还提到了哈尼族与汉族纪年的不同，春季的三个月到来时，歌中所唱："冬季三个月已过完，春季三个月又来到，东边的万物打上了春天的烙印，汉族地方已散发出春天的气息。春风乍起，遥远的东方吹来的第一阵春风，不是什么祸风，而是我们哈尼的节令风；在汉族地方吹起的第一阵春风，不是什么灾难风，

---

① 红河哈尼族彝族自治州人民政府编《哈尼族口传文化译注全集》（第6卷哈尼族四季生产调），云南民族出版社，2010，第317页。
② 红河哈尼族彝族自治州人民政府编《哈尼族口传文化译注全集》（第6卷哈尼族四季生产调），云南民族出版社，2010，第318页。
③ 红河哈尼族彝族自治州人民政府编《哈尼族口传文化译注全集》（第6卷哈尼族四季生产调），云南民族出版社，2010，第320页。

而是我们边远地方的季节风。春风往下吹，地上枯叶上天像百鸟飞；春风往上吹，地上尘土上天天灰灰。干活人手闲不住，赶路人脚忙不停，年份转来，在寨脚的桦、桃树上有了标记；月份更替，在寨头的麻栎树上有了记号。树根上没有标记，树梢叶子上有记号……春回大地，春天使者燕子先飞到人间。飞到人间的燕子，说它是鸟，它不去野外栖息……天不亮就啾噜叽里地叫，鸡不啼就叽里啾噜切地唱。不是因为出什么大事而叫，是叫醒家中的媳妇去做家务，是报哈尼农忙季节到，是报汉人做生意的时令到，是提醒干活人不要贪睡，是催促农家人赶快苏醒。"① 自然界的微小变化都有着重要的意义，节令改换的物候特征与生产活动关系紧密，人们可以以此为基础来指导安排各种农事活动。

《四季生产调》对生产生活都有着非常细致的安排，也有许多教育内容。

例如歌中唱到一月准备春耕，"萨依——金嘴金嗓的杨雀，一声挨一声地叫了，它叫什么呢？它告诉勤劳的哈尼，春天已经到了，一家的父子备耕得了，脸上有七层皱纹的老人，天不亮就叫醒儿子：不是睡懒觉的时候了，要去挖田挖水沟了！哈尼的兄弟姐妹，听见阳雀的叫声，快到田里去辛苦，田要犁两回，田要耙两道"。②

春季的三个月到来时歌中唱道，到了春季三个月，做家长的爹妈心中有数，栽秧要举行开秧门的仪式。做开秧门仪式，先开头人家秧门，后开"咪谷"家秧门，再开我们自家的秧门。开秧门要准备三种三样东西，要找齐三种三样物件，需要工艺人编的谷箩，需要父亲搓的背索。背着母亲缝制的蓑衣，拿着刺桐花一般黄色醇香的美酒，拿着糯米饭去开秧门，拿着鸡蛋催开种子芽头，拿着年节祭祀留下来的祭品，牵着儿女作伙伴，下田做开秧门仪式。③

---

① 红河哈尼族彝族自治州人民政府编《哈尼族口传文化译注全集》（第6卷哈尼族四季生产调），云南民族出版社，2010，第324页。
② 红河哈尼族彝族自治州人民政府编《哈尼族口传文化译注全集》（第6卷哈尼族四季生产调），云南民族出版社，2010，第317页。
③ 红河哈尼族彝族自治州人民政府编《哈尼族口传文化译注全集》（第6卷哈尼族四季生产调），云南民族出版社，2010，第322页。

　　夏季到来时歌中唱道："栽秧已经过去二轮十五天，二轮过去到三轮的日子，满三轮就到四月份……夏季不打的铜锣该收藏了，不谈人间姻缘，不讲娶媳嫁女之事，不砍活树湿柴。"①

　　秋季到来时歌中唱道，萨依——秋季到了，秋到万物变化，秋神师摸拉简降生了，秋神出生在猴日鸡日，猴日舂糯米粑粑，鸡日是撒萨老的忌日，到七月如果不过撒萨老忌日，稻谷就不会成熟。女主人到田园捉蚂蚱，男主人舂糯米粑粑，捉蚂蚱是图什么目的？是为了灭害虫，是不给蚂蚱来坑害庄稼而捉；舂粑粑是为了做什么事？其目的是促进稻谷的生长。②

　　从春季开垦、挖沟到栽秧，再到秋收，所有过程均有详细描述，包括何时该干何种活计，这种活计是男人干是女人干还是男女同干等，《四季生产调》都对此有精心的安排。这些吟唱真实生动地体现了哈尼族世世代代都是依据《四季生产调》来安排农业生产劳动的。《四季生产调》还生动地体现了哈尼族对自然的敏感与仔细观察，从十月岁首开始，逐月顺序而歌。哈尼族通行自然物候历法，这是他们世代聚居于哀牢山地区，积年累月总结出的一套因地制宜、行之有效的历法。这套历法主要根据以下方面来认知节气的更替，并以此指导围绕梯田作业进行的一系列农耕活动，包括当地哈尼族居住地区植物的生长，候鸟的往还，日月的出没，气温、湿度和雾露的变化，溪泉河流水位的升降以及一些小动物如青蛙、老鼠、老鹰等的活动。

　　除了能知道什么季节该干什么样的活，农耕技术在农业生产中该怎么运用也有很多的说明。《四季生产调》里也较详细地体现了哈尼族的农耕技术要领，具体到农耕技术与其过程方法，经历挖头道田、修水沟、犁田、用耙施肥、铲埂、修埂、造种、泡种、放水、撒种、薅草、拔秧、铲山埂、割谷、挑谷、打谷、晒谷等20余道工序。随着季节轮回的变化，歌里都有详细唱到各环节的做法和技术，包括从犁田耙田、打埂到培育稻种，从撒

①　红河哈尼族彝族自治州人民政府编《哈尼族口传文化译注全集》（第6卷哈尼族四季生产调），云南民族出版社，2010，第344页。

②　红河哈尼族彝族自治州人民政府编《哈尼族口传文化译注全集》（第6卷哈尼族四季生产调），云南民族出版社，2010，第348页。

秧、拔秧到栽秧、薅秧,从把谷子、打谷子再到背谷子、入仓等。①

例如《四季生产调》多次提到犁田,歌中唱道:"我们要去犁田,因为要准备撒谷种,所以要提前先把田犁好,我们会唱让雪不要再下啦,让天气开始回暖吧。到耕田的时候,要在田埂上横着和竖着各犁一次,然后在田边犁两次,在田中间的地方犁三次,这就是犁田的内容。"②

而种植季节一般是从农历三月至九月,三月会进行开秧门,其间需要完成三次除草。第一次在秧苗返青后,这时杂草较少而且细嫩成团,要用脚踩入泥里,让其腐烂当肥料。在实施第三次除草时,完成对稗草的去除,因此相对而言,工作较为轻松。这时水稻开始大量分蘖,是生长的重要时期,很多地方此时要施一次灰肥。铲埂草也是梯田耕种时期必不可少的环节。梯田插秧三个多月后,稻子开始逐渐抽穗扬花,梯田埂上也长满了杂草,如不铲下来,就会鸟雀做窝、老鼠出没、通风不足,从而严重影响稻谷的生长。梯田的埂墙高矮不一,高的可达三米有余。埂墙不高的一次能铲完草,如埂墙太高,就要在埂墙上挖容得下脚踩的小洞,铲草时就要踩着小洞铲草,有时要分三四次才能铲完草。所铲下的杂草,也是来年田中的绿肥。《四季生产调》里对除草也有大量描述:"去大田里面薅草不要怕辛劳,出门的时候戴上必备的箬帽蓑衣,穿上做农活专用的旧衣裤,然后快快到田里把杂草薅了,把谷秧留下。"还有"人不下田,田里杂草就会多;黄牛不到田边,田边就会野草多"。③

到了农历七月时,护秋便是极其重要的工作内容。人们常扎一些稻草人,让它们穿上破衣,戴上破草帽,安放在梯田的埂子上,以此恫吓鸟雀。人们也常在田间巡视,敲击竹板,吹奏号角,驱赶动物,以确保颗粒归仓。

农历九月是收获的时节,农民们背着打谷杖,拿着口袋、镰刀走向田

---

① 访谈对象:朱小和,男,哈尼族,1940 年生,《四季生产调》国家级代表性传承人。访谈时间:2020 年 1 月 6 日。
② 红河哈尼族彝族自治州人民政府编《哈尼族口传文化译注全集》(第 6 卷哈尼族四季生产调),云南民族出版社,2010,第 320 页。
③ 红河哈尼族彝族自治州人民政府编《哈尼族口传文化译注全集》(第 6 卷哈尼族四季生产调),云南民族出版社,2010,第 331 页。

间，开始秋收。收割水稻时，他们把谷船拖进梯田里，女人们在船前收割谷子，男人们在船后脱粒，割到哪里，谷船也拖到哪里，边割边脱粒边背回家，回家后一般就把谷子储存到家里的谷仓里。《四季生产调》里还有关于收玉米的描述，比如到秋季三个月，到山上走走看。到糖蜜树丛里看，像老牛犄角一样横挂的玉米苞说：它已经睡不安宁了。到石岩脚下看，像白水牛一样洁白的苞谷说：在石岩下睡不香了，要回到房子封火楼上住……用父亲竹篾片编制的背篓，把糖蜜树丛里的苞谷背回家。①

《四季生产调》详细地记录了哈尼族的农耕稻作和梯田作业的一系列农事活动，对每个月应从事的农活及农事祭祀活动都描述得十分细致，过去，人们只需要按照歌中所唱依序而作就可以正常、正确地安排生产劳动。《四季生产调》还有许多部分是人们生产中应当注意的事项的提醒，这些都是哈尼族祖祖辈辈留存下来的经验与教训。《四季生产调》作为当地民众长期积累的智慧与经验，以其本体的生产调发挥着作用，逐渐形成了属于当地民众自己的农业生产生活文化的地方性知识。

作为承载着梯田上共同生活民族集体记忆的古歌，《四季生产调》在最开始的时候便指出，祖先制定的规矩和计算时间的年轮，如石油一样珍贵，就像人体的经脉那样的要紧。《四季生产调》反复出现的关于哈尼族历史、神话人物的名字和一些涉及迁徙历史的地点、事件，无不体现出其承载着哈尼族人民的集体记忆。国家级"非遗"代表性传承人朱小和也说《四季生产调》里有很多哈尼族迁徙的故事，虽然不完整但是也让他们在唱的时候能想起祖先们开创梯田农耕的不易和他们的智慧。此外，这个作品中还有许多内容讲到各民族和谐共处。《四季生产调》的传承除了可以继承生产生活经验，还可以唤起生活在梯田中的不同民族团结起来艰苦创业的集体记忆，所以无形中对村落社区也产生了很大影响，让大家回想起了对村落历史和祖先业绩的共同记忆，促进了人们的文化认同和民族间的团结。

---

① 红河哈尼族彝族自治州人民政府编《哈尼族口传文化译注全集》（第6卷哈尼族四季生产调），云南民族出版社，2010，第348页。

105

"哈尼哈吧"包含的其他文学作品可谓卷帙浩繁,内容异常丰富,涵盖了哈尼族关于天地万物、人类繁衍、族群历史、四时节令、历法计算、生老病死、宗教信仰、风俗习惯等各方面的种种知识。创世神话《窝果策尼果》《木地米地》《十二奴局》以及迁徙史诗《哈尼阿培聪坡坡》等都是哈尼古歌中的精华部分。限于篇幅,无法在此一一展开。

二 《四季生产调》与"哈尼哈吧"的传承困境

成功进入非物质文化遗产名录使这些文化事象获得了崇高的荣誉,能被更为广大的民众所知晓,代表性传承人也受到了来自社区及社区之外的人们的尊重,也有一些人成了《四季生产调》代表性传承人朱小和以及"哈尼哈吧"代表性传承人马建昌的徒弟,比如朱小和的徒弟李有亮基本掌握了其传承的非物质文化遗产内容并且积极开展了传承活动。

但从总体上看,后继乏人的情况依然没有从根本上得到解决。这种情况是与社会发生巨大的变化密切相关的。事实上,除了生计方式有了巨大改变之外,人们的受教育方式、娱乐方式和审美方式等都发生了巨大的变化。除了一小部分的老人、当地的文化工作者、人类学工作者、艺术研究者等非常小众的人群之外,很难说还有谁会认真听这些口承文学,听众的锐减是最根本的原因。

大部分的传承人很难按要求认真培养徒弟,这倒不是传承人们不积极开展传承工作,而是徒弟们没有时间来认真学习,有时候是师父求着徒弟们来学。这样产生的学习效果到底如何也就可想而知。现在,已经没有哪个徒弟能把整部《四季生产调》唱下来了,也找不到能够把"哈尼哈吧"中其他的任何一部如《哈尼阿培聪坡坡》或者《窝果策尼果》完整唱下来的人。传统的哈尼古歌传授并没有固定的场所以及时间,一般都是在逢年过节时,饭桌上、火塘边或者田埂旁,进行碎片化的学习。

代表性传承人朱文亮谈及古歌的学习时说道:"一个人如果要唱完《四季生产调》所有的唱词,一天唱两个小时的话,也需要四十多天才能唱得完。"①

　　哈尼古歌本身的学习难度较高再加之缺乏系统、正规教学，只有依靠传授者的耐心和学习者的刻苦努力与浓厚兴趣，才能达成传授目标，这也是导致现在哈尼古歌传承困境的一大原因。调查组在访谈中发现，绝大部分村民不会唱《四季生产调》及其他的哈尼古歌。在村寨中，也就是那些传承人还有可能唱一下，要想听到其他人唱古歌是非常困难的，只有个别年纪大的村民可以唱一段两段。他们说："虽然现在我们下田干活已经很少唱《四季生产调》了，因为也不是人人都会唱的，但是里面一直到现在的道理我们都全记在心里了。像是十月花开了，预示着哈尼族要过十月年了，邀请天神来到这里过年，哈尼族不过十月年的话，就不知道什么时候应该做什么，老百姓就不知道什么时候该犁田、耙田。"这也只是老人家的说法。在中青年看来，现在怎么种田、怎么备耕、怎么收割、怎么与其他人交流等，和《四季生产调》没有什么关系。

　　随着现代化进程的加快，许多传统的民族文化事象随着经济社会的快速发展逐渐式微甚至消亡。造成这一情况的原因有很多，但最为重要的原因不外乎以下几条。其一，大多数家庭的青壮年劳动力常年外出务工，许多人没有种地的技能。种粮成本高，种粮的收入已满足不了农户日常生活所需。很多人失去了种田的动力，对于有关农事活动的《四季生产调》自然也没有什么兴趣。其二，传承主体的断层也导致口传心授、师徒相传的方式难以为继。即使政府的文化部门对传承"非遗"有一些补助甚至奖励，但这些收益与外出打工相比实在是算不得什么。即使有个别徒弟希望好好学习，但做工挣钱的现实要求使他们的学习往往也是碎片化的。其三，中青年人的娱乐方式有很多，依靠吟唱或者聆听古歌来获得审美愉悦的情况基本不存在。这样，来自田间的《四季生产调》和其他的古歌在相当大的程度上已经失去了来自田间地头的生存与传承的动力。换言之，靠田间地

---

　　① 访谈对象：朱文亮，男，哈尼族，1961 年生，《四季生产调》县级代表性传承人。访谈时间：2022 年 1 月 16 日。

头的力量来传承甚至发扬光大这些传统文化无异于天方夜谭。

这一现实困境所表明的只有一点：田间地头之外的力量在保护传统文化过程中的作用变得越来越重要。

第二节　"祭寨神林"与"矻扎扎节"

世界文化遗产哈尼梯田拥有"森林-村寨-梯田-水系"四素同构的循环农业生态系统，森林成片长于山头，村寨建在森林下方，森林涵养的水流缓缓流下，穿过村庄滋养着梯田。因此，元阳县当地有句老话叫"有林才有水，有水才有田，有田才有人"。梯田是当地民族赖以生存和发展的物质基础，一年的农耕活动是否顺利，粮食是否丰收关系到一个村寨乃至一个民族能否生存与发展。当地民众敬畏自然，知道森林能储水，也特别重视对森林的保护。正是在当地民众长期的生产生活实践中，元阳县才孕育出了代表性的传统文化"祭寨神林"与"矻扎扎节"。

作为村寨全体村民共同参与的祭祀性集体仪式，这两个节日不仅展现了哈尼族的传统文化内涵和独特文化特色，还体现了以村寨最高利益为运行原则的村寨主义，从而凝聚了哈尼族极具特色的民族精神。两个仪式都被列入国家级非物质文化遗产名录，其申遗成功也离不开元阳县当地政府及元阳县文化馆等相关部门的积极主导和支持。

一　"祭寨神林"与"矻扎扎节"简介

"祭寨神林"于2011年入选第三批国家级非物质文化遗产名录。"祭寨神林"是哈尼族每年春耕开始前（一般在农历一月中旬）举行的一种祭祀活动，祈求来年风调雨顺、五谷丰登、人畜平安。"祭寨神林"广泛流传于云南省哈尼族村落。元阳县各乡镇的"祭寨神林"，是所有哈尼族村落最隆重的节庆大典。"祭寨神林"源远流长，但各地"祭寨神林"的节期略有不同。元阳县哈播村一带的"祭寨神林"，从农历腊月第一个辰龙日开始延续到午马日，节期为三天。节日第一天清扫寨子，杀鸡、舂糯米粑粑、染三色鸭蛋。由德高望重的寨老带领数名家道兴旺、品行端正的男子，杀牲祭祀寨神林。祭祀用的祭品按全村家庭平均分配，家庭成员等都必须尝一口，还必须拌进五谷种子里。第二天和第三天，摆长街宴，通宵达旦吟唱古老的哈吧（古歌），老人向子孙后代讲述祖先迁徙的历史、传授安身立命的伦理道德、梯田耕作的技术，对每一个村民一年来的德行作出评价。哈尼族有一句话，叫作"不唱哈吧，寨子不安宁；不跳棕扇舞，人丁不安康；不跳铓鼓舞，谷穗不饱满；不跳乐作舞，禽畜不兴旺"，节日期间山寨一派歌舞升平的景象。首先，"祭寨神林"展现了哈尼族传统文化，特别是其包含太阳历法和物候历法、创世迁徙史诗和叙事长诗、音乐舞蹈等文化要素；其次，"祭寨神林"充分体现了哈尼族体察天意、顺应自然以及追求天人和谐的世界观；最后，"祭寨神林"是春耕备耕的序曲，全面彰显了哈尼族山区梯田耕作的礼仪、技术、禁忌等知识系统。随着时代的发展，"祭寨神林"出现逐渐式微的趋势，其中的传统史实、知识、技术和价值观的传承日渐淡化，亟须加以保护。[①]

哈尼村寨中最重要的仪式活动当数"祭寨神林"（哈尼语读作"昂玛突"）。元阳县几乎每个哈尼族的寨子都会选择寨子边一片茂密的森林作为寨神栖息的地方，每年在春耕之前举行"祭寨神林"仪式。村民怀着美好愿望，在村寨民间领袖"咪谷"的主持下，祈求村寨平安、风调雨顺。从根本上讲，这是一个凝聚村寨集体意识的祭祀活动。

各个村寨举行"祭寨神林"仪式的日子、流程也有一定的差异。更具体一些来说，第一天的仪式活动主要有立寨门、封寨门和打扫寨子等内容。这一天，寨子里的仪式主持人"摩批"会带着几个称作"小摩批"的助手从寨子的寨神林一路来到寨子中的磨秋场，途中一边敲锣一边会念着叫寨魂的念词，大意就是叫哈尼祖先的魂快回来，给祖先奉上猪、鸡等祭品，请保佑寨子里的人平安。然后由村子里的仪式主持者"咪谷"和他的助手开始立寨门。立寨门的时间一般都选择在下午，当寨门立好时，寨子里的

---

① 《祭寨神林》，中国非物质文化遗产网，https://www.ihchina.cn/project_details/15291/，最后访问日期：2024年2月27日。

人及畜禽等差不多都已经回到寨子里了。立寨门是为了将一切不好的东西驱除出寨子，而将一切好的东西留在寨子里。立寨门之后，寨子里就清洁安宁了。① 第二天，主要就是杀鸡祭祀寨子中的水井，由"咪谷"主持，助手"小咪谷"协助。献祭完后，"咪谷"们会与寨子里的老人们一起吃午饭。到了下午，就到寨神林祭祀了。"咪谷"们和两个锒鼓手在寨神林上方的神树下进行祭祀活动。每家的男主人站在稍外面一点的地方进行跪拜，女人是严禁进入寨神林的。祭祀的祭品一般为公猪、鸡肉、糯米、饭、茶、酒、鸡蛋等。"咪谷"念完祭词后，就地宰杀烹煮带进神林的猪。祭祀过程分为生祭和熟祭，生祭完成后再进行熟祭。在庄重神圣的熟祭之后，"咪谷"开始分配这头猪。猪尾巴、猪肝和一只后腿给"咪谷"，猪头、内脏、血、猪蹄等不易于分割的部位当场食用，其他肉和骨头则平均分给每一户。分好食物后，参与祭祀的人拿出提前准备好的酒菜，在寨神林下方处开始一顿短暂且迅速的餐食。其他的肉会由参加聚餐的村民带回家里，让每个家庭成员都得到寨神的保佑。一般村子里有多少户凑了钱，就会分成多少份，村民们吃了这些肉后，全村人就共同享受到了寨神的庇佑。"祭寨神林"仪式可以使村民们意识到他们是作为整体中的一分子存在的。

"祭寨神林"仪式期间，除了上述集体性的祭祀活动外，各家各户也会举行家庭性质的祭祀活动。家庭祭祀活动一般由家长主持，祭祀的过程比较简单，主要是在吃饭前供奉一下祖先。在整体的仪式中，立寨门、扫寨子、集体祭祀及分猪肉等行为将寨子里的每一个人都与村寨联结在了一起。这种集体性的仪式从本质上来说强化了村寨共同体意识。"祭寨神林"期间所有村民必须遵守制度化的严格规则，如不准干农活，更不能外出，要专心过节。凡是必须离开寨子到外面打工的人都要到寨神树前磕头。求寨神保佑后方才可以放心而去。

由于在祭祀过程中与寨神有接触，即代表全寨村民向神林献祭，"咪谷"们身上也因此具有一定的神圣性。"咪谷"们要保持这样的神圣性需要

---

① 马翀炜、刘金成：《祭龙：哈尼族"昂玛突"文化图式的跨界转喻》，《西南边疆民族研究》2015年第1期。

遵守很多禁忌，比如从仪式前的二十多天开始，"咪谷"们必须严格遵循睡觉不翻身、不与妻子同房等许多规定。除此之外，"咪谷"们在日常生活中也必须严格要求自己不能犯错。"祭寨神林"每个环节都要投入大量的人力和物力，村民们必须积极参加，而长街宴聚餐就是村民们直接体验集体重要性的活动。

"矻扎扎节"，是哈尼族的一个重要的传统节日，一般是在农历六月举行，也被称为"六月年"。如果说"祭寨神林"是春耕前的节日，其功能是祈求风调雨顺，那么，"矻扎扎节"则是在秋收前的节日，其功能是祈愿粮食丰收。这两个节日对应的是春耕与秋收。

"矻扎扎节"的时长在不同的村寨会不一样。短则三五天，长则十二天，但主要活动是在头三天。"'矻扎扎节'是我们哈尼族最重要的节日，如果不过'矻扎扎节'的话，稻谷就不饱满，我们的牛是用来耕田的，但是为什么要杀牛分肉，因为不给谷子喝牛肉汤的话谷子就不会成熟，所以我们杀牛的时候不能让天神知道自己偷偷杀了牛来献祭，杀牛的时候不能让牛叫、让牛看，要用叶子蒙住牛的眼睛，如果牛的叫声被天神听到的话会被责怪的，天神会发怒放风下来把庄稼吹得颗粒无收。当祭祀完成之后，种植的稻谷肯定会越来越饱满。"① 这是调查组在元阳县硐浦村参加"矻扎扎节"节时，村民告知的。"矻扎扎节"不仅从其历法方面标志着盛夏，从此时的稻秧来看，也已经完成了抽穗以及扬花的过程。当地老百姓通过"矻扎扎节"相关仪式的举行，表达了对丰收的渴望与祝愿。

以《四季生产调》国家级代表性传承人朱小和所在的硐浦村的"矻扎扎节"为例，详细记述其节日过程。硐浦村的"矻扎扎节"节期一共三天。第一天主要是准备工作，"咪谷"会派遣几个青壮年分工合作，有的打扫、修理祭祀房，有的上山去砍树来搭建秋千和磨秋，割几把茅草用于更换祭祀房的茅草顶，并由这些青壮年把旧茅草烧掉。秋千落成后，由村内的"咪谷"负责用一只公鸡和一只母鸡进行祭祀，祭祀后由"咪谷"第一个坐

---

① 访谈对象：李学四，男，哈尼族，1977年生，硐浦村村民。访谈时间：2020年1月16日。

秋千，上去荡几下，以检验自己带领村民搭建的秋千是否牢固。除此之外，各家各户还要割三小把嫩青草放在自家房顶上，撮一升金黄的稻谷放在火塘上方的竹笆中，意在招引天神和地神的坐骑来家中歇脚，保佑全家平安如意。大概中午十一点，四个"咪谷"和一个"摩批"敲着碰鼓来到秋房，在秋房旁边宰牛祭天。由几个青壮年把牛放倒，开始宰牛，通常牛会选择强壮的公牛，在过节前几天就会买好，第一天晚上会把牛拴在"咪谷"家。杀牛之后，先用牛血、牛头、牛腿和牛肝祭献天神，再把牛头挂在磨秋桩上，把牛脚和牛头留在秋房，牛下颚骨也会被留下，被挂在靠近村寨一侧的木梁上，而后"咪谷"对着村寨进行祈福祭祀。祭祀天神过后，就由"大咪谷"和其他"小咪谷"及"摩批"一同把牛肉、牛骨、牛血、牛内脏等平均分给村子里的每一户人家，每户村民领到牛肉之后回家祭祖。

分配牛肉时是先由"咪谷"分为十大份，因为该村有 10 个村民小组，再将十大份分为各小份，村里会有个负责算账的老人拿着计算器认真计算应该分为多少份，分好以后，由一个人念着各家各户的名字按顺序发放，各家都派男人来领取牛肉，这个过程大概持续了两个多小时。据调查组了解，各家各户要把分到的牛肉供在火塘上方的竹笆上，以祭祀家族祖先。祭祀完毕后，才可以煮熟食用，村民认为吃了这个就可以保平安。分完牛肉后今天的仪式就告一段落，而后各家欢聚，孩童们继续荡秋千，欢腾至深夜。

第二天"咪谷"和"摩批"会到秋房进行祭祀仪式。也就是杀牛祭祀后的第二天下午四点左右，"咪谷"和"摩批"等人会敲着碰鼓到达磨秋场，他们带着锅碗瓢盆到秋房旁生火做菜做饭并祭祀，由"大咪谷"罗文兴带头，他们先放好 3 碗酒、3 碗米饭，又开始煮牛肉和炒牛肉，弄熟以后，再放好 1 碗煮牛肉的汤和 3 碗熟牛肉，一共 10 碗的祭祀供品，然后由其中一个"咪谷"将这些祭祀的供品放到秋房柱上的祭祀台上，放好以后，四个"咪谷"向祭祀台磕三个头，磕完以后，又把祭祀品从台上拿下来放在竹篾桌上。"大咪谷"敲着碰鼓到秋房旁的大树脚下对着村子的方向开始叫谷魂，念词大概意思为："五谷丰登、六畜兴旺、人丁昌盛，保佑全村风调雨顺、硕果丰收。"唱罢，其到村子脚旁的大树扯了三支树枝先打三下秋千又上秋千荡几下。荡完以后，再把树枝放到磨秋上荡三下，然后就结束回到秋房，祭祀完毕以后，四个"咪谷"和一个"摩批"就开始吃饭了。至此，整个仪式就结束了。

每年一次的"祭寨神林"及"矻扎扎节"仪式，不仅是村民对寨神表达敬意的活动，而且也是村民联络感情、构建村寨共同记忆的活动。在年复一年的"祭寨神林"及"矻扎扎节"仪式中，祭祀群体为了共同的信仰各司其职，通过分工协作紧紧地团结在一起。仪式过程生动地体现了哈尼族村寨以村寨利益为最高原则来组成和维系村寨社会文化关系及村寨日常生活的社会文化制度，这种制度使村民们往往以整合全村寨力量采取行动的方式处理村寨出现的危机。① 村寨中集体性的祭祀活动都对村寨的日常生活有重要的影响。村寨集体意识的强化使得大家在各种行为中都要考虑集体的利益和荣誉。在传统意义上，村民们通过集体行动的方式表达对寨神的敬重，进而强调村寨集体意识的重要性，而这也不断强化着他们共同的记忆与文化认同。

二　"祭寨神林"与"矻扎扎节"的传承困境

虽然"祭寨神林"与"矻扎扎节"都被列入国家级非物质文化遗产名录，获得了很高的荣誉，但该文化事象也和其他一些"非遗"项目一样，面临生产生活方式转变带来的重大冲击。大量村民外出务工，人们的收入来源越来越多样，不再单纯依赖于农耕活动，村寨内部社会关系也日渐疏离，村寨在人们的生活中也不再具有从前的重要地位，"祭寨神林"与"矻扎扎节"的仪式逐步式微。

近二十年来，已经有越来越多的村寨不再举行"祭寨神林"活动，就是有"非遗"代表性传承人的村寨也存在很难传承下去的问题。例如位于新街镇土锅寨的箐口村、黄草岭和大鱼塘村，这三个哈尼族村寨因长期无

---

① 马翀炜：《村寨主义的实证及意义——哈尼族的个案研究》，《开放时代》2016年第1期。

法选出合适的仪式主持人——"咪谷",导致"祭寨神林"和"矻扎扎节"等传统仪式中断。特别是在大鱼塘村,卢文学曾作为国家级非物质文化遗产的代表性传承人,自1995~2021年,主持了多种包括"祭寨神林"、"矻扎扎节"、祭水神、祭田神、叫寨魂、祭火神、祭寨门等重要的民间祭祀活动。在卢文学去世后,大鱼塘村尽管尝试选出了新的"咪谷",但新的"咪谷"也因病卸任,自此之后,村中的群体性传统活动便彻底停止了。因此,对其而言在当前形势下如何传承这一文化遗产是一个较为棘手的问题。

经济快速发展的同时,乡村社会也在发生巨变。如全国大多数乡村一样,元阳县的各村寨由于年轻人外出务工,也逐渐呈现"空心化""老龄化"的状态,集体性慢慢消解。而仪式对主持人自身及其家庭条件等要求相当严格,必须要在德高望重、夫妻双全、有儿有女、家庭和睦、无违纪行为、为人厚道的村民中选举产生。主要由"咪谷"、"摩批"以及德高望重的老人来主持整个"矻扎扎节"的祭祀活动。如果没有"咪谷",就无法举行此活动,部分村落因找不到人担任"咪谷"而出现了后继乏人的情况。

因为传统仪式的主持者逐渐老去而其他有资格担任这些角色的人又不愿意继续负责这些仪式活动,仪式难以维系。一些村寨的"咪谷"及其助手因为身体原因甚至是去世而需要递补,但选不出人来,而一旦这些仪式主持人出现人员不足的情况,仪式就无法举行。村民们不愿意接班大致是因为这些角色已经没有过去曾经拥有的神圣感了。现在,对于人的评价好坏主要是看他是否能够发家致富。挣不到什么钱,还想要得到村民的尊重是很困难的。换言之,是否算得上村里的能人,更多的是要看能否挣大钱。在村里人都把外出打工挣钱或者干工程挣钱视为最重要的事情的情况下,村寨生活与个人发展已经没有太多直接联系,毕竟来自梯田耕种的收益在整体收益中的比重是逐步下降的。当个人发展不再与村寨有直接关系的时候,与村寨集体相关工作的神圣性也自然被消解。

年轻人外出打工也使得老人们照顾好留在村中的孙子成为前所未有的重要工作。因此绝大多数外出打工的人也不支持自己家的老人去担任仪式主持人的工作。他们会说,当"咪谷"和"咪谷"的助手或者当"摩批"

以及当"摩批"的助手又挣不到什么钱，没有必要因为干那些事耽误了孙子的事情。老人们用的钱还得靠外出打工的子女提供，对于一个家庭来说，祖辈做好照顾孙子、管好自己的家等后勤保障工作是最重要的。

当然，也有不少村寨还在继续过这两个节日。节日期间，也有一些外出打工者专门回到村寨参与，但确实越来越多的村寨已经不再过这两个节日了。当地文化部门对作为"非遗"的"祭寨神林"与"矻扎扎节"民俗文化的传承是倾注了大量心血的，代表性传承人的各种补助都是及时到位的，他们的传承活动也都得到了积极的支持和鼓励，许多村寨在举办这些节日活动的时候也经常会得到来自文旅局、民宗局的经费支持，代表性传承人的师徒传承工作也受到很高的重视。但是，这类由村民集体参与的文化活动不是简单地有政府文化部门的支持以及依靠代表性传承人自身的努力就可以很好地延续下去的。毕竟，当大部分的村民，也就是说这类文化活动的群众基础已经大不如前的时候，还要完全按照传统的方式继承是不现实的。

第三节　传统文化的创新式发展

今日所见的文化都是过去的人们在生产生活实践中创造、传承的结果。文化本身也是引领社会发展并适应社会发展的历史产物。文化从来都是处于变化之中的。哈尼梯田是这块土地上的各民族的先民们筚路蓝缕、历经艰辛不断创造的智慧的结晶。包括各种非物质文化遗产在内的精神文化也是其在梯田农耕的基础上结出的硕果。前人留给当代人的遗产是丰富多彩的。这些来自祖辈的创造性的文化成果给后人的一个重要启示就是必须对这些文化进行创造性继承和创新式发展。

在"非遗"保护专项资金的支持下，元阳县文旅局为"非遗"代表性项目和代表性传承人的保护和传承做了大量工作，使各级"非遗"代表性项目和代表性传承人的记录、建档、研究、保护、传承、宣传等各项工作得以有序开展。其中对"非遗"的国家级代表性传承人2人、省级代表性传承人6人、州级代表性传承人43人、县级代表性传承人112人每年分别补助20000元、8000元、2000元、500～1000元，有效促进《四季生产调》"哈尼哈吧""祭寨神林""矻扎扎节"等非物质文化遗产的保护和传承。此外，针对"祭寨神林""矻扎扎节"加大扶持力度，2014～2019年累计投入20.5万元扶持40个哈尼族村寨开展"祭寨神林""矻扎扎节"等民俗活动。

近年来，元阳县坚持政府主导与社会参与、文化事业与文化产业共同发展、保护与发展相结合的原则，保护与开发并重、传承与创新并举，将农耕文化、生态文化、民族风俗等融合起来，有效提升了境内19万亩梯田遗产区的文化品牌影响力，依托哈尼梯田文化传习馆、民族文化传承文艺队、"非遗"代表性传承人等载体，围绕哈尼梯田世界级文化品牌、保护传承好"开秧门""丰收节"等传统民俗文化，打造"哈尼古歌"系列文化品牌，创作演出《哈尼四季生产调》《开秧歌》等农耕文化精品表演，开展"开秧门"实景农耕文化节、农耕技能风采大赛、文化遗产展览、"非遗"代表性传承人展演、"非遗"直播等活动。

一 抢救性记录

依托"世界文化遗产、千年哈尼梯田"的亮丽名片，元阳县申遗成功十多年来，始终把传承好哈尼文化作为重中之重，各文化单位积极投身非物质文化遗产保护工程，在传承中保护、在发展中传承。特别是针对国家级非物质文化遗产的《四季生产调》和"哈尼哈吧"等重要项目，地方政府和相关部门实施了一系列的抢救性记录和保护措施。

（一）建章立制，夯实保护基础

2018年，红河州颁布实施《红河哈尼族彝族自治州非物质文化遗产代表性传承人保护条例》，积极制定并不断完善哈尼古歌保护传承与发展工作方案，加强各级"非遗"代表性传承人的认定和管理工作。元阳县积极开展"非遗"档案库建设工作，持续开展"非遗"资源普查工作，不断建立健全国家、省、州、县四级保护名录体系。截至2023年，元阳县与云南大学、云南师范大学、中南大学、红河学院等院校合作，加强社会实践，深挖民族特色，提高对非物质文化遗产的保护认识，研究制定项目分类保护的规范标准、保护细则，整理民族歌曲、服饰、习俗等非物质文化遗产代表性项目，并统一进行编码登记、分级建档，确定"非遗"代表性项目 94 项，其中国家级 4 项、省级 9 项、州级 18 项、县级 63 项，对濒临消失项目进行有效资料保存。

新中国成立之前，哈尼族没有本民族的文字，哈尼古歌都是口传心授的。1957 年，国家创制了以拉丁文字母为基础的文字，为哈尼族口承文化的文字记录奠定了基础。云南省红河哈尼族彝族自治州从 2008 年起全面收集、整理、编译《哈尼族口传文化译注全集》，把之前整理、编译出版过的哈尼古歌以哈尼文和汉文的形式结集出版。现已编译出版 40 卷，这一套丛书涵盖了哈尼族的历史、宗教、哲学、文学、艺术、社会规范和生产生活知识技艺等内容，形式有诗歌、祭词、神话、传说、故事、谱牒、咒语、传统歌曲、谚语、谜语等。"哈尼哈吧"的主要部分都已搜集在其中。

（二）建立"非遗"保护中心数据库

元阳县对近年来开展的"非遗"展演及民俗活动、"非遗"代表性项目以及代表性传承人、"非遗"宣传片等相关资料进行数字化储存，并通过红河"非遗"数字展示平台与博物馆、图书馆等实现资源共享。其中，由元阳县"非遗"保护中心承担完成的国家级"非遗"项目《四季生产调》代表性传承人朱小和抢救性记录工作获评全国 25 个优秀项目之一。

元阳县非物质文化遗产保护中心推进的抢救性记录和保护工作可以说是成绩斐然的。其中最有代表性的就是 2015 年 5 月至 2017 年 12 月开展的"国家级非物质文化遗产代表性传承人朱小和抢救性记录工作"。该项工作包括以下主要内容。

①前期采集原始素材工作（口述速记稿 4.7349 万字，翻译整理项目实践片及综述片字幕文字 1.5 万字，视频 84 小时，音频 7 小时，图片 390 张）。

②口述史访谈整理工作（5.1442 万字的口述文字稿，长达 6.33 小时的 4 部口述片，片名为：《传承人口述第一次访谈》《传承人口述第二次访谈》《传承人口述第三次访谈》《传承人口述第四次访谈》），这些资料完整地记

录了传承人口述史访谈内容。

③项目实践的拍摄记录（工作时间为 2015 年 5 月 26 日至 2016 年 11 月 28 日，历时一年多的时间，采集原始素材：视频 67 小时。整理后形成时长 3.2 小时的 17 部项目实践片。片名为：《冬季三月项目实践片》《十月年项目实践片》《昂玛突节项目实践片》《昂玛突的歌项目实践片》《打埂歌项目实践片》《春季三月项目实践片》《撒秧歌项目实践片》《开秧门项目实践片》《开秧门的歌项目实践片》《栽秧歌项目实践片》《叫秧魂项目实践片》《夏季三月项目实践片》《修田埂项目实践片》《矻扎扎节项目实践片》《矻扎扎的歌项目实践片》《秋季三月项目实践片》《新米节项目实践片》）。项目实践片的制作达到了《操作指南》的要求，完整、真实记录了国家级"非遗"《四季生产调》项目代表性传承人朱小和农耕实践、民俗活动实践及《四季生产调》项目实践的内容。

④传承教学采集的原始素材视频有 3.2 小时，整理后形成时长 1.4 小时的三部传承教学片。片名为：《四季生产调传承教学片》（上）、《四季生产调传承教学片》（下）、《叫魂歌传承教学片》。

⑤综述片由 84 小时的视频、7 小时的音频、390 张图片中最具美感、最具有代表性的镜头和图片剪辑而成，内容包含了传承人生活的环境、文化空间、技艺、绝活、师承、传承人口述、专家访谈等，做到了对传承人及其项目的特色展示。影片严格按照《操作指南》的要求制作，形成了 0.5 小时的朱小和项目综述片。

2018 年 5 月，"国家级非物质文化遗产代表性传承人朱小和抢救性记录工作"经国家"非遗"、文献和影视专家严格细致评审，在全国 230 多个同批次项目中胜出，获评全国 25 个优秀项目之一，项目成果综述片在国家图书馆展映。此外，其他一些记录保护工作也已完成。2022 年 1 月，《云上梯田长出的音乐——哈尼族多声部民歌》《红河南岸哈尼族彝族乐作舞遗存集》入选国家新闻出版署发布的中华民族音乐传承出版工程精品出版项目名单。①

---

① 资料来源于 2022 年 12 月元阳县文化馆提供的材料。

二　搭建传承展示空间

为了有效保护和传承元阳县的非物质文化遗产，当地文化部门采取了一系列策略，致力于创造性继承与创新式发展，具体措施包括建立文化传承中心及传承点、拓宽舞台展演空间、推广数字"非遗"、开展"非遗"进校园以及增强民众参与意识等。这些措施共同促进了传统文化在传统与现代融合的新框架下的创新发展。

（一）建立传承中心及传承点

在开展非物质文化遗产保护传承工作的过程中，元阳县做到了每个项目都有传承空间。关于传承点的设立，通常设在传承人家里或者通过社会资金建立专门的传承点。当地仍有许多未被发现的传承人，只要在当地有一定的社会影响力和掌握特定的技艺，便可以申报成为传承人和建立传承点。

元阳县在成功申报国家级非物质文化遗产"哈尼哈吧"项目之后，进一步重视非物质文化遗产传承与保护，制定了《国家级非物质文化遗产名录〈哈尼哈吧〉保护实施方案》，建立了 1 个传承中心和 30 个传承点。投资 6.7 万元将电影《太阳照常升起》建在箐口村的道具房改造为"哈尼哈吧传承中心"。这个传承中心的日常管理工作由该村的"摩批"李正林负责，传承中心不定期请"哈尼哈吧"的代表性传承人到中心交流，也经常请《四季生产调》国家级非物质文化遗产代表性传承人朱小和到传承中心传授"哈尼哈吧"。[①]

2022 年 7 月，为了深入推进哈尼古歌的有效保护、传承与发展，元阳县文旅局在此传承中心组织了一场哈尼古歌民间传唱队的展演交流活动。此次活动汇聚了哈尼小镇古歌传唱队、牛角寨镇果统村哈尼古歌传承队、沙拉托乡哈尼多声部农民合唱团、新街镇土锅寨村委会"哈尼哈吧"传承中心等 4 支优秀的哈尼古歌民间传唱队，以及县哈尼梯田文化传习馆相关人

---

① 资料来源于元阳县文化和旅游局 2023 年 2 月提供的材料。

员，共计 60 余位参与者。活动过程中，队员们倾情演绎了《四季生产调》《哈尼阿培聪坡坡》《栽秧山歌》《哭嫁歌》等经典哈尼古歌，同时演奏了三弦、直箫、巴乌等民间乐器，并展示了木雀舞、棕扇舞、竹筒舞等富有民族特色的传统舞蹈，还邀请了元阳县融媒体中心和本土自媒体网络主播进行线上直播，累计吸引了 10000 余名观众在线观看。值得一提的是，此次活动中，相关文化部门还为 4 支哈尼古歌民间传唱队提供了支持，资助他们购置了音响、哈尼族服装、乐器等必要的演出装备，有效解决了这些队伍在演出过程中面临的器乐设备及演出服装短缺问题，为哈尼古歌的文化传承奠定了坚实基础。

同年 8 月，在硐浦村老村委会文化传承活动室，省级非物质文化遗产《四季生产调》的代表性传承人李有亮举办了一场为期四天的传承活动。此次活动中，李有亮亲自教授了哈尼古歌，参与学习的有朱文亮、李二噜、李文才、李忠亮、罗杉文、朱小荣等 8 人，其中包括他的徒弟及县级代表性传承人。

此次传承活动得到了当地文化馆的支持，其为参与者提供了传统民族服装。除此之外，所有活动经费均由李有亮个人承担。活动期间，李有亮采取逐句教授的方式，确保每位学员都能熟练掌握所教歌曲。学习内容涵盖了《哈尼阿培聪坡坡》、《四季生产调》以及一些民族情歌。访谈时，李有亮还向调查组分享了当时的视频记录，展示了师徒们身着哈尼族传统服饰，整齐地站在一排，学员们跟随其的教唱进行学习的景象。活动结束后，学员们会共同聚餐，其间也会进行歌唱表演，分享各自的故事，使教学内容更加生动有趣。

此次传承活动不仅为学员们提供了一个学习和交流的平台，也进一步推广了《四季生产调》这一非物质文化遗产，为保护和传承哈尼族文化做出了积极贡献。关于哈尼族文化传承人的培养问题，李有亮表示，他殷切期望上级文化部门能够加大支持力度，以便他能够培养更多的人才，进一步弘扬哈尼族的传统文化。为了确保学员们能够安心在寨子中学习，首要任务是保障他们的经济来源。同时，他认为应当增加此类传承活动的举办频次。

若文化馆能够提供更多经费支持，他将每年组织更多次的文化传承活动。①

　　此外，元阳县还在全县建立了 30 个传承点，也就是民族文化传承基地。这 30 个传承基地都有专门的传承活动地点，传承人会在此定期不定期地开展传承活动，一般利用传统节日开展活动，共发展和扶持了 50 名民族文化传承人，为进一步传承与保护好"哈尼哈吧"做出了坚实的工作。

（二）拓宽舞台展演空间

　　舞台展演是传承非物质文化遗产较为常见的方式。《四季生产调》的许多片段会在不同的场合进行展演，这也是顺应时代变迁的结果。舞台展演是基于现代社会状况做出的选择，其目的就是希望把地方性知识转化成能够为更多的人所知晓和理解的普遍性知识。许多非物质文化遗产的存续与某种程度的"舞台展演"改造有关。事实上，这也是让更多的人能更贴近地了解"非遗"的一个途径。元阳县文化部门在这方面努力寻求创新，发掘了以民族博物馆展示、参加国内外演出、实景舞台呈现等方式为主的新的传承路径，为非物质文化遗产寻找到了更宽广的生存空间。

　　1. 民族博物馆展示

　　博物馆是为社会服务的非营利性常设机构，它主要负责研究、收藏、保护、阐释和展示物质与非物质文化遗产，向社会公众开放，具有可及性和包容性，促进文化的多样性和可持续性，以符合道德且专业的方式进行运营和交流，并在社区的参与下，为教育、欣赏、深思和知识共享提供多种体验。元阳县的博物馆的功能定位为世界文化遗产展示中心，红河哈尼梯田管理中心、监测中心、资料收集中心。

　　2019 年 3 月 30 日，哈尼历史文化博物馆（红河哈尼梯田世界文化遗产管理展示中心）在元阳县正式开馆，该馆集中展示了当地千年的梯田农耕文化，馆内分为红河哈尼梯田世界文化遗产静态展示区和"哈尼哈吧"传承"活态"展示区，共有 6 个静态展厅和 1 个表演大厅，展厅通过图文和影像方式，系统地展示和介绍了哈尼族的迁徙历史、文化、民俗以及哈尼

---

①　访谈对象：李有亮，男，哈尼族，1963 年生，《四季生产调》省级代表性传承人。访谈时间：2023 年 2 月。

梯田的发展与保护历程，表演大厅每日常态化进行哈尼古歌的相关演出，其中也包括《四季生产调》的演出。省级代表性传承人李有亮告诉调查组：

> 凡是遇到哈尼族的重大节庆，比如开秧门、长街宴、"矻扎扎节"等节日以及其他游客较多的时候，博物馆都会邀请他们去演唱《四季生产调》，而他们一般只负责唱几句开场，之后都是宏大的歌舞类表演，他们会有固定的报酬。①

新冠疫情的时候，博物馆闭馆。疫情过后，哈尼历史文化博物馆（红河哈尼梯田世界文化遗产管理展示中心）有关哈尼古歌的表演恢复正常。元阳县哈尼历史文化博物馆（红河哈尼梯田世界文化遗产管理展示中心）每天进行 3 场有关哈尼古歌的演出活动，演出时间为 10：00、14：00、19：30，票价为 118 元/场。演出包括《四季生产调》中的《冬季调》《开秧歌》《春季调》，哈尼古歌中的《棕扇舞春歌》《哭嫁歌》等其他哈尼族传统古歌。

2. 参加国内外演出

除了在哈尼历史文化博物馆（红河哈尼梯田世界文化遗产管理展示中心）内进行舞台展示，《四季生产调》等哈尼古歌也常常亮相于其他各类型舞台。

2015 年 5 月 1 日~10 月 31 日，第 42 届世界博览会在意大利米兰举行。云南红河原生态歌舞《哈尼古歌》作为中国馆唯一驻场的演出节目表演了 1000 余场，吸引了 100 多万人次观看，成为最受关注、最具特色、观看人数最多的节目。在意大利米兰世博会这一世界级的盛会平台上，李有亮带领《哈尼古歌》团队用生动直观的哈尼族歌舞，精彩演绎和展示了哈尼梯田文化，赢得了各国观众的高度评价，取得了很好的宣传效果和传播效应。

除了国际性表演，国内的舞台展演已成为常态。2019 年 11 月 4~6 日，云南民族歌舞《哈尼古歌》走出大山，远赴千里在北京演出两场，再现了世界文化遗产——红河哈尼梯田的独特魅力和哈尼族人自强不息的劳作史

---

① 访谈对象：李有亮，男，哈尼族，1963 年生，《四季生产调》省级代表性传承人。访谈时间：2022 年 8 月 10 日。

诗。通过这样的表演,《哈尼古歌》不仅仅作为一种艺术形式得以展示,更成为哈尼文化与外界交流的桥梁。这种文化的展现不只是艺术的呈现,更是一种历史与文化传承的活化石,它使观众能够通过歌舞深入理解哈尼族的劳作与生活方式,以及他们与自然和谐共存的哲学。这类演出,无疑加深了观众对于哈尼族文化独特性的认识和理解,也强调了非物质文化遗产在现代社会中传承的重要性。

3. 实景舞台呈现

除了传统的室内舞台表演,当地文化部门与村民们合作,创造性地开展了实景梯田演出。从 2021 年的“云上开秧门”到 2023 年为庆祝红河哈尼梯田申遗成功十周年而举办的“云上丰收节”,这些活动都在以创新性的文化表演呈现哈尼农耕景象。2023 年 9 月 23 日,一场独具匠心的梯田实景演出在哈尼梯田上展开,表演以广阔的天空和流动的云朵为背景,为“有一种叫云南的生活·红河季”文化旅游节暨 2023 年中国农民丰收节[①]·云南元阳稻花鱼丰收节拉开帷幕(见图 3-1)。

图 3-1 “中国农民丰收节·云南元阳稻花鱼丰收节”实景演出

资料来源:调查组拍摄,2023 年 9 月。

---

① 中国农民丰收节是第一个在国家层面专门为农民设立的节日,节日时间为每年秋分,丰收节的设立体现了党中央对“三农”工作的高度重视。

这场演出不仅仅是一次文化展示，更是一次深刻的文化沉浸体验，它生动自然地重现了哈尼族丰收农耕的实景。在千年哈尼梯田上，表演者们边唱歌边劳作，真实地展现了哈尼族独有的高山梯田农耕文化。这种表演形式不仅彰显了哈尼族与自然和谐共生的生活哲学，还向观众展示了红河州丰富多彩的民族风情。

通过将天空和梯田作为自然舞台，这些表演深化了观众对哈尼族文化的认知，也赢得了他们的欣赏，同时强调了农耕文明在哈尼族历史与文化中的核心地位。此外，这种创新的表演形式也为地方旅游业带来了新的活力，促进了文化与旅游业的互动发展，加强了人们对非物质文化遗产的保护意识。

由于舞台条件所限，《四季生产调》"哈尼哈吧"都是以片段的方式呈现的，这显然是很遗憾的。但是，在民间已经不再有完整的《四季生产调》传唱的情况下，舞台展演的意义反而变得更加重要。元阳县将体现红河哈尼族人民生产生活的《四季生产调》"哈尼哈吧"搬上舞台，截取最精彩的片段或最核心的情节在固定的场合、固定的时间段进行展示，通过传承人的演唱配以舞蹈演员的表演，生动形象地展现了哈尼族日常的农耕活动与节庆仪式。在演出的过程中，词曲、舞蹈动作、人物主体、听众反应等多重要素环环相扣，让观众处于整体性的场域之中，充分反映出长期以来哈尼族人民真实的生活情境，表达出民众复杂细腻的思想情感，在短时间内让观众和游客更加了解其民族文化，这种表演成为"非遗"整体性保护理念和活态传承的最佳佐证。

（三）推广数字"非遗"

随着新媒体的出现，古老的传统文化也获得了新的传播形式。近年来，利用各种网络平台传播非物质文化遗产已经成为常态。由元阳县文化部门牵头开展的"云上开秧门""云上丰收节"等活动都充分运用了非物质文化遗产项目中的内容。实景与表演结合的演出方式，体现了新发展背景下的新文化生态。哈尼族通过在庆祝丰收节的过程中融入自己的特色，把自己的千年农耕文明向外界展示，带动了哀牢山经济发展，实现了少数民族脱贫致富梦。同时也树立了哈尼人的文化自信，让哈尼人为自己的文化感到自豪与骄傲，实现了哈尼文化景观的保护与传承。同样地，"云上开秧门""云上丰收节"等活动既不同于村民们现实中的开秧门和新米节，也不同于作为"非遗"的民间文学"哈尼哈吧"吟唱的开秧门和新米节。"云上"的各种节日是新文化形式的节日，这种新文化形式的节日从根本上讲体现了传统文化的创新性继承过程。① 这些创新性文化传承活动的本质是通过网络平台向更广阔的社会空间进行传播，让更多的地方、更多的人对梯田文化有更加迅速和深入的了解，使梯田文化景观及非物质文化遗产在此过程中得到更好的传播。

在传统文化面临传承人断代和现代化冲击的危机下，当地文化部门不断地寻求新的传承路径，让传统文化的创新性发展有更多的可能性。例如"数字非遗"就是用科技为文化赋能，让年青一代为传统文化发声，通过数字化的分享，让人们走近"非遗"，将"非遗"变成"看得见""能感受""想学习"的文化事物，进而循序渐进改变人们的生活方式。数字技术在非物质文化遗产保护领域有着极大的发挥空间，《四季生产调》等民间文学类"非遗"项目可以利用数据库系统和平台，采用虚拟现实技术对部分项目实现再现和传播。通过建立数字档案、解码文化符号、分析传统技艺、链接广大网友，"非遗"传播与数字技术的结合越来越成熟。如今应用于"非遗"保护与传承实践的数字化手段越来越丰富，数字化正在持续为非遗"添翼"，以促进元阳县非物质文化遗产的保护和继承。"非遗"的保护和传承需要与时代同行。

由元阳县文化和旅游局开展的元阳县 2023 年非物质文化遗产代表性传承人培训工作，为了充分发挥新媒体作用，活用数字化技术和传播平台，成功让非遗"活"起来。培训活动组织代表性传承人们学习现代传播技术，采取课堂专题讲座的形式，组织代表性传承人们学习

---

① 马翀炜、夏禾：《坐看云起时："云上"开秧门与非物质文化遗产保护传承的图像化路径》，《西北民族研究》2021 年第 4 期，第 12 页。

摄影构图技术，抖音、微信等现代传播平台的运用方法。在教学中，老师们边教边让代表性传承人们实践，若代表性传承人们遇到操作上的问题，老师们会及时指导。老中青传承人共聚一堂交融交流，教学活动在十分融洽的氛围中展开，取得了良好的效果。①

（四）开展"非遗"进校园

随着国家对非物质文化遗产越来越重视，很多"非遗"代表性项目和传承人走进了校园，"非遗"也因此获得了更大的传承空间。除了在乡村小学开展定期不定期的"非遗"进校园活动外，《四季生产调》也逐步开展了进入大学、中专校园的活动。2020 年 6 月 5 日，红河州非物质文化遗产保护中心国家级"非遗"代表性项目《四季生产调》以及"哈尼族多声部民歌"走进红河州民族师范学校进行为期一个月的宣传、培训和最终的成果展示。由红河州非物质文化遗产保护中心组织老师对相关专业和感兴趣的学生进行培训，培训过程既培养了学生学习优秀"非遗"文化的兴趣，提升了文化自豪感和自信心，又让"非遗"走向活态和常态传承，让更多的师生领略到"非遗"的魅力，更好地传承和弘扬地方非物质文化遗产。

在学习过程中，L 同学表示："我学的是'哈尼族多声部民歌'，很多歌词看不懂也听不懂是什么意思，发音也不准，但经过老师一遍遍地教唱和耐心解释，慢慢就理解了歌词大意。我觉得它是一首充满自由的民间歌曲，我想象自己就站在梯田边上唱歌，就很美。"② 老师们在此过程中也受益匪浅："我们的哈尼多声部合唱和院校普通教学有不一样的地方，它需要八个声部一起配合，难度大，加上很多同学是第一次接触这样的民族音乐，所以一开始会有点不理解，经过我们老

---

① 徐航宇：《工作动态 | 元阳县开展 2023 年非物质文化遗产代表性传承人培训工作》，"元阳非遗"微信公众号，2023 年 11 月 5 日，https://mp.weixin.qq.com/s/IhyvFQDdgiuj5iE59kTC-vw，最后访问日期：2024 年 3 月 10 日。

② 访谈对象：LJL，男，哈尼族，2002 年生，红河州民族师范学校学生。访谈时间：2020 年 4 月 18 日。

师逐步地讲解和引导，三四天后同学们都产生了浓厚的兴趣，同学们积极性很高，表现非常好。"①

"非遗"进校园就是为了进一步弘扬中华优秀传统文化，保护和传承非物质文化遗产，让学生从小就领略非物质文化遗产的独特魅力，切实提升他们的民族自豪感和文化认同感。通过拉近与传统文化的距离，"非遗"进校园让学生感受到梯田文化的深厚底蕴和无限魅力，让《四季生产调》等非物质文化遗产在校园生根发芽，也让青少年在非物质文化遗产教育和传承中发挥积极作用。

（五）增强民众参与意识

元阳县的文化部门关于传统文化的创新性发展对普通村民的文化生活产生了巨大的影响。在哈尼梯田生活着的各个民族本身就有着能歌善舞的传统，大量涌现的以歌舞来营造生活热闹氛围并肯定生活意义的创新性发展形式是与当地民众特定的历史文化相关的，同时也是与县文化部门在县城、乡镇和田间地头开展的各种文化活动相关的。

在梯田上生活的这些民族很多以口耳相传的说唱形式传承涉及生产生活的关键文化信息，而指向祈福、辟邪、禳解的集体与个体诉求则伴随着宗教仪式展开，比如"哈尼哈吧"的演唱就常在村内举行聚会时进行。② 元阳县的文化振兴工作不仅注重对"非遗"的宣传保护，其还定期举办"文化三下乡"活动，宣传政府的政策方针，并通过文艺队将棕扇舞等"非遗"代表性项目传播至民间。这种做法不仅宣传了思想和传播了民族传统文化，也为农村文艺队提供了展示自己的舞台，增强了他们的文化自信，为文化振兴添砖加瓦，从而更加积极地把传统文化融入他们的文艺活动内容，舞台展示的新形式也激发了村民在本村的歌舞活动中创造新的内容和形式。

---

① 访谈对象：WH，男，哈尼族，1975 年生，红河州民族师范学校老师。访谈时间：2020 年 4 月 18 日。
② 郑佳佳：《热闹：艺术存在的生活状态——以元阳县少数民族农村文艺队发展为中心的讨论》，《思想战线》2020 年第 4 期。

十余年来，民间自发组建的新的文艺队大量出现。据元阳县文化馆的统计，截至 2016 年，全县总共有 463 支文艺队，而近几年文艺队的数量还在不断增加。对于文艺队队员和当地村民而言，文艺队的表演给他们平静、单调的农村生活带来了欢欣与热闹。不管是在婚礼、葬礼还是各种节庆仪式上，文艺队的身影都会出现。而当地的文艺队在表演形式上也是丰富多彩，他们并不局限于本民族特色的歌舞，反而会将广场舞、流行舞等现代潮流的元素融合进去。在调查期间，当地村民对文艺队的表演非常支持且乐在其中。在村寨文艺队的发展过程中，文化部门也给予了很大的支持，如选派歌舞专家深入村寨进行指导，对一些活动开展得较好的文艺队给予一定的经费支持。

2023 年 8 月 12 日，在元阳县新街镇梯田广场举办的火把节活动，除了有相关文化部门组织的民族团结大联欢文艺汇演，文艺队还表演了《哈尼棕扇舞》《彝家烟盒舞》《瑶歌一唱亲上亲》等极具民族特色的舞蹈节目，将节日的氛围拉满，到场的当地村民和来自全国各地的游客一起歌唱、伴着篝火起舞，热闹非凡。当地文化部门重新编排《感恩歌》，将其编入舞台展演的尾声部分来演出，这不仅是在时代背景下进行的文化创新、古歌新唱，还生动地将在中国共产党的领导下，全州各族人民的生活发生的翻天覆地的变化表现了出来，以感恩新中国、感恩共产党、感恩习近平总书记，体现党的光辉照边疆、边疆人民心向党。其中有这样一段词："自从有了党领导，十年陈谷吃不完，日子越过越红火，谷堆上面开谷花，谷子堆得像山高，火塘越烧越红火。世上万物爱太阳，没有太阳不生长，哈尼热爱共产党，好比万物爱太阳……"新中国成立后，哈尼族、彝族等各少数民族心怀对党的感恩，并把感恩之心编入各种文化艺术作品中，这首新编的《感恩歌》就是其中的代表。

哈尼古歌中还有要与其他民族友好相处，并积极向其他民族学习的内容，例如古歌中提到哈尼族向傣族、汉族等学习了历法、手工艺、水稻种植等知识，与傣族、汉族进行了早期的贸易往来等。古歌还教导哈尼族勤劳、勇敢，用自己的双手创造美好生活。这些内容在文化部门组织的舞台展演中得到了强化，同时也对乡村的文艺队产生了重要的影响。感党恩、孝敬长辈、与其他民族和谐相处等内容是那些自发形成的文艺队表演的重要内容。

元阳县多措并举鼓励代表性传承人积极参与传承项目的展览、演示、研讨等活动，认真落实各级代表性传承人的传承经费补助工作，切实调动优秀代表性传承人积极性。在代表性传承人较集中、传承基础较好的地区，依托具有影响力和传承能力的教育机构、企业和个人工作室，设立传承点，举办各级代表性传承人培训和展演、展示活动。积极推进"非遗"进校园活动，促进学生近距离体验"非遗"、了解"非遗"，加强代表性传承人后备力量建设。鼓励个人、家庭、群体传承传统文化，通过子承父业、带徒学艺，把乐作舞、棕扇舞、烟盒舞等编成课间操走进校园，把民族刺绣纳入校本课程，借助 400 多支民族文化传承文艺队传承民族舞蹈、哈尼古歌等方式，充分发挥"非遗"集竞技性和游艺性于一体、较好传达文化信号等特点，让"非遗"在各领域焕发新活力。

三　生产性保护

2012 年，文化部从保护"非遗"的实际出发，颁布了《关于加强非物质文化遗产生产性保护的指导意见》。该指导意见指出，对"非遗"进行保护的过程中，必须以保持"非遗"的传承性、整体性以及真实性作为工作的核心，保证其相关的技艺得到有效传承，通过销售、生产等不同的手段，将其完成向文化产品或文化资本的有效转化。[1] 从该意见制定的核心来看，其注重对传统技艺的生产性保护，同时注重活态传承，这在民间文学等多种"非遗"代表性项目中同样适用，为保护"非遗"提供重要的指导意见和价值。

元阳县从 21 世纪初开始发展梯田旅游业。发展旅游依托的是壮美无比、景色秀丽的哈尼梯田，还有梯田衍生发展出的绚丽多彩的传统文化。在政

---

[1]　参见文化部印发的《关于加强非物质文化遗产生产性保护的指导意见》（文非遗发〔2012〕2 号）。

府的主导下，元阳县通过旅游开发来实现非物质文化遗产从文化资源转化为文化资本的文化再生产过程。元阳县通过对民族文化及其展示空间进行审视、筛选和加工，使民族文化不同程度地被挖掘和整理出来，并在特定的文化消费场域中得到展演，实现民族文化的经济价值。

近年来，元阳县在各部门通力合作下，开创了独特的"非遗+"模式，积极探索了"非遗"融入现代生活、旅游文创产业、公共文化服务体系的"非遗+"融合发展新模式、新路径、新渠道。"非遗+文旅""非遗+直播""非遗+乡村振兴""非遗+研学"等已成为元阳县"非遗"与文旅融合发展的亮丽名片。元阳县通过实景展演等方式坚持让"非遗"文化和传统民间文化走进现代生活，如2023年在元阳梯田举办的"开秧门"农耕文化节中，国家级"非遗"项目"哈尼哈吧"代表性传承人马建昌和李文明演唱的《哈尼古歌——春季调》，用虔诚悠扬的吟唱将哈尼族千年农耕文明娓娓道来，助力旅游发展，让游客流连忘返。

（一）"非遗"工坊

开展"非遗"工坊工作是元阳县当下开发、利用文化资源的主要方式，且已经有成功案例。尤其在传统工艺领域，民族传统手工艺对于乡村振兴具有重要的推动作用。例如，哈尼豆豉、哈尼古树茶制作技艺、哈尼腊猪脚以及蘸水鸡等，均为省级非物质文化遗产代表性项目，这些项目在市场上具有一定的需求，对当地经济的贡献显著。

元阳县攀枝花乡猛弄刺绣农民专业合作社在2023年正式成为云南省"非遗"工坊，是云南省首批省级"非遗"工坊，也是元阳县首个省级"非遗"工坊。攀枝花乡刺绣由来已久，哈尼族、彝族等各民族妇女都能自给自足刺绣，缝制衣服自用。2015年，攀枝花乡人民政府组织成立猛弄刺绣农民专业合作社，采用"党组织+公司+合作社+传承基地+绣娘"的发展模式，联合县妇联等部门，每年组织绣娘培训并选拔优秀学员到上海等地交流学习。

2020年，攀枝花乡党委政府积极争取上海东西部协作资金50万元，实施了猛弄民绣功能提升项目，引进了电脑绣花机，为刺绣产业发展注入了科技和数字化力量。建成了猛弄民绣加工传承基地，厂房面积约 300 平方米，内有缝纫机 4 台、锁边机 2 台、电脑绣花机 1 台，还建成了 1000 平方米的生产车间、360 平方米的展厅和办公楼。如今，合作社也拥有了自己的生产线，建立了标准化生产车间，以覆盖到更多的绣娘，实现了"绣娘"产品的工业流水化生产制作，以直购直销、主播带货、私人定制等多种销售方式走向市场。①

2022 年底，元阳县文旅局会同县人社局、县乡村振兴局，通过实地调查、资料审核等程序，遴选认定猛弄刺绣农民专业合作社、李氏牛牛、欧乐茶业有限公司、阿达宇酒业、朝龙古树碧玉茶厂 5 家县级"非遗"工坊，并于 2023 年 3 月，将攀枝花乡猛弄刺绣农民专业合作社成功申报为云南省"非遗"工坊。

（二）电商模式

随着数字技术下乡和乡村物流系统的完善，电商模式也逐渐走进乡村。无论是企业、合作社还是个人，电商模式的引入，大大促进了当地老百姓增收，特别是促进了一些文化产品的营销与售卖，非物质文化遗产"李氏牛牛"牛肉干等农特产品纷纷上线销售。

元阳县以"非遗"工坊建设为突破口，将"非遗"传承和利用纳入乡村振兴整体规划，通过巧妙地将非物质文化遗产与现代电子商务技术相结合，成功建立电商平台。此类"非遗"多属于民族服饰、民族工艺品、民族乐器和民族特色食品等，元阳县此举旨在全面展示这些"非遗"产品的独特魅力，为本地的"非遗"产品创造一个更广阔的市场，也为农业、文化及旅游产品的推广和品牌建设提供一个重要的交流和展示平台。

通过电商平台的运用，元阳县有效地将传统文化与现代市场需求相融合，促进了传统手工艺品和农产品的价值最大化。这种创新的市场策略不仅增强了民族产品的市场竞争力，也提升了当地文化的商业价值，进而推动了地方经济的发展。元阳县还在政策等方面予以倾斜，集聚人才、资金

---

① 资料来源于 2022 年 12 月元阳县攀枝花乡政府提供的材料。

等资源，不断丰富"非遗"的时代内涵，推动遗产变财产，为"非遗"传承和发展注入活力和动力，实现传统文化创造性转化、创新性发展。

2023年3月19日，元阳县"首届电子商务进农村网络短视频+第二场直播大赛"落下帷幕，此次大赛通过线上线下渠道开展营销推广，宣传梯田红米等农特产品，为本地名优产品进一步打通创新、高效的流通渠道，打造元阳县区域公共品牌，提高互联网对元阳经济的促进作用，助力元阳产业升级、农文旅融合发展，探索打造助企长效机制，惠及广大群众。

为了让本地的主播能更好地学习，元阳县工业商务和信息化局特邀助农主播"曲靖老村长"赵朝鹏先生及团队到元阳为本次活动助力直播。直播中，"曲靖老村长"推介了元阳的梯田红米、咸鸭蛋、牛肉干巴以及乍甸牛奶、蒙自枇杷、弥勒红酒等红河州农特产品。据悉，此次大赛线下演出4场，共有农特产、生鲜、保健、玩具、布艺等线上线下售卖展销产品500余种，20余名主播参与直播带货，线上销售金额达15万余元，线下展销销售额达20余万元。

从总体上看，文化公共服务体系的发展为非物质文化遗产传承传播不断创新、文化融合不断深入奠定了坚实的基础。比如，哈尼历史文化博物馆（红河哈尼梯田世界文化遗产管理展示中心）开馆；云南红河哈尼梯田世界文化遗产管理委员会与意大利朗格罗埃洛和蒙菲拉托葡萄园景观协会缔结友好关系，举办中意世界文化遗产的友好合作专题展览；成立贝玛文化书院；举办元阳县国家级"非遗"代表性项目"哈尼哈吧"研培会，使"哈尼哈吧"等民族文化得到创新传承；开展"送戏下乡"等文化惠民活动，使得广大群众文化生活不断丰富。元阳县依托文化节庆活动开发"体验型"民族特色节庆旅游产品，举办"云上开秧门"实景农耕文化节、元阳哈尼梯田国际越野马拉松比赛、红河哈尼梯田世界文化遗产摄影双年展、中国农民丰收节·云南元阳稻花鱼丰收节等系列节庆活动，在旅游配套方面不断完善，推动文旅体融合发展。

　　元阳县不断推进国家、省、州、县四级非物质文化遗产代表性项目名录体系建设，不断加强各级非物质文化遗产代表性传承人的认定和管理工作，积极争取国家级非物质文化遗产保护项目和代表性传承人的经费补助。通过民族传统节日、文化和自然遗产日，组织开展原汁原味的"哈尼哈吧"展演和传唱活动，对"祭寨神林""矻扎扎节"等节日活动进行资助。进行传承培训，培养传承保护人才，完善传承基地建设，并且通过"非遗"数字化、"非遗+旅游"、电商等方式推动民族文化经济价值的实现。加大宣传力度，使哈尼梯田农耕文化成功走出元阳、走出云南，甚至走出国门，站上世界的广阔舞台，向国内外展示哈尼梯田农耕文化的魅力。在这一过程中，许多文化拥有者的内在活力被激活，当地村民也产生出对传统文化的热爱，并开始主动寻找新的传承方式，尤其是积极探索传统文化与经济发展相结合的办法。

　　在中国式现代化进程中，"非遗"文化是中华优秀传统文化的重要组成部分，保护好、传承好、利用好非物质文化遗产，对于繁荣发展文化事业和文化产业、深化文明交流互鉴、推进文化自信自强具有重要意义。哈尼梯田文化是千百年来人们在梯田生产生活中创造、发展的物质财富和精神财富的总和。讲好哈尼梯田故事，要不断深化对哈尼梯田文化内涵的认知，着重挖掘其中蕴含的天人合一、和谐共生的智慧理念，尊重规律、自强不息的奋斗精神，守望相助、手足情深的中华民族共同体意识，开放包容、美美与共的文化态度。要使其与新发展理念、社会主义核心价值观相融合，把哈尼梯田打造成中华优秀传统文化的传承创新示范区。

　　坚持把马克思主义基本原理同中国具体实际相结合、同中华优秀传统文化相结合是中国共产党百年奋斗得出的历史经验总结，也是取得百年辉煌成就的密钥，蕴含着丰富而深刻的思想内涵。传承文化从来都不意味着固守过去，而是要在尊重和保留民族文化的基础上，赋予其新的时代内涵，使其能够适应现代社会的需求和发展。在中华优秀传统文化的传承与发展过程中，保持非物质文化遗产的真实性、整体性和传承性，并以此为核心，在以有效传承非物质文化遗产技艺为前提的基础上，借助生产、流通、销售等手段,将非物质文化遗产及其资源转化为文化产品的保护方式是中华优秀传统文化创新性发展的重要路径。基于非物质文化遗产而进行的传统文化创新性发展,不仅可以创造新的文化风尚,同时也为诸多非物质文化遗产的资源转化带来新的生机与活力。

第四章　超越原初丰裕

　　共同富裕是中国特色社会主义的本质要求。要想实现共同富裕就必须走中国式现代化的发展之路。西方人类学家萨林斯曾经说过，"实现丰裕有两条可行的路径。要么生产多些，要么需求少些，欲求便能'轻易满足'"，① 采取生活在较低水平下的方式来达到丰裕大致是部分西方学者对于发展中国家的一种期待。这当然是不符合发展中国家的利益的。显然，依靠降低欲求从而获得满足的丰裕与依靠调整生活方式从而获得低福利的丰裕，都不是中国全体人民共同富裕的目标所追求的。要实现中国式现代化的共同富裕，必须超越原初丰裕。

　　"我国一个半世纪的现代化探索历程表明，马克思主义基本原理与中华优秀传统文化相结合的社会主义现代化提供了人口规模庞大的发展中国家成功走向持续繁荣发展道路的典范，推动各地区各民族共同走向社会主义现代化，开辟了解决民族问题的正确道路。"② 实现共同富裕是我国人民千百年来的梦想，生活在红河南岸并在哀牢山南段山脉上创造了世界文化遗产的各族人民也已开展轰轰烈烈走向真正丰裕的探索。

　　在赢得脱贫攻坚战的胜利后，结合现实条件赢得新的发展、将祖先留下的光辉遗产进行价值转换、扎实做好乡村振兴工作，成为坐拥世界文化遗产哈尼梯田的元阳县的要务。在生产和消费都已经是世界性的时代，"民族的片面性和局限性日益成为不可能"，取而代之的是"各民族的各方面的互相往来和各方面的互相依赖"。③ 哈尼族、彝族等各民族的先民们开创的

---

① 马歇尔·萨林斯：《石器时代经济学》，张经纬等译，生活·读书·新知三联书店，2019，第 7 页。

② 何明、周皓：《以中国式现代化全面推进中华民族共同体建设》，《思想战线》2023 年第 6 期。

③ 《马克思恩格斯选集》（第 1 卷），人民出版社，2012，第 404 页。

世界文化遗产能够在新的历史条件下发挥更加重要、更加多元的作用，是元阳县超越原始丰裕实现真正富裕的重要任务。正是在这样的背景下，发展哈尼梯田旅游作为元阳县各族人民在追寻共同富裕道路上做出的尝试而熠熠生辉。

第一节　发轫与瓶颈

"迄今为止，一切生物都创造了超出自身之外的东西。"① 人类在漫长的历史长河中，通过自身的努力创造了诸多超出自身之外的东西。位于云南省红河哈尼族彝族自治州的哈尼梯田是西南边疆山区各族人民共同奋斗、共同创造的伟大杰作。哈尼梯田是我国第 45 项世界遗产。"大地的景观从来都不仅仅是一种自然地理现象，人与自然、人与人的关系在景观当中得到了充分的体现，社会的发展也必然形塑着大地的景观。"② 生活在当地的哈尼族、彝族等各民族先民因地制宜，随山势地形变化在海拔落差 1000 多米的山坡上开垦梯田，最多之处达 3000 级。若选择《蛮书》第七卷"云南管内物产"中"蛮治山田，殊为精好"的记载作为依据倒推，③ 普遍使用三尺犁耕种的哈尼梯田确实会如同当年专家们推测的那般，具有至少 1300 年的历史。无论如何，历经漫长岁月的积累与雕琢，哈尼梯田逐渐成了人们本质力量在大地上的显现。

一　哈尼梯田的无闻与扬名

春风吹拂后万物苏醒的甜美，夏雨倾注后水墨氤氲的唯美，秋收忙碌中物产殷实的醉美，冬日暖阳下色彩斑斓的壮美，所有这些都是初抵哈尼梯田的游客们在不同时节中最容易捕捉到的一帧帧精美的大地景象（见

---

① 尼采：《查拉图斯特拉如是说》，孙周兴译，商务印书馆，2023，第 7 页。
② 郑佳佳：《世界文化遗产哈尼梯田景观标识的人类学考察》，《云南师范大学学报》（哲学社会科学版）2017 年第 4 期。
③ 樊绰：《云南志校释》，赵吕甫校释，中国社会科学出版社，1985，第 256 页。

图 4-1）。哈尼梯田不光是先民创作的大地雕塑，更是承载着沉甸甸的希冀。不论是站在田埂上俯瞰稻田还是仰望星空，游客们都能更好地领略到这片奇特土地上曼妙非凡的四季轮回，能够在赞叹前人生态智慧时洞见他们的坚韧不拔，或许，来过哈尼梯田的人们也会更加了解饭碗中每一粒粮食的来之不易。

图 4-1　夏日傍晚的哈尼梯田与冬日清晨的哈尼梯田

资料来源：调查组拍摄，左图为 2023 年 7 月拍摄，右图为 2023 年 12 月拍摄。

事实上，哈尼梯田作为奇景的名声与外来他者不无关系。尽管樊绰的笔触可能在不经意间创作了一幅千百年前哈尼梯田的临摹画像，尽管他者关于哈尼梯田的文字记录至少可以追溯至 19 世纪末期，[①] 但是，哈尼梯田真正为更多的世人所知却源自 20 世纪 80 年代。这一时期，《大公报》等媒体的报道使哈尼梯田获得了关注。"为了弘扬哈尼族优秀传统文化，推动哈尼族文化研究的深入开展，加强国内外学者的学术交流，促进边疆民族地区的改革开放"，[②] "首届哈尼族文化国际学术讨论会"于 1993 年 2 月在红河州召开。此次会议由云南省知名神话学家李子贤教授发起，由云南大学和红河州民族研究所主办，元阳县罐头厂是协办单位之一，日本、美国、法国、瑞典、泰国、荷兰、德国、波兰以及来自中国海峡两岸的百余位学者展示了当时哈尼族文化研究的进展，涉及哈尼族文化的总体特征以及哈

---

① 法国人亨利·奥尔良 19 世纪末期由东南亚进入云南，旅途中发现沿着山形层层铺开的梯田是一件名副其实的艺术品，参见亨利·奥尔良《云南游记：从东京湾到印度》，龙云译，云南人民出版社，2001。
② 《哈尼族文化国际学术讨论会即将举行》，《思想战线》1992 年第 5 期。

尼族的族源、历史、语言、民俗、宗教、文学艺术等多个主题。会议主办方还将所有提交的论文汇编成册并公开出版。① "首届哈尼族文化国际学术讨论会"是全世界研究哈尼族学者的盛会,会议的召开进一步使哈尼梯田进入了全球研究者的视野。

哈尼梯田的名扬天下来之不易。1993 年 3 月,山水专题片《山岭的雕塑家》拍摄完成,这部纪录片后来在欧洲上映时引起了世界级的轰动,哈尼梯田从此也获得了外界的更多关注。元阳县自 20 世纪 90 年代对外开放以来,不断迎来世界各地的游客。在很长一段时间里,或许是因为被本国独立制片人杨·拉玛(《山岭的雕塑家》拍摄者)捕捉的精彩镜头所吸引,也可能是因为被拉玛和他妻子在田棚里举办的浪漫婚礼所打动,法国游客占了外国游客的多数,元阳县曾经的县城所在地新街镇的某星级酒店多年来一直都是接待法国游客的重要场所。老虎嘴梯田景点外介绍杨·拉玛及其纪录片的标识牌也成为法国游客驻足拍照的热门地点。直至哈尼梯田申遗成功后,来自其他欧洲国家的游客数量才逐步攀升。②

哈尼梯田在海外尤其是欧洲日益闻名,不同的是,国内广大地区则在很长一段时期里对哈尼梯田缺乏基本的认识和了解,以至于这个深藏于祖国西南边疆山区里的瑰宝显得如此"名不见经传"。"如果你是驴友,你不到元阳,元阳会替你感到难过;如果你是摄友,你不到元阳,老天也会替你感到难过。"虽然坊间流传着这样一种说法,但早年间游走在哈尼梯田的是以摄影爱好者为主的游客。至今,梯田景区环线上仍然分布着数家主供"摄友"居住的旅馆,这样的景象昭示着摄影爱好者依然是游客中不可忽视的一部分。当民众生活水平日渐提高,人们对以世界文化遗产以及非物质文化遗产为代表的传统文化事象的兴趣有所提升,不断有来自世界各地的各色游客前往哈尼梯田腹地一睹千百年来人们创造的奇迹。

一组数据或许能更好地揭示元阳县哈尼梯田旅游业的发展。2001 年,元阳全县共接待国内外游客 8.21 万人次;2015 年,全县共接待国内外游

---

① 李子贤、李期博主编《首届哈尼族文化国际学术讨论会论文集》,云南民族出版社,1996。
② 资料来源于元阳县文化和旅游局提供的材料。

客 159.16 万人次，其中国内游客 153.55 万人次、海外游客 5.62 万人次。①
2019 年，元阳县全年接待国内外游客 430 万人次，较之 2018 年的 387.51 万
人次增长 10.97%；旅游业总收入 73.33 亿元，较之 2018 年的 67.20 亿元增
长 9.11%。②

　　除此之外，元阳县公路的修建也表征着哈尼梯田过去少有外人进入的
情况正在改变。红河州南部长期没有修建高速公路的历史随着 2021 年元蔓
高速的通车以及 2023 年建（个）元高速的全线通车而落下帷幕。截至 2021
年底，元阳县投资 14.21 亿元建成通乡（镇）公路 213.58 公里、通建制村
公路 151.55 公里、通自然村公路 1014.4 公里和建设农村公路安全生命防护
工程 1217.54 公里，全县境内公路通车里程达 4036 公里，乡（镇）、建制村
公路硬化率达 100%，自然村公路通达率达 100%、公路硬化率达 95.5%。
截至 2022 年，计划总投资 23.66 亿元的元阳民用机场获国务院、中央军委
立项批复；普洱至蒙自铁路通过可行性研究报告；建（个）元高速公路建
成通车，元绿高速公路建设稳步推进；计划总投资 104.68 亿元的红河南部
（元阳）综合交通枢纽项目前期工作全面启动；元阳县投入 1.6 亿元实施农
村公路提质改造 125.6 公里，新建 37.8 公里。③ 相比起 2008 年整个元阳县
的交通仅有贯通南北的 100 公里三级路面，④ 元阳县交通状况的极大改善为
外来者的进入提供了便利。

　　然而，在这些可喜的数字背后，却存在着令人无奈的状况。诸多旅游
业从业者是如下理解的：

　　　　新冠疫情的出现及相关管控措施的执行使得全球旅游业几近停摆。
随着 2022 年 12 月 7 日国务院出台了进一步优化落实新冠疫情防控的十

---

① 资料来源于元阳县文化和旅游局提供的材料。
② 《2019 年元阳县政府工作报告》，元阳县人民政府门户网站，2020 年 4 月 1 日，https://
　www.hhyy.gov.cn/info/3141/308731.htm，最后访问日期：2023 年 7 月 24 日。
③ 资料来源于元阳县政府办公室提供的材料。
④ 郑佳佳：《作为文化的标识：哈尼梯田景观符号研究》，中国社会科学出版社，2023，第
　39 页。

条措施，整个中国社会开始向常规状态逐步回归，旅游市场再度恢复活力。疫情防控期间各地都抓紧时间进行旅游设施的升级换代，元阳县也不例外。但仅拿2023年暑假来说，前往元阳的游客显然远远少于大理等其他热门旅游目的地。哈尼梯田自申遗成功到现在也已经10多年了，可是即便人们听说过梯田并且也听说过梯田非常了不起，仍然很少有人选择到访。难怪这些年大家流传着这样一句话，元阳是"捧着金饭碗要饭"。既然没有高铁通往元阳，那么那些自驾游客就成为元阳努力争取的客源。自驾游客无论是从普洱、西双版纳方向玩回来还是从昆明往弥勒、建水方向游玩，其实都可以从元蔓高速或者建（个）元高速前往梯田。可是，从业者自家掌握的数据却并非如此体现，2023年暑假的游客数量不但不能实现像大理等地一样的同比增长，甚至都不能和去年持平。所以，旅游主管部门非常有必要将更多游客引导过来。①

不难看出，哈尼梯田在名声大振的同时又逐渐陷入尴尬的境地。梯田旅游无法创造更多商机、无法制造更多经济利益，起码，梯田旅游的"热度"还远未达到从业者们的心理预期。

事实上，由于"全面建设社会主义现代化国家，最艰巨最繁重的任务仍然在农村"，将"在促进农业农村全面进步和农民全面发展等方面具有重要作用"的乡村旅游作为重要抓手做好乡村振兴工作，对"推动乡村高质量发展、保障农民主体地位、丰富人民精神世界、增进乡村民生福祉和推动乡村绿色发展"，具有非常重要的意义。遗憾的是，同质化问题严重等依然是我国乡村旅游发展实践中的突出短板。② 对于哈尼梯田而言，梯田独特的景观以及这些景观所蕴含的带有哈尼族、彝族、傣族、壮族等不同民族色彩的文化内涵决定了在哈尼梯田开展的旅游活动不易于陷入当前我国乡

① 资料来源于2022年11月至2023年7月对多位旅游从业者的访谈。
② 宋瑞、刘倩倩：《中国式现代化背景下的乡村旅游：功能、短板与优化路径》，《华中师范大学学报》（自然科学版）2024年第1期。

村旅游中较为突出的同质化严重这一困境。然而，拥有丰富旅游资源的哈尼梯田依然存在种种瓶颈。探索哈尼梯田旅游资源的日渐丰富以及梯田旅游面临的重重困难对于理解中国式现代化背景下的哈尼梯田发展非常重要，对于更好地推进中国式现代化工作具有重要意义。

二　资源的丰富与开发的瓶颈

自元阳县旅游业的推进得到高度重视以来，第三产业在全县生产总值中所占的比重得到快速提升。自 2000 年开发旅游业以后，哈尼梯田游客数量从 2001 年的 8.21 万人次飙升到 2018 年的 387.51 万人次。元阳县财政总收入于 2008 年首次突破 10 亿元大关，全县实现生产总值 151022 万元，其中第三产业总值占全县生产总值的 39.6%。[①] 至今，元阳县已经充分认识到应当利用好哈尼梯田并将其作为主要的旅游资源。总体上，元阳县按照"保护世界文化遗产，展示哈尼梯田风光，传承优秀民族文化，创建国际精品文化旅游品牌"的发展思路，以"红河哈尼梯田文化"为主题，以着力把元阳县建设成红河州的旅游品牌、打造成国内外知名的旅游胜地为目标，大力加强旅游基础设施建设，加大对梯田生态资源的保护力度。

元阳县旅游资源的发展变化是一部梯田与世界互动的"变迁史"。"对哈尼梯田内部的知识进行外部化表述，事实上也是为众多地方知识提供碰撞、交流与对话的机遇。"[②] 自元阳县面向国内外游客开放以来，哈尼梯田"玩法"的变化可以说是相当缓慢的。早期，游客以拍摄梯田风光、观赏四季梯田景观以及游玩民俗村落为主要的娱乐方式，至今，梯田景观以及民族村寨依然是元阳县最基础的旅游资源。自 2013 年以来，元阳县负责旅游管理的政府部门认真思考梯田核心区旅游发展策略。旅游业的特色不鲜明、亮点不闪耀、品牌不突出，都是过去很长一段时期以来元阳县急需解决的

---

① 《2008 年元阳县情概况》，元阳县人民政府网，2010 年 6 月 8 日，https://www.hhyy.gov.cn/info/1081/330261.htm，最后访问日期：2023 年 8 月 9 日。

② 郑佳佳：《景观呈现与知识生产：以哈尼梯田为中心的讨论》，《原生态民族文化学刊》2019 年第 4 期。

难题。① 元阳县人民政府曾委托设计公司对元阳县的旅游做发展规划，按照《红河州元阳县旅游发展规划（2008—2025 年）》，元阳县从资源片区的角度明确了元阳县旅游资源片区的开发方向。在这种规划思维中，整个元阳县的旅游资源可分为中部、北部、东部、西部四个片区。中部为哈尼梯田文化休闲度假旅游区，主要资源为多依树等几个知名梯田片区、国家湿地公园、箐口民俗村、勐弄司署旧址等；北部为冬季度假旅游区，主要资源为干热河谷气候、热带水果园、温泉、傣族农家乐等；东部为森林生态旅游区，主要资源为元阳观音山省级自然保护区、大坪金矿；西部为风情旅游区，主要资源为哈播长街宴、藤条江等。② 四个片区总体上以梯田观光、遗产旅游、民族村寨旅游、民族文化风情体验为主要开发方向。

可以说，类似的规划并不少，规划中的"雄心壮志"也是随处可见。依托现有资源进行旅游开发的希冀不仅限于州、县两级的规划，元阳县新街镇和攀枝花乡也对如何吸引游客有自己的理解，即便是行政村一级的组织也积极踊跃地想要抓住机遇借助开发旅游推动乡村发展。比如国家级非物质文化遗产代表性传承人朱小和所生活的硐浦村就有这样的规划——"根据硐浦村的区位交通、资源优势等情况，行政村发展的总体目标是立足现有农田、生态、村落等乡村资源，依托地理区位优势，按照规划要求，保持硐浦村的生态空间总量不减、耕地质量有所提升、永久基本农田总量不变，村庄以环境整治为根本，以民族文化体验旅游、稻鱼鸭种养、高端水果、高山野菜种植、优质畜禽养殖为重点，将硐浦村打造成为以高原特色有机产业为龙头，集人文历史、旅游观光、产业生产和原生态体验等于一体的美丽乡村"。③ 再以牛角寨镇脚弄村为例，由于特殊的地理区位，脚弄村在《元阳县哈尼梯田保护与发展规划》中被列为旅游大环线上的服务节点，同时也是元阳哈尼梯田机场通往坝达、多依树、老虎嘴等梯田核心区路上的重要站点。这样的区位使得牛角寨镇政府和脚弄村村委会都对脚

---

① 马翀炜等：《哈尼梯田与旅游发展》，云南人民出版社，2020，第118页。
② 资料来源于元阳县文化和旅游局提供的材料。
③ 资料来源于中国乡村社会大调查（元阳组）对硐浦村的乡村振兴调查报告。

弄村的未来发展寄予厚望，大家都坚信，脚弄村不仅会成为元阳县与外界人流、物流连接路途上的核心，还可以借助新机场的开通和新道路的修建等进一步突出自身的区位优势，从而使得其在农业发展、观光旅游、对外交流和产业革新等方面获得全新的优势和契机。① 在大家的通力合作下，硐浦村和脚弄村未来或许可以成为吸引游客前往体验现代乡村旅游的新热点，但就目前的情况看，距离这一目标的实现确实还有相当长一段路要走。

与此同时，哈尼梯田景区的管理机构不断经历更迭，先后由云南世博元阳哈尼梯田文化旅游开发有限责任公司、云南哈尼梯田旅游文化开发运营有限公司负责梯田景区的管理与经营。当前，创建 5A 级旅游景区、打造世界一流"健康生活目的地"和世界一流"绿色食品牌"等已经被列为景区的近期攻坚目标。② 景区管理公司当然也不断推出各类规划，旨在利用梯田旅游的资源禀赋形成更具可行性的开发建设方案。然而，申遗成功以来，旅游产品种类少、层次低、标准不高、创收能力不强却仍然是元阳县未能很好解决的难题。

如何留住客人、如何让客人玩得开心、如何让客人更好地领会梯田的魅力和遗产的价值仍然是元阳县当下需要不断努力探索的重要现实问题。梯田无疑是好看的，但如何让梯田变得好玩、如何形成极具特色的梯田旅游资源需要元阳县的旅游业从业者不断思考答案。近年来，哈尼梯田新推出了梯田捉鱼、梯田徒步、梯田旅拍等旅游产品，这些产品受到了游客的欢迎，已建成的自驾营地以及即将建成的露营基地都在一定程度上吸引了大家的关注。然而，元阳县旅游资源的探索、旅游产业的发展却并非一帆风顺。下面本节将从旅游的六大要素"吃、住、行、游、购、娱"中最突出的"吃"的方面对梯田旅游资源加以分析。

一直以来，对于进入哈尼梯田旅游的游客来说比较头疼的问题就是"在哪里吃""吃什么"。2023 年 8 月底，多依树下寨村新开张的一家餐厅的负责人表示，他们最大的优势就在于能够有效解决游客进村后"吃"的

① 资料来源于中国乡村社会大调查（元阳组）对脚弄村的乡村振兴调查报告。
② 资料来源于云南哈尼梯田旅游文化开发运营有限公司提供的材料。

问题。该负责人同时还经营着两家精品民宿，但仍然认为餐厅创收的潜力有可能远远大于民宿，因为在过去较长一段时间的观察中，他们发现很多进入多依树的游客被村子的大名所吸引，但游客在入村游玩后很难找到地方吃饭。

"在哪里吃"成为元阳县首先需要解决的问题。按照《红河州促进全域旅游发展的实施方案》的精神，[1] 元阳县对全县境内的农家乐、乡村客栈等进行定级评价，并以此作为带动元阳梯田景区旅游餐饮业发展的重要推手。以最早作为文化生态旅游村得以建设的新街镇土锅寨村大鱼塘村为例，在县政府各类相关政策的激励下，截至 2018 年，大鱼塘村村内共开设了 6 家农家乐（其中含哈尼饮食文化传承中心等两家红河州五星级乡村客栈）。游客们表示，大鱼塘村紧邻着梯田景区环线旅游公路，便利的交通状况使他们愿意选择在这里品尝哈尼美食。可是，哈尼梯田是一片较大的区域，单单靠一个主打民族餐饮的民俗村远远不能满足在梯田景区四处游走的游客的需求。

多增加一些供游客就餐的地方非常现实。县里多次组织相关培训以壮大餐饮队伍的力量，如 2017 年 4 月，州、县两级的专业人才就曾被邀请前往梯田景区专门针对当地已经从事以及有意从事餐饮业的村民开展"精准扶贫及劳动力专业技能（家庭餐制作）培训"。各类培训的推出以及哈尼梯田的吸引力在一定程度上促使不同景点或多或少开设了餐厅。虽然吃的地方是有了，但口味单一、菜品质量不高、高油高盐等问题也是存在的，加之相关的宣传和推广的缺位，大多游客最终还是倾向于自带方便食品而不是"冒着风险"随便选一家餐厅就餐。截至 2023 年 10 月 3 日，根据第三方消费点评网站"大众点评网"相关应用的数据，哈尼梯田景区评分在 4.0 分以上的餐厅仅有 5 家，其中完全由当地人经营管理的餐厅仅 1 家。其实，游客在旅行中未必会一味选择那些完全没尝试过的饮食，他们的家庭饮食

---

① 《红河州人民政府办公室关于印发红河州促进全域旅游发展的实施方案的通知》，红河州人民政府官网，2019 年 10 月 24 日，https://www.hh.gov.cn/info/10831/633862.htm，最后访问日期：2023 年 10 月 5 日。

习惯也很可能影响着旅行中的消费决定。[①] 当下，越来越多的人注重饮食健康，这样的惯习使得游客哪怕想要品尝哈尼族特色饮食却大多也只是"浅尝辄止"，更何况游客的饮食行为还未充分引起当地旅游产业的重视和尊重。

因此，游客在哈尼梯田品尝到真正意义上的哈尼美食就更是难上加难。哈尼梯田以生物多样性著称，元阳县当地的餐厅因提供品种繁多的野菜，供应在世界遗产梯田中种养的梯田红米、梯田鸭蛋、稻花鱼以及蘸水鸡、哈尼豆豉煮泥鳅、清汤牛肉等地方菜而小有名气。当地政府也非常希望外面来的游客能品尝到这些"原生态"的味道，因此也曾对县里比较知名的餐厅提出到景区提供餐饮服务的建议，其中，提供灵活简便的小规模长街宴是最多次被提起的应对办法。然而，那些颇有经验的餐饮人士却认为，梯田景区的游客过于分散，除非政府打造一个相对集中的集散地，否则无论再怎么琢磨长街宴的菜品、无论怎么优化工序节约人力，只要每天的销售额有限，这样的尝试注定失败。[②] 世博公司曾在多依树景区餐厅推出长街宴，并且在组织不同规模的长街宴时邀请哈尼歌手吟唱哈尼古歌、邀请哈尼族和彝族妇女表演祝酒歌等，但由于这样的服务更多是定制式的，难以满足游客的随机需要。

此外，由村民自己经营的餐厅，其营业时间还有非常显著的不稳定性。因亲戚家里举办红白喜事而需要暂时停业的情况并不在少数，但真正影响了游客对哈尼梯田旅游服务评价的还是很多餐厅竟然在一年里的大多数时间是停止营业的。在阿者科村就有至少两家餐厅仅在春节假期的旅游旺季经营，其他时间餐厅的主人全家都在外地务工。因而，且不说提供哈尼美食的道路困难重重，就连确保游客不会因根本找不到吃的而饿肚子都成为难以解决的问题。[③] 这显然与"世界文化遗产"的重量级名片等光环格格不入。当然，哈尼梯田景区的餐饮业也并非完全没有成功的案例。田野调查

---

① Saerom Wang, "A Conceptualization of Tourists' Food Behavior from a Habit Perspective," *Sustainability* 3（2023）: 2662.

② 资料来源于 2021 年 9 月至 2023 年 7 月对多位旅游从业者的访谈。

③ 根据新街镇爱春村村委会某工作人员的说法，2022 年春节期间他就多次遇见了找不到饭吃的游客，他就邀请游客到自己家里吃饭。

揭示，一些在梯田实景中露天就餐的创意餐厅还是很受游客的青睐的，此外，主打"火塘烧烤"等特色美食的餐厅也成为游客们慕名"打卡"的地方。只不过，实景西餐等因其消费门槛较高并不能成为广大游客的消费选择。就这个意义而言，元阳县依然需要在"吃"的问题上下大功夫。帮助游客"在舌尖上品味梯田"确实是一项亟须创新的重要工程。

"吃"的问题非常具有代表性地反映了当前元阳县各类旅游元素的发展现状与瓶颈，元阳县并非没有丰富的旅游资源，然而，其未能很好地对这些资源进行创新性转化进而无法对哈尼梯田旅游进行创造性发展，这就必然使其成为制约当地政府及民众获得更长远发展的关键。

贯穿梯田旅游资源发展变化这部"变迁史"之中的，是当地政府以及当地村民对哈尼梯田价值及其转化路径的认知变化。梯田旅游资源的发展不仅意味着旅游业应当带来巨大经济利益，也意味着梯田的深刻文化内涵应当获得价值转换。随着当地政府稳步推进巩固拓展脱贫攻坚成果同乡村振兴有效衔接，元阳县委、县政府和乡镇等都坚信梯田旅游能够为元阳乡村长期发展注入动力。《四季生产调》和"哈尼哈吧"等多个文化事象被评定为国家级、省级非物质文化遗产更促使当地旅游主管部门认定这些丰富的民族文化资源能够转化为旅游资源，并带来客观的社会影响与经济收益。

在梯田景区的游览中融入多彩的哈尼民俗文化成为潮流。哈尼梯田留存至今，主要是得益于当地人以适宜自己的方式来生产生活，因此哈尼梯田文化景观的价值与意义得到联合国教科文组织的高度肯定。在全球化快速发展的背景之下，若想保留人类文化的多样性和丰富性，那么，非物质文化遗产保护所针对的不应是遗产本身，而是当地人因地制宜的生活方式。更进一步地说，被保护的应是这里各族人民在千百年来的农耕劳作中形成的一系列特有的丰富的民俗文化。民俗起源于人类社会群体生活的需要，民俗文化即民间民众的风俗、生活习惯的总和，指向意义的生成以及认同的构建。① 19世

---

① Sally Everett, Denny John Parakoottahill, "Transformation, Meaning-making and Identity Creation through Folklore Tourism: The Case of the Robin Hood Festival," *Journal of Heritage Tourism* 1 (2016): 30-45.

纪中叶英国学者威廉·汤姆斯（W. J. Thomas）首创"民俗"（Folklore）一词，"lore"意指"知识"，这一定义道出了民俗就是知识的根本属性。自此以后，民俗的内容及价值日渐获得更多关注。世界范围内民俗向"非遗"的概念转换意味着知识图式的转变。① 而不论关于"民俗"的说法如何多样，可以确定的是，"非物质文化遗产就是民俗，即民众的知识"，而且"民俗就是人类对物质世界以及精神世界探索的结果的总和——知识的一种"。② 在这样的背景下，哈尼族丰富的民俗文化价值不仅得到了重视，体验民俗也成了进入元阳进行梯田观光的游客喜闻乐见的重要旅游项目。

　　然而，民俗文化向旅游资源转化并非易事，常伴随着意外结果的出现。游客集中的地方（如哈尼小镇、多依树）也很可能是哈尼族传统文化中负责祭祀的专门人员表演的地点。可是，当这些原本为哈尼族村寨服务的人员成为更多为游客表演祈福等事象的人员时，村寨原有的凝聚力也面临着危机，这一角色带有的神圣性的消解可能导致更深层次的"原子化"。与此同时，各类国家级、省级非物质文化遗产代表性传承人所扮演的角色也在所谓的价值转化大潮中被形形色色的旅游项目甚至旅游商品所解构，结果可能是他们在获得一小部分经济利益的同时，其所表征的代表性项目以及他们自身却被较低水平地消费着。"抖音""快手"等网络平台的流行使一些熟悉传统民族文化的村民拥有了保存民族文化资源、传播文化资源甚至从中获得相应利益的渠道和机遇。但也有可能存在一些商业人士借机以非常低廉的、不合理的价钱聘请虚假的传承人协助其进行网络销售，造成被歪曲的民族文化在网络上传播的乱象。比较恶劣的情况下，国家级、省级代表性传承人的相关知识产权会在不同程度上遭到侵害。

　　哈尼族村寨在传统节庆时开展的民俗活动对于游客而言是非常具有吸引力的，村民们举行的与农耕礼俗相联系的祭水、祭田和"祭寨神林"之类的传统祭祀活动逐渐成了游客理解梯田文化和民族文化的重要"窗口"，

---

①　Kristin Kuutma, "From Folklore to Intangible Heritage," in William Logan et al., eds., *A Companion to Heritage Studies* (New Jersey: Wiley-Blackwell, 2015), pp. 41-54.

②　马翀炜：《知识谱系的构建与人类智慧的分享：聚焦中国边境地区非物质文化遗产》，《思想战线》2019年第4期。

然而，这些重要活动逐渐式微，这使得民俗文化向旅游资源转化的进程严重受阻。在元阳县的第一张民俗旅游村名片——箐口村①中，这些传统习俗活动已经很少能看到了，因为一些仪式需要由村寨中德高望重的"咪谷"来主持，而现在村寨中又难以选出"咪谷"，箐口村也就暂停了各种祭祀活动的开展。由于这样的活动已经暂停了多年，现在箐口村甚至都看不到哈尼族村寨中的重要标志磨秋和秋千了。尽管以各类祭祀活动为核心内容的"祭寨神林""矻扎扎节"都已经先后被列为国家级非物质文化遗产，尽管这样的有利条件已经使元阳县具备了大大优于其他同类或处于同等情况县市的旅游资源基础，但如果各村寨依然连仪式的主持者都无法选出、如果那些标识性的符号在更多的村寨里消失，那么这里的民俗文化就不能十分顺畅地助力哈尼梯田旅游业的发展。

"人类文化多元性存在使得文化产业只能以民族文化产业的形式获得理解"，经济性、文化性以及民族性是民族文化产业的三大特点。② 发展哈尼梯田旅游业，特别是探索哈尼梯田旅游资源的开发利用，需要考虑文化性和民族性，尤其需要兼顾其经济性或者说产业性。不难看出，在将民族文化资源转化为旅游资源的过程中，挖掘其文化性和民族性极为重要，但促使其形成产业以充分表达经济性是以更系统、更细致、更全面、更专业的行动和探索为前提的。近年来，民俗文化的当代价值得到了较为充分的认可，③ 民俗文化在推动文化事业和文化产业发展方面的价值被重点关注，学界不断发出重视民俗文化的价值及其价值转化的"呼声"。元阳县文化产业尤其是旅游业发展的关键就在于对旅游资源的开发和利用应尽量突出文化性、民族性和经济性并使三种特性能够彼此结合、相互促进。从更长远的角度而言，发展梯田旅游以助力乡村振兴是元阳县的必由之路，确保各类文化事象在旅游业的前进中实现健康发展也将是重中之重。

---

① 箐口村位于元阳梯田景区入口处，是游客进入梯田核心区的必经之站。
② 马翀炜、晏雄：《文化人类学视野中的文化产业》，《思想战线》2010年第5期。
③ 民俗价值表现在"人类个体生活层面的规范性价值""作为地方认同、民族认同和国家认同的意识基础价值""完整反映人类知识谱系的价值"三个维度上。参见王德刚《民族文化的当代价值——基于民俗学者深度访谈与文献对读研究》，《民俗研究》2019年第2期。

三　擦亮文化名片

"名片未被擦亮""捧着金饭碗要饭"正在成为元阳县地方政府、旅游业从业者及相关人员对梯田品牌的共同认识。哈尼梯田的"名片"非常多，不仅是全球重要农业文化遗产，是全国重点文物保护单位，是国家级湿地公园，还是"绿水青山就是金山银山"实践创新基地。诸多荣誉不仅将哈尼梯田的保护与传承提升到了至高地位，也促使哈尼梯田走上了品牌化道路。

品牌化早已成为发展的一条重要道路，哈尼梯田的品牌化也具有其目的性。由于目标能够引导行为，因此每种社会体系都需要目标。目标给予行为以方向。问题在于，人们如何获知目标的来源，如何知道它是否正确。没有目标不行，但在目标建构的过程中，单纯地自我推介只会最终导致反复，循环无结果。无论用何种方式理解"品牌"，都会遇到确定目标的问题。这也就意味着如何让品牌的成功一般化，成为将品牌成功的一般性知识普遍化的品牌社会学的中心问题。[①]　其实，哈尼梯田迈上品牌化道路并不是新近发生的事情。早在 2000 年，红河州就专门组建了世界遗产申报机构，元阳梯田成功申遗就是梯田品牌化道路的早期探索成果。发展至今，哈尼梯田已经获得了世界文化遗产、全球重要农业文化遗产、国家湿地公园等众多"高含金量"的名片，然而，集诸多光芒与头衔于一身的哈尼梯田常面临着"名片未被擦亮"的突出问题，这样的现象不仅可以在外地游客对哈尼梯田旅游业不够高的评价中可见一斑，而且也在当地政府工作人员的自我反思中广泛流传。仅仅意识到问题的存在还不足以解决问题，问题的解决需要大家于现状中见微知著，深刻了解问题的根源。

人们有"名片未被擦亮"这样的想法是因为对哈尼梯田何以赢得这些名片、哈尼梯田的真正特点没有清楚的认识。世界遗产委员会国际古迹遗址理事会向联合国教科文组织出具的世界遗产提名报告中，红河哈尼梯田

---

① 凯-乌韦·黑尔曼：《品牌社会学》，吕律、张雪译，上海三联书店，2019，第 21~22 页。

位于元阳县。具体而言，被提名的遗产项目是指分布在麻栗寨、大瓦遮、阿勐控三个流域河谷内的坝达、多依树和老虎嘴梯田。由于潜在地质特征不同，这三片梯田的特征也各不相同。坝达梯田坡度平缓，多依树梯田坡度较陡，老虎嘴梯田坡度最陡。在这些区域中，覆盖率达 50% 的森林、水和灌溉渠道（沟渠）、梯田与农耕实践、村寨以及与稻作相关的传统习俗等彼此间紧密结合，形成了一个整体的景观。关于村寨以及与稻作相关的传统习俗的介绍中，"咪谷""摩批"等相应祭祀仪式的主持人也均被提及。可以发现，联合国教科文组织对哈尼梯田重要景观元素的表述与后来比较通行的"森林-村寨-梯田-水系"四素同构的说法有一定的差异，生活在梯田之上的人的农耕实践以及他们传承着的相关习俗在后者中被"隐去"。

仅仅停留在从字面意义上理解世界文化遗产这一阶段，极大地限制了元阳县对哈尼梯田的认识以及对哈尼梯田的创造性发展。哈尼梯田是世界文化景观遗产，这使得人们或多或少误认为直接观赏梯田的风景即意味着对哈尼梯田文化遗产进行了欣赏，也误认为对这一遗产的保护就意味着维持梯田景观的现状。其实，包括多个程序的农耕实践以及支撑着稻作系统的各种当地人的观念与习俗也是理解以及保护世界文化遗产这张名片的关键。尽管"生产性保护"等提法已经逐渐成为当地工作人员的口头禅，但在实际操作过程中，如何在契合《保护世界文化和自然遗产公约》精神的同时实现对梯田的保护确实是令大家头疼的难题。大量的田野调查资料揭示着，在过去很长一段时间内梯田保护相关部门投入了大量精力用于对违规建筑的动态监测与及时拆除，近两年来，当地政府开始投入大量资金和人力对已塌陷或即将塌陷的沟渠以及趋近抛荒状态的梯田进行修复，以在一定程度上维持梯田的景观，但这些做法的可持续性不足，因为只有将项目柔性融入地方而不是刚性融入地方才能更好地促进社会协调发展。① 充分尊重当地人关于稻作系统的文化逻辑、充分结合当下村民们季节性外出务

---

① 马翀炜、孙东波：《项目的刚性嵌入及其后果——以哈尼族大沟村治污项目为中心的人类学讨论》，《贵州社会科学》2022 年第 1 期。

工的选择、充分激发留在当地以及新进入当地的有生力量的主动性等都是梯田获得创造性发展的必要条件。

真正擦亮名片而不是空有一张名片是非常重要的。按照当时参与哈尼梯田申遗工作的学者的说法，"元阳梯田是元阳县各族人民共同创造的，只是因为哈尼梯田面积最大，历史最悠久，耕作水平最高，所以统称为'红河哈尼梯田'，它同时代表着红河州各族人民的梯田"。① 也正因"红河哈尼梯田"的命名，其他同样拥有梯田的红河州红河县、绿春县、金平县等也开始与世界文化遗产联系了起来，通过最大限度利用和挖掘世界文化遗产名片的价值并为红河州而不光是元阳县的民众谋求更多发展机会的行动本身是有其合理性的，然而，社会上曾出现红河县的梯田与元阳县的梯田谁更"正宗"的争论，甚至两地还因引流游客而出现种种不良竞争，这些表现使得部分游客更加认定世界文化遗产的名片只不过是当地为收取高价门票而打出来的名号而已。

不能很好地将哈尼梯田的特点真正讲清楚确实会进一步造成负面影响，使得外界认为当地人只不过是希望通过赢得各种名片而"沾光"。哈尼梯田于 2010 年入选全球重要农业文化遗产，全称为"云南红河哈尼稻作梯田系统"。联合国粮食及农业组织发起的大型项目全球重要农业文化遗产旨在在全球范围内确定反映人类对环境适应的独创性的农牧系统，其可以表达丰富的生物文化多样性以及人与自然之间的关系，并能够维持当地社区的生计。可以将该类遗产视为一种新型的世界遗产，只不过，农业文化遗产更加强调动态保护，要考虑农民生活条件的改善和生活质量的提高情况，使其愿意继续从事传统农事活动进而确保农业文化遗产可以得到传承。② 而就当下对元阳县的田野调查而言，无论是县政府还是农业工作主管部门，专门针对"全球重要农业文化遗产"这一名片展开的工作并不多见。大家并非不清楚这一名片的重要性，但在面临着耕种梯田的劳动力常年大幅转移

① 至于为何认定哈尼梯田面积最大，道理很简单，在当时元阳县 36 万人的总人口中，哈尼族人口为 19.7 万人，所占比例过半。参见史军超《文明的圣树：哈尼梯田》，黑龙江人民出版社，2005，第 6 页。
② 闵庆文：《全球重要农业文化遗产——一种新的世界遗产类型》，《资源科学》2006 年第 4 期。

至经济发达地区的现实时依然保有"一定会有人种梯田的""梯田不会抛荒"的自信显然是盲目的,这一现实使得农业文化遗产所要求的人们愿意继续从事传统农事活动成为一项难以达成的愿景。

事实上,对全球重要农业文化遗产进行系统的旅游开发显然有助于优秀传统农业文化的继承和创新。一项研究表明农业文化遗产的创造性表现能够影响游客的文化认同,游客感知到农业文化遗产的真实性能调节其对知识转移的影响,但不会影响游客产生新奇感知的过程。[①] 其实,成功申报全球重要农业文化遗产并不仅仅是一项能够显示政绩的工作,申报成功之后的保护、利用与发展更是一项长期考验。特别是那些留存于生态脆弱、经济落后、文化丰厚地区的特殊遗产,需要同时解决生态保护、经济发展、文化传承等多重问题。[②] 通过农业文化遗产这一名片改善农民生活质量的"谜底或许就在谜面上"——可以观察到,下田摸鱼、参与秋收等农耕活动受到外来游客的追捧,他们往往对在当地民众指导下和民众一起劳作有着较高的评价,也愿为这样的活动掏不菲的一笔费用。大概也是因为游客可以在这种实践中感知到农业文化遗产的真实性,并从中获得梯田知识,而且是以一种新奇的方式获得。当然,哈尼梯田作为全球重要农业文化遗产的潜力还有待得到系统性的挖掘。为了更好地探索农业文化遗产并了解我国其他重要农业文化遗产发展的经验和成果,2023 年 12 月 1~4 日,第七届全国农业文化遗产大会在元阳县举行。会议期间,来自全国各地的相关学者、农业农村部门负责人及企业家对农业文化遗产的保护与持续健康发展问题展开了讨论,全体与会者还前往梯田景区就元阳县生态、旅游、生物等保护发展工作开展了实地考察。事实上,理论层面的认知在落实为实务层面的实践时总还要遭遇一些曲折与考验。对于元阳县而言,吸纳人们加入农业文化遗产的传承队伍以创造性地推动旅游业发展,进而解决哈尼

---

① Huiqi Song, et al., "The Impact of the Creative Performance of Agricultural Heritage Systems on Tourists' Cultural Identity: A Dual Perspective of Knowledge Transfer and Novelty Perception," *Frontiers in Psychology* 1 (2022).

② 闵庆文:《重要农业文化遗产及其保护研究的优先领域、问题与对策》,《中国生态农业学报》(中英文) 2020 年第 9 期。

梯田生态、经济、文化等多方面的问题，必然是充分擦亮全球重要农业文化遗产这一名片的重要路径。

近年来，元阳县按照"哈尼特色、5A级旅游景区、中国一流、世界知名"的目标，坚持"高品位规划、高起点建设、高水平管理"的原则，依托哈尼梯田世界文化遗产，稳步推进旅游标准化建设，不断提升行业管理服务水平，加快旅游项目建设步伐，带动旅游业转型升级，打造休闲型乡村旅游，使哈尼梯田旅游品牌知名度持续提升、旅游人数逐年增多。元阳红河哈尼梯田进入2016年区域品牌价值百强榜，品牌价值达26.09亿元。2017年6月，云南省公布特色小镇创建名单，元阳哈尼梯田的哈尼小镇被列为国际水平特色小镇。与此形成鲜明对比的是元阳县近年来增长缓慢的人均可支配收入。即便发展至从贫困县出列的2020年，元阳县城乡居民人均可支配收入仍然仅为34217元、10251元。元阳县村寨里的大量青壮年劳动力常年在外务工的现状就表明了哈尼梯田品牌的价值转化并不理想，表明了世界文化遗产、全球重要农业文化遗产、国家湿地公园等众多名片现在只不过是一种"光环"。按照从业者们的说法，"即便现在交通好了，吃的住的也方便了不少，游客们却还是不怎么愿意到元阳，他们可能来了一次就不会再来"。如此低的吸引力显然与诸多光环集一身的荣誉相悖。比哈尼梯田晚两年入选全球重要农业文化遗产的云南普洱古茶园与茶文化系统最终于2023年9月入选《世界遗产名录》，在普洱景迈山古茶林文化景观成为云南省第二个世界文化景观遗产之后，元阳县更需要认真反思这些名片何以擦亮的问题，这需要从回答清楚哈尼梯田究竟因为什么样的特点而获得各类名片和头衔开始。

"人的境况似乎会产生令人困惑的多种状态，既能激发想象与创新，也会导致挫败。"[①] 不可忽视的是，各类重量级头衔的"接踵而至"必然使哈尼梯田面临着各种各样的强制性限制，而没有对哈尼梯田形成深刻认识则更加重了由于缺乏创新而带来的创造性发展的缺失。此外，由于"城市文

---

① 齐格蒙特·鲍曼、蒂姆·梅：《社会学之思：第3版》，李康译，上海文艺出版社，2020，第27页。

化与乡村传统文化有效结合是实现乡村振兴并使城乡融合发展得以实现的重要基础",① 意欲发展乡村、意欲通过哈尼梯田赢得超越原初的丰裕就需要拓宽视野。

第二节　挖掘文化内涵

中国式现代化是人口规模巨大、全体人民共同富裕、物质文明和精神文明相协调、人与自然和谐共生、走和平发展道路的现代化,既基于自身国情、又借鉴各国经验,既传承历史文化、又融合现代文明,既造福中国人民、又促进世界共同发展,是我们强国建设、民族复兴的康庄大道,也是中国谋求人类进步、世界大同的必由之路。② 在此意义上,继承历史文化、将之与现代文明相融合从而促进其发展与进步是具有世界性意义的重要问题。推动中华优秀传统文化创造性转化、创新性发展,以时代精神激活中华优秀传统文化的生命力极为重要。作为世界文化遗产及全球重要农业文化遗产,哈尼梯田无疑承载着元阳县各族人民从前人那里继承下来的优秀传统文化。元阳县充分认识到了梯田旅游的重要性,也在深入挖掘梯田文化内涵,努力使这些传统文化在创造性继承中能够得到创新性的发展,并使文化资源向文化财富转化。

一　创造社会财富的现实需要

"人们将资本投入土地,可以更方便地进行控制,其财产就不像商业资本那样容易受到意外的损害。"③ 哈尼梯田是生活在元阳县的各族人民在过去千百年来不断将劳动、资本投入土地的结果。哈尼梯田是元阳县各族人

---

① 马翀炜、张宝元:《涓滴效应及其社会文化影响——以云南省元阳县箐口村为例》,《湖北民族大学学报》(哲学社会科学版) 2023 年第 1 期。
② 《携手同行现代化之路——在中国共产党与世界政党高层对话会上的主旨讲话》,人民网,2023 年 3 月 16 日,http://jhsjk.people.cn/article/32645371,最后访问日期:2023 年 8 月 11 日。
③ 亚当·斯密:《国富论》,孙善春、李春长译,作家出版社,2017,第 316 页。

民拥有的巨大财富，然而，当其在今天所能产生的新的财富不足以与外出务工等选择所能带来的财富相比时，梯田也可能成为留不住人的"金饭碗"。

但事实上，哈尼梯田不仅依然是可以种植稻谷的土地，而且还可以成为满足人们休闲、审美等需求的现代旅游消费的文化商品。在讨论哈尼梯田旅游发展的时候，"必须思考作为生产要素的梯田是如何转化为旅游产品的，或者说如何在继续作为生产要素之一的同时转化为供大众游客消费的文化商品的"。① 由此可见，当哈尼梯田被视为元阳县通向高质量发展之路的重要资源时，我们需要也必须从哈尼梯田向旅游产品转型尤其是转化为文化商品的视角加以讨论。

民族文化和民族经济是相互嵌合的，这样的情形在民族地区尤为突出，有丰富文化内涵的事物可以作为当地发展的重要基础。挖掘和保护当地文化是重要的事，在此基础上进行合理开发也是重要的事，平衡二者之间的关系是更为重要的事。② 2023 年春节期间，在元阳县文化馆的提议和带领下梯田景区各村寨纷纷推出特色旅游项目，结合当地文化特色举办乡村旅游的长街宴活动。这一活动打响了乡村旅游的品牌，不仅提高了当地村寨的知名度同时也增加了元阳县旅游活动的热度，通过游客来到这里过年休闲的口碑宣传以及多家媒体的共同合作推广，越来越多的人选择到这里有山、有水、有民族特色文化的乡土地区找乡愁、寻年味。大年初二至初五期间，游客们不仅可以参与炊锅流水宴（定价为 288 元/锅，一锅适合 4~6 人食用），还可以参加从早上延续到下午的赶集活动。集市现场游客们不仅可以体验传统手工制作，还可以购买喜欢的成品。这种热闹的景象使得前来过年的游客人数激增，参与长街宴的农家乐数量也翻了一番。2023 年的春节活动促使土锅寨村等村集体经济得到了显著发展，为理解哈尼梯田应如何向文化商品转化提供了比较鲜活的材料。

由于文化商品也是商品，因此，理解文化商品必然要从理解一般商品开始。包括文化商品在内的所有商品，其价值及其表现形式以及交换价值

---

① 马翀炜等：《哈尼梯田与旅游发展》，云南人民出版社，2020，第 1 页。
② 马翀炜：《民族文化的资本化运用》，《民族研究》2001 年第 1 期。

都具有特定的社会规定性，文化商品满足的是人最为丰富的精神需要，因此必须在内容和形式上不断创新。"对文化商品的创造性生产以及创造性使用是对人的精神世界的扩展……不理解文化创意即人的创造性劳动从而不进行创造性劳动，是不可能生产出优秀的文化商品的，那些背离价值规律的交换价值幻象也终归是会破灭的。"① 此外，从乡村现代化的角度来审视旅游产业的话，云南省多个民族村寨的案例已经充分揭示了"旅游者资源主导、外来旅游经营者资源带动、村寨旅游精英协同村民推动、跨村村民间协同、政府与村寨协同、村寨集体经济跨产业价值协同是旅游主体间价值共创促进民族村寨乡村现代化的主要实践路径"，② 因而，在推进哈尼梯田旅游产品乃至旅游产业发展的进程中，旅游价值的共创是需要加以关注的重要问题。

哈尼梯田文化景观是生活在其中的各族人民积累平坝农耕经验并将这些经验移植到红河水系南岸山区的成果，是文化景观世界遗产区域内各族人民生产经验智慧的结晶，其以梯田农事生产为中心的一整套文化系统维系着各成员间的行动逻辑，这一整套文化系统也构成了各成员间的认同基础。在哈尼梯田核心区内长期从事农业生产活动的 7 个民族构成了该社区的基本人群，各族人民围绕山地梯田进行稻作垦殖的农业生产活动，世世代代开展着密切的社会交往。无论是在申遗成功之前相对封闭的传统农业社会中，还是在贴上世界文化遗产景观标签之后旅游与传统农业混合的日渐开放的社会中，梯田核心区内的各族人民都有着发展的诉求。毫无疑问，对于当地民众来说，保护文化遗产并不等于一味保护景观不变，为当地居民特有的生活方式在世界格局中取得发展的一席之地同样也非常重要。

对于生活在世界文化遗产哈尼梯田腹地的民众而言，通过前人千百年来创造的大地奇迹也就是哈尼梯田文化景观来获得在世界格局中的一席生存之地就意味着需要将文化景观转化为旅游产品。而这样的转换仅凭村民

---

① 马翀炜：《论文化商品的价值》，《云南社会科学》2018 年第 4 期。
② 明庆忠、韩璐：《旅游价值共创促进民族村寨乡村现代化的逻辑与实践路径研究》，《华中师范大学学报》（自然科学版）2024 年第 1 期。

们自身去探索是难以快速实现的，元阳县通过组织和引导梯田景观的旅游发展实现财富的创造也就具有了重要意义。大概没有人会反对梯田是非常壮美的，哈尼梯田的大地景观具有相当的独特性。无论当地旅游主管部门以及旅游从业者如何把梯田打造成好玩的地方，哈尼梯田首先必须是好看的。在何处观看梯田日出，到哪里等待梯田日落，什么时间段驱车前往某地一定能看到最美的光与影，住哪个村观光和食宿最为方便，等等。这些不仅是前往哈尼梯田游览的游客最为关心的问题，这些问题的一系列答案也应是最引人注意的旅游攻略和指南所必须包含的。游客的激增①使那些"有头脑"的村民最先做起了游客的生意，他们利用自家的住房搞起了农家乐，或者从事餐饮或者从事住宿接待再或者两者兼顾。以元阳县第一张民俗旅游村名片箐口村为例，村口停车场旁的农家乐、通往现在村史馆（过去的陈列馆）道路旁的餐馆以及活动广场附近的客栈都是村民自己经营的，一些被红河州挂牌的星级乡村客栈在 21 世纪的最初十来年里确实赚了些钱。然而，当旅游开发开始往梯田腹地延伸之后，游客们不再满足于造访箐口村，箐口村的乡村客栈产业随之萎缩，经营客栈的村民不得不转型去做起了小卖部和运输之类的副业。同属于新街镇的土锅寨村的大鱼塘村、多依树村的普高老寨逐渐成为游客们享受哈尼美食、欣赏哈尼村寨、体验民族村寨风情的首选地。

当哈尼梯田文化景观更好地向旅游产品进行转化时，元阳县各村寨的村民也迎来了生活条件的极大改善，这也是其通过哈尼梯田创造更多社会财富的表征。2021 年 1 月，《中共中央 国务院关于全面推进乡村振兴加快农业农村现代化的意见》高屋建瓴地提出"民族要复兴，乡村必振兴"。自21 世纪以来已经有多个中央一号文件提出把解决好"三农"问题作为全党工作的重中之重，2015 年中央一号文件指出"如何在城镇化深入发展背景

---

① 游客数量的增长在新冠疫情发生前尤为突出，如 2018 年元阳县全年接待国内外游客 387.51 万人次，旅游业总收入 67.2 亿元，较之于 2017 年，游客数量以及旅游业总收入分别增长了 20.31%、45.37%。参见《2018 年元阳县政府工作报告》。

下加快新农村建设步伐、实现城乡共同繁荣，是必须解决好的一个重大问题"。① 在哈尼梯田核心区各村落可以观察到多批次不同类型的建设项目，包括云南省社会主义新农村省级重点建设村、省级扶贫温饱村、省级整村推进扶贫开发项目村、州级整乡推进新农村示范乡镇示范村、上海市长宁区及青浦区项目建设村、"美丽家园"建设、传统村落改造、人居环境整治等在内的项目，都在不同程度上落地。元阳县所辖的 1307 个村（居）民小组的村民们开始享受到越来越好的居住环境，不但整村基础设施有了较大的变化，各家各户的房屋建设状况也有了较大的提升，"旧貌变新颜"用于形容核心区 82 个自然村是不为过的。乡村旅游对于助推乡村振兴具有重要作用已经成为学界公认的事实。在元阳县，我们可以观察到那些能够开展乡村旅游或者政府决定投入资金引导村民开展乡村旅游的社区其实已经通过各类农业农村相关政策获得了很关键的前期投入，其拥有的各类公共设施的极大改善为旅游活动的开展提供了重要基础。在元阳县，丰富的民族文化旅游资源的日益受到重视与村民人居环境的显著改善相伴。乡村旅游与乡村振兴的特殊联系也使得中国式现代化以特定的方式得以表现。

《元阳哈尼梯田旅游发展规划（2013—2030 年）》② 明确提出了发展哈尼梯田旅游的指导思想，以元阳哈尼梯田深厚的文化内涵和良好的自然资源为基础，以市场为导向，以效益为中心，以可持续发展为目的。坚持保护与利用并重、管理与开发并重、硬件与软件并重，突出特色，塑造形象，树立品牌，建立多元化投资机制，完善旅游要素配置，努力使传统旅游向特色旅游延伸。开发集观光旅游、休闲度假、文化体验、专项旅游等于一体的旅游产品体系，促进旅游与城镇、景区与乡村"双轮驱动"，促进元阳

---

① 按照该文件精神，要富裕农民，要在经济发展新常态下保持城乡居民收入差距持续缩小，其中就需要"积极开发农业多种功能，挖掘乡村生态休闲、旅游观光、文化教育价值"，需要"激活农村要素资源，增加农民财产性收入"；要繁荣农村，要推进社会主义新农村建设，就需要"引导和鼓励社会资本投向农村建设"。各地做好乡村旅游对于推动和实现新农村建设，进而努力解决好"三农"问题是极为重要的工作。

② 资料来源于元阳县梯田管理委员会 2023 年 6 月提供的材料。

县旅游业的快速增长和持续发展。① 统计数据揭示着近年来元阳县农民人均纯收入涨幅较大，但相对于城镇居民人均可支配收入状况仍有较大的上升空间。在提升农民收入的探索中，如何充分高效地挖掘哈尼梯田景观资源与价值是极具讨论空间的重要问题。

二　文化景观价值的转化

段义孚曾指出，"所有的社会都必须或多或少对脚下土地的特征有系统地了解以谋生存"。② 不同的是，有的社会对其脚下的土地不但有着系统了解，更有着系统地开发和利用，这些系统化的知识支撑着当地人与生活环境展开互动并塑造特殊的文化景观。2013 年 6 月，红河哈尼梯田文化景观被列入《世界遗产名录》。联合国教科文组织对红河哈尼梯田文化景观特有价值及意义进行高度总结："在过去的 1300 年里，哈尼族发展出复杂的沟渠系统，以确保水源从茂密的山顶树林里流向各级梯田。他们同时创造了一套完整的农耕体系，牛、鸭、鱼、鳝类都包含于其中并共同支撑着红米这一梯田主要农作物的生长。梯田的当地居民崇拜太阳、月亮、山脉、河流、森林以及包括火在内的其他自然现象……正是基于特殊的源远流长的社会和宗教结构，这个梯田土地管理系统极富弹性，人与环境之间非凡的和谐关系从视觉和生态方面都得到了充分阐释。"③ 哈尼梯田景区游客中心推出了文化景观展览并对哈尼梯田进行了以下定义。

哈尼梯田是中国南方山地稻作文化的不朽诗篇，森林、村寨、梯田、水系四素同构的和谐生态环境，是人类千百年来在恶劣生存条件下生命力、想象力、创造力和进取精神的象征，是以哈尼族为代表的各民族共同创造的集体智慧结晶，是活着的农业文明的历史见证。

"四素同构"，即"森林-村寨-梯田-水系"是自申遗以来国内外专家

---

① 资料来源于元阳县文化和旅游局提供的材料。
② 段义孚：《浪漫地理学：追寻崇高景观》，陆小璇译，译林出版社，2021，第 2 页。
③ "Cultural Landscape of Honghe Hani Rice Terraces，"联合国教科文组织官网，http://whc.un-esco.org/en/list/1111，最后访问日期：2023 年 8 月 26 日。

共同协作并最终形成的对哈尼梯田文化景观价值的提炼。"对当地社会文化景观等进行言说的目的在于让潜在的读者即游客能够通过对这些言说的理解去认识当地的文化。呈现具有丰富的自然、社会、历史、文化内涵的哈尼梯田景观，协助游客建立对梯田文化景观的审美、释读与尊重就成为实现哈尼梯田保护与发展的最为重要的任务。"① 因而，诠释"四素同构"并呈现哈尼梯田文化景观的价值成为哈尼梯田保护与发展过程中的重要事务。

应当关注元阳县对文化景观进行的程式化、制度化的呈现与诠释。"人类不是成群奔跑的动物，人类会为自己创造制度。"② 元阳县 2019 年举办的"中国农民丰收节"③ 活动可以很好地说明情况。2019 年 9 月，元阳县再次举办"中国农民丰收节·云南元阳稻花鱼丰收节"活动以庆祝这个美好的日子，活动主要由文艺展演、长街宴、梯田时装秀三个部分组成。元阳县文化馆主要负责活动中的文艺展演，哈尼小镇所辖的土锅寨村村委会主要负责活动中的长街宴，文化馆与宣传部联合举办梯田时装秀。

文艺展演活动于 2019 年 9 月 27 日上午举行，包括了哈尼古歌祈福、村民在稻田中收获以及梯田走秀三个环节。活动伊始，随着一阵烟雾悠然升起，首批国家级非物质文化遗产《四季生产调》代表性传承人朱小和的弟子登台主导进行哈尼古歌的演出，在悠远低沉的吟唱声中，《祭谷神歌》、《神灵的歌》以及《叫谷魂的歌》三曲古歌逐一被搬上了"舞台"。为了方便到场的观众更好地理解古歌的内容，活动主办方以画外音的解说方式对哈尼古歌进行解释，相关的解说词如下所示。

> 《祭谷神歌》旁白
> 谷神驾着祥云来了
> 为梯田铺上金色的被子

---

① 郑佳佳：《景观呈现与知识生产：以哈尼梯田为中心的讨论》，《原生态民族文化学刊》2019年第 4 期。
② 乔尔·S. 米格代尔：《社会中的国家：国家与社会如何相互改变与相互构成》，李杨、郭聪译，江苏人民出版社，2013，第 260 页。
③ 资料源自 2019 年中国农民丰收节活动的田野调查。

一粒稻子

像栗子一样饱满

带上镰刀

带上口袋

带上谷般

带上男女老少

我们来收割

哈尼的粮仓

堆满了希望

谷神啊

我们将您捧在手心里

我们将您供奉

《神灵的歌》 旁白

天门开了

地门开了

秧门开了

谷神上来了

哈尼人笑开了

哈尼梯田丰收了

《叫谷魂的歌》 旁白

谷子的亲娘

你喂养了哈尼的子子孙孙

谷子的亲娘

我们把你背在背上回家

我们把你捧在手上回家

谷子的亲娘

> 别让一粒稻子
>
> 遗落在田埂上
>
> 谷子的亲娘
>
> 回来吧
>
> 回到蘑菇房来
>
> 回到粮仓里来
>
> 哈尼人世代将你供奉

当古歌展演告一段落，生活在展演地点周边几个村子的哈尼族村民们会欢快地进入稻田里进行实景的水稻收割演出。在稻田里弓腰收割的妇女、往返田间地头负责挑担的男人、在田埂边玩耍的孩童共同演绎着丰收喜悦的热闹景象。这种将"文化真实"通过舞台真实进行表达的方式较为广泛，各民族在全球化背景下所做出的场景性选择，是实践理性与生活智慧的折射。①

当舞台附近三块田中的水稻收割完毕，在田里劳作的数十名村民与元阳县文化馆从全县范围内选拔的十余个农村文艺队成员共同在田埂上演唱歌曲《国家》。参加演出的文艺队除了来自攀枝花乡的 1 个队，牛角寨镇的 3 个队，还包括新街镇的 9 个队——文化广场全民健身队、云海梯田文艺队、安汾寨文艺队、团结代表队、尼苏莫文艺队、土锅寨文艺队、高城文艺队、龙树坝文艺队、芭蕉岭文艺队。文化馆给予每个文艺队 1000 元的误工补贴。

随着歌曲演唱走向结束，所有参加演出的人员以及观看演出的观众全部手持小型国旗，同唱《我爱我国家》，洪亮动人的歌声在梯田上空盘旋着。此时，县文化馆馆长何志科作为展演活动的主持人出场，做如下的节日活动结束解说。

这里是中国红河哈尼梯田世界文化遗产元阳哈尼梯田。

---

① 陈沛照：《从民间仪式到文化展演——湘西"苗族四月八"的人类学解读》，《广西民族大学学报》（哲学社会科学版）2018 年第 2 期。

这里是 2019 年中国农民丰收节·云南元阳稻花鱼丰收节的现场。

在这里，我们会牢记习总书记在中央农村工作会议上的重要讲话。

我们会保护好我们的哈尼梯田，保护好"哈尼古歌"等传统文化。

在这里，我们深深地感到，民族有信仰、国家有力量。

哈尼人民在党的领导下，过上了幸福生活。

在新中国成立七十周年到来之际，我们一起歌唱伟大的中国共产党，歌唱我们伟大的祖国。

现在我提议，全体起立，唱《国歌》。请坐下。

哈尼梯田鱼米香，农耕文化代代传。远方来的客人们，亲爱的朋友们，我们丰收了，我们把沉甸甸的新谷收到蘑菇房里了，煮好了鲜美的鱼汤，斟满了甘甜的米酒，在等着朋友们的到来。在这里，要感谢你们关注哈尼，关注哈尼梯田！明年开秧门，明年丰收节，再次欢迎大家来到哈尼梯田，谢谢你们！谢谢！谢谢！

文艺展演活动结束，所有参加演出的人员及各相关部门工作人员一起在哈尼小镇的长街宴进餐，大家的欢声笑语无不揭示着丰收的喜悦。人们相互走动、互敬美酒。在摆设长街宴的广场一角，是元阳县政府组织的各类梯田农产品展销区域，一些前来参加丰收节活动的游客可以在这里购买新鲜的梯田鱼、梯田鸭蛋，也可以选择快递发货的方式把梯田产的红米等农产品寄回家。想来，这次美好的体验将会成为难忘的经历深深留在大家的记忆之中。"在当下完成有意味的故事讲述，使人们能够在不断地认识活动中通过连接过去而面向新的未来。"①

当晚七点，哈尼历史文化博物馆（红河哈尼梯田世界文化遗产管理展示中心）的展演厅又进行了一场热闹非凡的梯田时装秀活动。时装秀活动包括《哈尼古歌》《梯田的响声》《梯田时装秀》《木雀舞》《神灵的歌》《栽秧姑娘》等若干个歌舞和走秀节目。全程一小时的时装秀活动以如下的

---

① 郑佳佳：《故事讲述的人类学意义》，《广西民族大学学报》（哲学社会科学版）2023 年第 4 期。

开场白和结束语推进。

开场白

现场的各位来宾，各位朋友大家晚上好：

欢迎走进 2019 年"中国农民丰收节·云南元阳稻花鱼丰收节"诺玛阿美梯田时装秀。今晚，在稻谷飘香的红河哈尼梯田之上，在农耕文明梯田文化的世代传承中，我们用传统与现代的方式礼赞丰收。今晚，秋分时节，五谷丰登、瓜果飘香，这个节日属于"丰收"，属于"那座山、那片水、那块田"。这个节日属于哈尼人，因为他们懂得每一粒粮食的珍贵，他们亲近脚下的这片土地。今晚，哈尼人在此分享丰收的喜庆，分享他们在丰收中的幸福与满足。

结束语

丰收的稻田里，稻谷正随风摇摆，每一粒果实都是喜悦的，每一位哈尼人都是幸福的，他们与这个民族都在焕发着新的生机。诺玛阿美梯田时装秀到这里就接近尾声了，感谢各位创造丰收，分享丰收，感谢各位为我们定义美好，建设美好。我们将带着对于美好生活的向往与打拼，创造来年更大的丰收。依文中国手工坊愿意与元阳政府一起，实现从田间产业到指尖产业的发展，让艺术走向消费者的生活，让元阳的文化走上国际舞台。再次感谢各位，我们明年再见。

2021 年 4 月，"云上开秧门"活动还通过多平台同时直播。将国家级"非遗"《四季生产调》"转化为现代图像文化的创新是正视以传统方式传承传统的困境之后寻求新的文化传承模式的一种努力"。①

由政府主导的"云上开秧门"以及"云上丰收节"等各类活动每年都在常规化地举办，丰富的筹办经验使得工作人员越来越能够游刃有余地将

---

① 马翀炜、夏禾：《坐看云起时："云上"开秧门与非物质文化遗产保护传承的图像化路径》，《西北民族研究》2021 年第 4 期。

梯田世界中多彩的各族文化不断融入其中，精彩的文化内容也常态化地进入各类重大活动、重要活动。

2023 年，元阳县又一次举办"云上开秧门"活动。4 月 24~25 日，哈尼小镇举办了以"传承千年农耕文明·展示活态文化遗产"为主题的红河哈尼梯田申遗成功十周年"云上开秧门"实景农耕文化节系列活动。活动日程具体如表 4-1 所示。

表 4-1　活动日程

日期	时间	活动内容
4 月 24 日	20：00	梯田时光音乐会暨《元阳》新歌发布会
4 月 25 日	10：00	"云上开秧门"实景农耕习俗文化展演活动
	11：30	哈尼长街宴
	13：30~15：00	招商推介活动现场调研
	15：30~18：00	召开元阳县招商推介会
	20：00	火塘音乐会暨篝火晚会

资料来源：元阳县文旅局。

除以上活动外，元阳县还同时策划了"元阳哈尼梯田机车音乐节"和"元阳哈尼梯田徒步游活动"。从 2019 年的"中国农民丰收节·云南元阳稻花鱼丰收节"活动到 2023 年的"云上开秧门"活动，不难发现元阳县推出了很多与现代娱乐项目相融合的旅游活动。各类活动内容和内涵得到丰富，地方文化获得了更广阔的展示平台与更多的传播机遇，梯田文化的价值逐渐受到文化持有者，也就是当地村民的重视。

就现实情况而言，依靠村民们自发组织并推出此类丰富的、大型的活动不太切合实际。此外，对于非重要节日的其他时间，梯田文化景观的价值不是那么容易得到呈现的，即使有呈现，大多是依靠先后多批制作的标识系统进行平面、静态的解说，各类解说之间还可能有相互抵牾的情况发生。"公共标识、旅游标识、文化展演及日常生活这四类哈尼梯田景观标识都是内部信息的向外表达，都是在新的交往关系建构中得以出现的。当前以尚在摸索中实践的哈尼梯田四类景观标识呈现活动难免出现'杂音'，梯

田及其民族文化的呈现也难免存在诸多问题。"① 因此，游客难以获得梯田
文化景观的深刻内涵等重要信息，进而难以形成真正意义的理解与欣赏，
只是到此匆匆忙忙看一眼梯田。仅限于打卡式的游览在很大程度上限制了
游客的停留时间，减少了游客与当地人的交流与交往机会，削弱了梯田旅
游创收的能力，文化景观的价值转化遭遇重重危机。

三　旅游产业的转型升级

在全球化、城市化不断对乡村产生巨大影响的过程中，一些地方将民
族文化进行资本化运用已是常态。② 按照萨林斯的观点，世界体系的"剥
削"可能意味着地方体系的繁荣，"即使通过不平等交换比率，劳动力大
量输往都市，但腹地人民仍然能够比祖辈付出更少努力，便可获得更多社
会价值非凡的物品"。③ 这里先搁置"剥削"的问题。正因为哈尼梯田进入了
世界舞台，哈尼梯田作为地方体系才获得了繁荣的机遇，这也意味着元阳县
发展旅游产业并对其进行转型升级需要将"各种相对文化逻辑"纳入视野。

元阳县旅游开放以来，当地政府所进行的各类有益探索之中，比较瞩
目的是结合梯田旅游、脱贫攻坚、乡村振兴等背景开展的对红米产品质量
不断升级的行动。做出聚焦红米的选择与"原始农村社会的主要问题是食
粮"④ 的逻辑有所不同，种植红米是哈尼族等民族在梯田社会结构中共同从
事的农业生产活动，因此发展红米产品也是最有可能让各族人民广泛享受
遗产红利并切实获得收益的切入点。2012 年起，元阳县先后在新街镇、牛
角寨及马街多地开展稻鱼鸭综合种养模式试验示范，在这个过程中，品种
的选择、秧苗的培育和栽种、鱼苗及鸭苗的投放、病虫害的防治等多方面
的技术指标都得到了积极探索与不断规范。发展至 2016 年，元阳县的稻鱼

---

① 郑佳佳：《世界文化遗产哈尼梯田景观标识的人类学考察》，《云南师范大学学报》（哲学社
会科学版）2017 年第 4 期。
② 马翀炜：《民族文化的资本化运用》，《民族研究》2001 年第 1 期。
③ 马歇尔·萨林斯：《人性的西方幻象》，赵丙祥等译，生活·读书·新知三联书店，2019，
第 8~10 页。
④ 杨开道：《中国乡约制度》，商务印书馆，2015，第 4 页。

鸭综合种养示范基地面积达 8000 亩。2023 年，农业农村部将元阳县列为"水稻绿色高产高效创建项目县"。云南省农业农村厅于 2016 年 9 月在元阳县召开稻田种养结合现场观摩培训会。2017 年 4 月，原农业部副部长陈晓华深入元阳县就梯田保护管理、乡村旅游发展、农业产业发展等问题展开调研。2018 年，元阳县在新街镇等 7 个乡镇建设示范区 13 片，辐射带动面积达 3 万亩。按照测产，示范区的稻、鱼、鸭综合亩产值将在 11000 元左右，而辐射带动区的亩产值也将上升至 8000 元。"十三五"期间，元阳县结合"十三五"农业发展规划，编制了稻鱼鸭综合种养模式发展规划，力争把稻鱼鸭高产高效农业打造成能够长期带动元阳贫困群众脱贫增收的特色产业。梯田旅游以及旅游产品的开发为当地村民创造了不断增收及赢得长足发展的机遇。2006~2015 年，元阳县农业人口人均纯收入翻了几番，收入的提升在一定程度上使得过去梯田耕作留不住年轻人的情况有所好转，生活在哈尼梯田核心区的哈尼族等各族村民们也掀起了纷纷成立各类专业合作社的热情。①

　　哈尼稻作梯田系统于 2010 年、2013 年先后由联合国粮农组织及我国农业部列为全球重要农业文化遗产、第一批中国重要农业文化遗产。立足于这些国际级和国家级的重量级"标签"，元阳县粮食局下属的元阳县粮食购销有限公司大力升级打造梯田红米这一传统的梯田旅游产品。由元阳县粮食购销有限公司开发的"梯田印象"系列产品在哈尼梯田申遗成功当年通过无公害农产品审核，成为元阳县首个无公害农产品品牌。紧随其后，元阳梯田红米获得泛亚国际农业博览会优质产品金奖，喜获"云南六大名米"荣誉称号。随着梯田红米一并"崛起"的还有其他一些原汁原味的梯田产品。近年来，在以"三犁三耙"② 为典型农耕特征的哈尼梯田中种养的梯田

---

① 截至 2015 年底，元阳县境内的专业合作社总数达 89 个，类型主要有种植型、养殖型，多数合作社布局于梯田核心区内。资料来源于元阳县政府办公室提供的材料。

② 农历八月到十月一犁一耙，这段时间天气较暖，铲下去的草易腐烂，新垒好的田埂收缩性小，不易变形；农历正月到二月二犁二耙，因为被埋藏的埂草经过几个月的浸泡会腐化成肥料，这时候犁田耙田有利于整丘梯田肥力均匀，更重要的是泥浆沉淀在水里，不易漏水，可以顺利度过旱季；农历三月至栽秧时三犁三耙，因为此时气温逐渐回升，田埂上长满杂草，需要把杂草除掉。在如今，一些梯田耕作不再三犁三耙，而是依据梯田的土壤条件、劳动力状况和对梯田生产的重视程度，将其简化为二犁二耙、一犁一耙等。

鱼、梯田鸭以及梯田鸭蛋也是游客乐于消费甚至以旅游纪念品形式带离梯田的农副产品。梯田系列产品的出现充实了后申遗时代的旅游产品，而这些发展变化都离不开时代背景为这片土地所带来的发展契机。

诺思很早就指出了市场交换过程中信息成本的重要性。"生产调整过程取决于信息费用。市场'越不发达'，信息传播技术越原始，调整过程也就越长。"[①] 对于元阳县的旅游从业者而言，通过观念转变进而实现哈尼梯田旅游业的转型升级探索，关键就在于对旅游市场中各类信息进行收集、分析并最终将其用于解决生产什么产品的核心问题，目前元阳县不断升级梯田系列产品质量确保游客在哈尼梯田游玩结束时能够将其作为珍贵的梯田礼物带回家。然而，如何推出丰富的旅游产品还有待新的尝试。

在面向来自多元文化背景的游客并尽力为他们提供愉快的旅游体验的过程中，元阳县较为成功的尝试首先见于对各类精品民宿的打造。"找不到住的地方"是过去很多游客对元阳旅游提出的批评。自申遗成功后，元阳县旅游管理部门开始有意识地吸引在其他知名景区经营民宿并享有很好声誉的民宿经营者前往核心区经营精品民宿。"花窝窝""十二庄园·香典""乡伴·原舍·阿者科"等民宿品牌逐渐在元阳县得到发展，"云上梯田""万缮度假酒店"等优质酒店也开始建成营业。2022 年，位于多依树景点内的多依树半山度假酒店也开始营业，其以"依山而建、沿坡而立、与山体完美融合"的建筑特点体现尊重自然、融入自然的设计理念，供游客再次观赏绝佳的梯田景观。近年来，越来越多的游客为了前来"打卡"精品民宿或酒店而专程从外地赶往梯田核心区。民宿业的大力发展是有目共睹的，不管游客们的预算如何、对民宿总体风格的偏好如何，几乎所有游客都能够在核心区里找到符合自己心意的地方留宿。有时候，人们甚至也不需要早起贪黑地赶路到特定地点看日出日落，只需要安安静静地在民宿坐一会儿，就能够欣赏到不同的梯田景观。

---

① 道格拉斯·C. 诺思：《经济史中的结构与变迁》，陈郁等译，上海三联书店、上海人民出版社，1994，第 9 页。

　　游客能获得较好的旅行和入住体验离不开服务行业人员总体素质的提升。元阳县在红河州的主导下实施了一系列扶持计划，包括培育特色民宿客栈、创建星级农家乐、培育乡村旅游示范户等。近年来，元阳县还持续组织了多批各种形式的活动，吸引了不少当地村民参与，主抓旅游服务业从业人员的基本素质。2021年，随着贯通哈尼梯田几大片区的连接元阳、绿春、金平、红河四个县的"元绿""蔓金"高速公路的开工与竣工通行，越来越多的游客可以更便利地来到元阳梯田。也因此，只解决来自多元文化背景的游客们找不到合适的地方住下的忧虑对于真正做到"留住客人"还远远不够。让梯田"好玩起来"、让游客"来了还想再来"，开始成为当地旅游主管部门和民宿业主们进一步探索的问题。

　　非常值得注意的是，当梯田景区各村寨在上级政府引导下如火如荼地展开各类新探索的时候，那些距离梯田景区较远的村寨也大幅度迈开了探索旅游产业的步伐。位于元阳县东南面，距县城南沙镇约80公里，隶属于上新城乡的新城村正在努力勾勒出一幅新的图景。新城村属于特色保护类的村庄，作为本地域传承乡愁记忆和农耕文明的载体，其村庄规划的重点考虑内容是深入挖掘、细化乡愁的农耕文化、民俗文化、生态文化等多种文化形态，挖掘乡村文明在经济社会中的价值和使命，重塑乡村山水田园景观。当地的粮食生产主要依靠水田，水田分布在下新城东南、新亚拥以东、纳埂冲老寨以东的山坡地段，已流转为果园的耕地分布在伍家寨以东、新亚拥以北、纳埂冲老寨以南的山坡偏河谷地带，流转的土地基本是给惠农经济合作社或种植大户用于种植草果、板蓝根、生姜、砂仁，以及香蕉、枇杷、甘蔗等经济作物。因此，按照规划，新城村应致力于打造农耕文化与山水田园相结合的景观。据了解，元阳县计划在上新城乡修建营盘山水库，营盘山水库的设计具有一定的规模，并具有配套的输水灌溉功能，为了实施旅游、休闲娱乐规划，新城村在蛮堤河流域建设徒步道、观景点、有民族特色的客栈等配套设施，并建设上新城乡民族生态旅游区项目，包括游客接待和咨询中心、旅游商品展售中心、森林浴场、垂钓池、赏花亭等，以积极打造自身的民族文化与历史文化品牌。这些规划将使新城村的生态资源得到充分挖掘和有效利用，推动乡村生态振兴。① 缺乏梯田舞台这一强力支撑的村寨尚且积极思索如何在乡村振兴背景下更好地搞活旅游业，那些天然生活于梯田舞台上的人们则获得了更多的有利条件。

在梯田舞台上展示梯田各族人民丰富的生产生活活动的展演逐渐成为元阳县积累了较多经验的第二种尝试。在梯田旅游业发展的背景下，当地政府开始组织歌舞表演。此类表演起到了向游客传递地方文化信息、帮助游客了解丰富的民族文化、让其领略深刻的文化内涵的作用，但是，对于村民来说，这些表演更大的意义在于大家一起热闹。2009 年 3 月，"中国红河哈尼梯田文化旅游节"在梯田核心区召开，由著名舞蹈家杨丽萍执导的大型高原稻作农耕文化表演《哈尼梯田》在箐口梯田的田野上实景演出，千余名当地村民参与了表演。时隔多年，这台演出的热闹场景至今仍为村民们津津乐道。近两年，元阳县又开始大力组织"云上开秧门"梯田实景表演活动。尽管村民们都知道他们在历史上并没有这种由政府组织，游客、村民共同参与的所谓的传统，但因为热闹，他们也乐于参加。

2023 年 8 月，新街镇迎来了一年一度的隆重节日——火把节，因恰逢哈尼梯田申遗成功十周年，元阳县为了庆祝，在节日期间除了组织传统的民族摔跤运动会，还推出了系列元阳县彝族火把节活动，包括彝歌会、云上篝火晚会、云上梯田歌舞火把节、云上梯田市集。系列活动吸引了大量周边游客前往参与，线上直播也吸引了国内广大地区观众的观看并获得了好评。民族地区村寨旅游及其艺术展演在动态格局中凸显了政府、民间组织和企业在保护与开发民族文化过程中的合作与冲突。调和与平衡冲突并达致良性互动的关键是在新文化语境中发掘民族传统文化的当代价值和存续意义，并获得文化持有者的认同和特定社会文化环境的认可，在开发、变迁中持续获得自我创生不断延续的激活力量。② 各类平台，结合各类

---

① 资料来源于中国乡村社会大调查（元阳组）对新城村的乡村振兴调查报告。
② 何明：《当下民族文化保护与开发的复调逻辑——基于少数民族村寨旅游与艺术展演实践的分析》，《云南师范大学学报》（哲学社会科学版）2008 年第 1 期。

节日推出丰富多彩的重大活动不仅使当地村民能够一起热闹，还使外面来的游客能够见证和参与这样的热闹进而更加体会到哈尼梯田所潜藏的活力与魅力。

常态化的日常见证着梯田红米、精品民宿、文化展演等旅游产品的日渐丰富，而非常态化的日常也带来了元阳县新的实践。在疫情期间，元阳县对旅游业也做了一些新的调整。在一些从业者看来，当暂时无法服务远方客人时，在元阳县县城南沙镇附近开发新的游玩场所以服务当地及周边游客似乎也是可以的。

在这样的背景下，隶属于南沙镇排沙村的那里村进入了从业者的视野。据传，那里村烧制土陶至今已有 300 多年的历史。那里村的土陶一直保持着母传女、婆传媳的家庭传承习俗。"那里陶"于 2017 年 6 月被云南省人民政府公布为第四批云南省非物质文化遗产代表性项目。基于大力发掘那里村傣族土陶文化资源的考虑，元阳县邀请红河州民族师范学校紫陶制作专业的教师和学生到那里村进行实地交流，与红河学院建立技术指导合作关系，投资 200 万元建设厂房及引进制陶设备建立现代化制陶生产线，提升土陶设计美感和产业工业附加值。同时，充分利用年轻传承人的思想多元性和思维跳跃性，让土陶具有多样化展现，满足艺术装饰、食水贮存、居家点缀等个性化需要（见图 4-2）。目前，那里村已经成立土陶制作合作社，建设那里土陶生产研发基地，通过党员一带一、技师帮搭手，引导更多能工巧匠从事精品土陶手工艺品设计与制作工作。建立土陶产品交易中心，扩大"那里土锅文化节"节庆影响力，由致富带头人牵头成立市场营销专员队伍，支持、引导当地村民开办"土锅"农家乐，推出"土陶宴"、土陶制作等体验活动，营造浓郁商业氛围，提高村集体经济收入。与阿者科村不同，那里村不收售门票，造访那里村的游客可以尽情享受在这个傣族小村落里闲逛，也可以到土陶体验区在工匠老师的指导下完成一件属于自己的作品，还可以在生产研发基地选购自己中意的产品。自土陶制作合作社 2023 年 7 月接待游客以来，通过土陶制作体验以及土陶产品售卖获得的毛收益日均 300~500 元。当然，也有一些从业者提出了质疑的声音——那里村在河谷地区，而且与南沙镇有一段距离，公共交通不太方便以及过于炎热的气候很可能会"劝退"游客。那里村这种乡村旅游模式究竟能够走多远其实还是未知数。

图 4-2　那里村村貌及土陶造型

资料来源：调查组拍摄，2023 年 7 月。

旅游产业的转型升级是我国旅游产业实现快速和谐发展的必然选择。旅游产业的转型升级有赖于旅游产业本身、旅游市场、旅游企业、旅游产品以及旅游人才培养五个方面实现转型升级。[1] 若以此作为衡量标准，很难说专业人士们在过去所做的多种尝试已经将元阳县的旅游产业引向成功的转型升级之道。但随着乡村旅游、康养旅游、文旅融合等新业态成为哈尼梯田旅游业的热词，元阳县积极对文化遗产进行有效投资的努力是值得肯定的。

第三节　打造旅游名片

人们对"发展"的渴求并不能阻挡学界对"发展"的批判。将"发展"等同于"经济增长"，再将"经济增长"等同于美好生活的信念，本是特定的历史产物，但被看作普遍的真理。学界对发展主义提出的有力批判具有启示意义，单纯的经济增长不必然带来发展，但是，没有实现经济

---

① 谢春山等：《旅游产业转型升级的理论研究》，《辽宁师范大学学报》（社会科学版）2010年第 1 期。

增长的发展显然也不能被视为能够满足丰富多元的人类需求的健康发展。在巩固拓展脱贫攻坚成果同乡村振兴有效衔接的过程中，元阳县政府、各乡镇坚持将积极引导乡村旅游发展以带动群众增收作为其中一项重要抓手。打造旅游名片也是实现元阳县经济增长、实现旅游进一步发展的重要手段。

一　从箐口村到阿者科村

"人类的各种愿望的提出和实现都离不开他所处的历史条件。"[1] 哈尼族是北来氐羌系统南向迁移分化后形成的主要民族之一，自春秋战国时期以"和夷"一名见于汉文史籍以来，一直是"西南夷"的重要组成部分。迁徙和梯田农耕生产这两大社会历史活动是哈尼族在形成与发展过程中的核心内容。[2] 根据哈尼迁徙史诗，当年哈尼人在纳罗举行了分寨，分别前年长的"摩批"们特地聚拢起来并专门进行了仪式，仪式上他们反复交代那些即将分开在七十个寨子中生活的族人一些关键的文化信息，其中如何建寨、如何建房、如何过昂玛突等重要节日都是哈尼人走到哪里也坚决不能忘记的重要内容。"要烧柴上高山，要种田去山下，要生娃娃在山腰"，哈尼族的民间谚语很形象地说明了红河地区哈尼族选择寨址的原则。在元阳县，处于半山地带的村子都是哈尼族理想的建寨地点。箐口村和阿者科村正是这样的村子。箐口村与阿者科村于2014年被列为第三批中国传统村落。箐口村和阿者科村都是元阳县旅游开发变迁史上的重要案例。

箐口村是红河哈尼族彝族自治州政府和元阳县政府打造的第一个哈尼族民俗文化村，也是处于急剧变迁中的一个少数民族村寨，因此也成了"风口上的箐口"。[3] 阿者科村是哈尼梯田近年来冉冉升起的旅游"明星"，伴随着阿者科村进入高考试卷以及"阿者科模式"的声名大噪，阿者科村逐渐呈现"箭垛效应"。"箭垛"原本是民间文学研究中提出的一个概

① 马翀炜、陈庆德：《民族文化资本化》，人民出版社，2004，第298页。
② 马翀炜等：《哈尼梯田与旅游发展》，云南人民出版社，2020，第27~28页。
③ 马翀炜、张明华：《风口箐口：一个哈尼村寨的主客二重奏》，人民出版社，2022，第1页。

念，指"当一个具有突出特征的艺术形象树立起来以后，人们便相继往他身上累积同一类型的故事，情况犹如万箭齐发，射向箭垛"。①"箭垛式"人物因此而形成，黄帝、周公、包拯等"箭垛式"人物的普遍存在使得"箭垛效应"成为我国民间文学中的重要现象。②"箭垛效应"已经弥散到社会文化生活的诸多方面，用以指称那些各种荣誉聚集于一身的事物所产生的效应。考虑到各种"光环"的叠加，阿者科村成了名副其实的独特"箭垛"。

箐口村是一个坐落在哀牢山地区大山深处半山腰上的哈尼族小村子，隶属于元阳县新街镇土锅寨村，位于元阳梯田景区入口处，是游客进入梯田核心区的必经之站。截至 2016 年 1 月，村内共 238 户人家，人口为 1078 人。箐口村几乎是被裹挟着迅速进入哈尼梯田申报世界文化遗产以及旅游开发等种种现代事项之中的。2002 年 2 月 25 日，箐口民俗文化村管理委员会成立，该管委会系元阳县旅游局下属单位，工作人员多为箐口村村民，负责管理旅游设施、维护村内卫生并收取门票。2003 年 9 月底，箐口村专门成立文艺队，负责为游客表演哈尼族传统舞蹈。2004 年，被国家旅游局命名为"全国农业旅游示范点"；2008 年，被云南省旅游局列为首批旅游特色村。2009 年，由著名舞蹈家杨丽萍执导的原生态农耕文化节目《哈尼梯田》正是在箐口村寨脚下的梯田里进行了实景演出。作为哈尼梯田首张哈尼村寨名片的箐口村在哈尼梯田核心区中是最早迎来系列建设与改建工作的。箐口村共设有哈尼民俗文化展示点 7 个，于 2002 年建成哈尼文化陈列馆、文化广场及水碓、水碾和水磨等民族文化、农耕用具展品设施。村内民居改造为民族传统特色建筑，以展现地方风情。村口建设了图腾广场，其中螃蟹、青蛙、水牛、田螺等雕塑指向哈尼族的原始崇拜。箐口村是梯田景区内开发历史最长的重要民俗文化展示村落。

箐口村是当地政府在哈尼梯田核心区打造的第一张哈尼文化"名片"，元阳县旅游局曾在旅游村内配备专门的文艺队。箐口村早期组建的文艺队

① 韩致中：《漫话箭垛式人物》，《湘潭大学学报》（社会科学版）1986 年第 3 期。
② 王伟杰：《多面性"箭垛式人物"的形成原因及其启示》，《民俗研究》2013 年第 5 期。

也会表演哈尼歌舞节目，观看这种精彩的演出成为游客的难忘经历。2003～2009 年箐口村曾组建文艺队，将用于祭祀神灵和祖先的铓鼓舞、具有多种来历传说的棕扇舞、庆祝男孩儿出生的木雀舞、哈尼古歌形式的敬酒歌等作为核心节目，哈尼文化也因此在一个"与社区原本的日常生活几乎是零距离的舞台上"被带到了那些"处于主流文化中的人们的眼前"。最初，元阳县各地的知名民间艺人都会被邀请加入文艺队中以"增添传统文化内涵"。表演的歌舞凝练着大量的社会宗教仪式符号，要确定符号的意义就需要确定它所代表的习惯，① 阐释这些"习惯"并非易事。因此，对这些歌舞节目的介绍偏重于其"娱乐性"，有些简略的说明甚至和仪式的文化意义不相符，最终，歌舞作为一种社会存在，其所指涉的深层民族文化内涵被遮蔽。后来，民间艺人相继离开，辛苦培养出的一批批年轻貌美的演员也陆续离开了文艺队。文艺队只得在村中寻找年轻人以降低演员流动性。2009年，世博公司正式接管梯田旅游景点，由于公司并不想把文艺展演作为重点来发展，文艺队也随之解散了。② 事实上，不光是文艺队解散了，当年专门修建以供游客游玩的林间小道也被迫封闭了③，箐口村能够留住的游客越来越少。"下去箐口村的路十分不好走""从景区环线进箐口村还需要坐车，不然太不方便了""其实村子里也没什么好玩的"，类似的声音越来越多地出现。直至后来，在一波又一波的旅游热潮袭来之后，箐口村逐渐"没落"，成为只不过是"基础设施比较好并且村里有几块比较大的空地"的普通哈尼村寨。元阳县当地的干部则是"恨铁不成钢"地细数着他们对箐口村村民的失望，指出"大家都自私，最终还是没办法搞出什么"。就这样，当年那颗红极一时的璀璨明星的光辉逐渐褪去。

---

① Charles Morris, *Signs, Language and Behavior* (New York: Prentice-hall, 1946), pp. 1-16.
② 马翀炜：《梯田搭起的舞台——元阳县箐口村哈尼族歌舞展演的人类学观察》，载何明主编《走向市场的民族艺术》，社会科学文献出版社，2011，第 79～122 页。
③ 2011 年，箐口村村民以集体行动的方式把 2009 年旅游观光路堵死，理由是担心寨神林里的神灵被打扰，而神灵发怒使得几件意外事件发生。从学理上讲，这说明村寨空间获得确立之后，村寨内部与外部的边界需要通过各类实践加以维护。参见马翀炜《村寨主义的实证及意义——哈尼族的个案研究》，《开放时代》2016 年第 1 期。

相比之下，与箐口村同年晋级为中国传统村落的阿者科村则是当下众人眼中的"明星"。

阿者科村始建于1855年，地处红河哈尼梯田世界文化景观核心区，隶属于元阳县新街镇爱春村。土地面积为2145亩，海拔1880米，水田有568亩，森林有598亩，水资源丰富；全村65户481人，均为哈尼族。阿者科村户数和人口数量在爱春村下辖的6个村中排名倒数第二。

全村有蘑菇房61栋，其中挂牌管理的一类传统民居51栋，建筑景观资源独特。阿者科村寨选址位于寨神林之下、磨秋场之上，村内有鲜活的传统信仰活动与对应的保存完整的文化空间，比如水碾房、秋房等。村落的布局方面，阿者科村上有森林、下有梯田，水渠穿村而过，体现了敬畏自然、与自然相融共生的建寨理念，也是集中反映遗产区森林、村寨、梯田和水系"四素同构"核心理念的现存典型村寨。阿者科村还有以农耕礼俗为代表的传统节庆活动；以祭水、祭田和祭神林为代表的传统祭祀活动；以木刻分水为代表的传统生产制度；以"摩批""咪谷"为代表的活态文化传承人；以乡土建筑工艺、服饰制作和刺绣为代表的传统手工艺。寨神林和磨秋场是村民进行传统祭祀活动的主要场所，在当地人看来，是守护哈尼族生活生产的重要空间载体，同时其一南一北的位置成为该村无形的边界。蘑菇房、寨神林、寨门、磨秋场这些典型的哈尼族文化符号在阿者科村保存较为完好，共同构成了独特的村落景观风貌。

长期以来，阿者科村相对偏远的交通区位、传统低效的稻作农业方式以及低层次的文化教育水平等都使得村内经济发展缓慢，直至2018年，人均年收入仍然不到3000元。但与此同时，阿者科村因"四素同构"循环农业生态系统保存完好，又因村里仍保留着独特的哈尼传统民居聚落空间景观，进入了当地政府的视野。2018年，元阳县委、县政府立足于境内丰富的自然文化资源，以阿者科村为试点，将传统村落保护与乡村旅游发展紧密结合，通过阿者科村展示悠久的哈尼传统文化，尝试在这里实现遗产保护与经济发展双推进（见图4-3）。

图 4-3　改造前后的阿者科村

资料来源：调查组拍摄，左图为 2013 年 7 月拍摄，右图为 2023 年 7 月拍摄。

元阳县坚持"科学规划、适度开发、永续利用"的发展理念，特邀高校专业团队为乡村旅游发展制定先行规划。2018 年 1 月，元阳县人民政府邀请中山大学旅游学院保继刚教授团队为阿者科村专门制订了"阿者科计划"。为充分发挥阿者科村独特的旅游资源优势和提升旅游发展组织化程度，"阿者科计划"实行内源式村集体企业主导的开发模式，由县政府指派青年干部，协同保继刚教授团队派出的技术人员，共同驻村，领导村民成立村集体旅游公司，65 户村民以梯田、房屋和生活方式等旅游资源入股，村民选出致富带头人作为公司法人代表，参与公司运营管理。村集体公司与村民签订旅游合作协议，组织村民运营管理村落业态，培训村民以提升旅游服务素养，每年面向该村居住村民举办旅游发展分红大会。①

"阿者科计划"明确了村落发展以及分红的原则。阿者科村村口赫然立着介绍"阿者科计划"内容的标识牌。按照该计划，村落发展将秉持四条基本原则，一是不租不售不破坏，公司成立后不再允许村民出租、出售或者破坏传统民居，违者视为自动放弃公司分红权；二是不引进社会资本，公司不接受任何外来社会资本投入，仅培育当地村民自主创业就业；三是

① 资料来源于元阳县新街镇政府办公室提供的材料。

不放任本村农户无序经营，公司对村内旅游经营业态实行总体规划与管理，严控商业化；四是不破坏传统，公司所有旅游产品的开发均以保护传统村落为首要前提，恢复传统生产生活设施，主打预约式精品旅游接待，发展深度体验式旅游。与此同时，该计划还明确了阿者科村的分红细则，旅游经营利润三七开，30%由村集体公司留存，用于后续管护建设及壮大集体经济，70%分给全村65户村民。为激发村民对遗产资源的内生保护动力，归村民的分红再分四部分执行，其中传统民居分红40%、梯田分红30%、居住分红20%、户籍分红10%。

2019年4月4日，爱春村村委会将100万元村集体经济发展资金注入元阳县陌上乡村旅游开发有限责任公司，获得该公司10%的股份（形成全村村民占股70%、元阳县国有资产管理公司占股20%、新街镇爱春村村委会占股10%的分布），每年爱春村村委会可获得阿者科村乡村旅游发展收入的10%作为村集体经济收益，其投入的100万元资金用于改造哈尼古村小型游客中心，建设阿者科村史馆及村内旅游基础设施。元阳县陌上乡村旅游开发有限责任公司、新街镇爱春村村委会及新街镇政府签订了三方协议。

"阿者科计划"确实为村民带来了一些经济效益。自2019年2月正式运营以来，截至2022年8月，阿者科村接待国内外游客6.4万人次，实现旅游总收入172.97万元，总利润99.20万元，举行6次旅游发展分红大会，共计分红78.51万元，最多一户累计分红14040元，户均分红12078元。[①] 2023年1月和8月，阿者科村第七次及第八次旅游发展分红大会继续举行。第八次户均分红7955元，与第七次分红累加，2023年该村户均分红达10022元，首次突破了年户均分红万元大关。[②] 阿者科村通过旅游发展村集体公司为村民创造就业岗位13个，村内孵化出从事住宿、餐饮、民族服饰售卖等的9家个体经营户，绝大多数村民通过承接旅游体验项目获得直接收益，实现利益分配机制与遗产保护细则的绑定。

---

① 资料来源于阿者科旅游发展村集体公司提供的材料。
② 《云南元阳阿者科村：首次突破年户均分红万元大关》，中国网，2023年8月8日，http://t.m.china.com.cn/convert/c_3MAyDtPP.html，最后访问日期：2023年8月9日。

阿者科村的闻名从两个层面可见一斑。一方面是各种荣誉的叠加，阿者科村 2019 年 11 月入选中国农业农村部"2019 年中国美丽休闲乡村"，12 月入选中国少数民族特色村寨，2020 年 6 月入选全国第二批乡村旅游重点村推荐名单；另一方面是"阿者科计划"的广泛宣传与认可，"阿者科计划"被确立为全球旅游减贫的一个中国解决方案，于 2019 年 10 月入选教育部第四届直属高校精准扶贫精准脱贫十大典型项目。2021 年 2 月，元阳县"阿者科计划"上榜新华社大型纪录片《中国减贫密码》；2021 年 3 月，中央电视台大型纪录片《告别贫困》第二集聚焦了阿者科村旅游扶贫案例；2021 年 6 月，"阿者科计划"创造的减贫模式入选了全国高考乙卷文综题；2021 年 7 月，阿者科村的减贫故事入选中国共产党与世界政党领导人峰会暖场片。

从箐口村到阿者科村，不难看出地方政府对"明星村"的期待。然而，在这两个经典案例背后，还存在更多值得深思的问题。

二　外源式发展的限度

箐口村和阿者科村都是在元阳县政府推进梯田旅游开发过程中先后赢得重点关注的哈尼村寨。两个村的"成功"都是建基于政府海量资金的投入。外源式发展是两个村的共同特点。这两个村也都在一定时期内为整个梯田旅游带来名气，但两个村的村民主体性在发展过程中都没有得到充分的发挥，内生动力不足是包括阿者科村在内的此类村寨的共同问题。村寨经济收益的增加并没有能真正使绝大多数村民的发展能力得到提升。无论是曾经的代表性村寨箐口村，还是如今当红的阿者科村，或是正在声名鹊起的全福庄，如果发展的内生动力不能被激发，外源式发展的限度迟早会出现，从而使发展的可持续性难以实现。

箐口村当年被选中改造成为民俗村的故事就充满了意味。"2000 年，箐口村与紧邻的麻栗寨、全福庄，因在生态环境、民俗风情等方面的相似性，同时进入了当地政府挑选民俗村的视野。在这三个村子中，麻栗寨村的人口最多，有 600 多户近 3000 人。而红河州政府当初比较看好的则是全福庄，该村有 402 户 2600 余人，其优势在于它曾是明朝沐英的庄园，在历史上有一定的知名度，但由于该村房屋改建所需投资太大，县政府无法拿出足够的资金，在确立改建计划后被放弃。至于箐口村，无论从户数看还是从人口看，都要小很多，但这里的蘑菇房保留得较为完整，只需对 50 多户房屋进行改造，因此投资小、见效快，再加上箐口村还紧靠省道，便于开展旅游活动，故最后被选中。"[1] 时至今日，当年被迫放弃的全福庄再度进入政府视野。全福庄中寨于 2019 年入选第五批中国传统村落，2021 年上海对口帮扶项目对全福庄中寨进行了乡村基础设施提升，投入资金达 890 万元，涉及一系列的基础设施建设，包括村道、停车场改造，房屋风貌改造，标识导视系统、排水系统改造，弱电系统改造，监控摄像头安装，以及确立标准化种植养殖户各 15 户、改造游客体验户 5 户、改造 1 家酒店和 1 家民宿、建设花园餐厅 1 个、改造 2 个农家乐等业态改造。截至 2023 年 7 月，全福庄中寨建设项目接近尾声，村内目前已有近 20 名村民参与到新的业态布局之中。

事实上，无论是箐口村当年的"红极一时"还是阿者科村的看似"一夜成名"或是未来全福庄中寨的"潜力爆发"都并非神话，当地政府大量资金的投入，派政府年轻干部驻村以及相关机构、专业人员的前期工作为阿者科村一类的重点村落的发展提供了不可复制的基础条件和不可替代的政策红利。大量物质、资金、人员及政策的投入在阿者科村尤为显著。2013~2023 年，元阳县政府先后对阿者科村进行了共计 5000 多万元的投入，不同批次的建设项目先后完善了村内的各类基础设施，这是阿者科村成为梯田名片的必要条件。

以传统民居为例。2014 年底，"元阳哈尼梯田核心区传统村落改造项目"被提上日程，众多核心区村落开始得到全面的建设和改造（含民居屋顶和外墙、村落道路、饮水、排水、公厕、活动场地、路灯与绿化等配套改造工程），成为宜居、宜业、宜旅特色村落，为促进民族文化与乡村旅游

---

① 马翀炜：《文化符号的建构与解读——关于哈尼族民俗旅游开发的人类学考察》，《民族研究》2006 年第 5 期。

的融合发展奠定基础。该项目的具体实施由元阳县住房和城乡建设局牵头负责，该部门成立专门的"传统村落改造办公室"。箐口村及阿者科村均在此项目之列。2015 年之前，昆明理工大学建筑系专家朱良文教授与上海某机构合作，共同对阿者科村传统民居的保护与改造进行了有益的探索，他们的经验一直支撑着后续的传统民居改造工作。梯管委曾于 2016 年前后将新街镇的阿者科村与全福庄中寨、牛保普、上主鲁老寨以及攀枝花乡的垭口村一并列为传统民居保护示范工作的五个重点村，对挂牌"传统民居"的村民农户每年补贴 900 元。在"阿者科计划"之前，当地政府与外地机构曾做过"红米计划"以及"关注阿者科计划"的探索，这些计划旨在实现古村落的经济与文化复苏。按照当时的方案，将选择阿者科村村边 5 栋独立成片的蘑菇房进行改造，不需拆除也能够将其变化为舒适的生活空间。后来此地确实也建成了风格独特的精品民宿"原舍"。阿者科村的传统民居由于使用茅草顶，需要三五年就至少更换一次，每更换一次屋顶每栋房屋平均需要 3 万元的花销。

不难发现，维护人们对传统的想象需要大量人力物力财力的投入，不但如此，还需要那些生活在传统民居中的村民做出相当程度的"割舍"，即对生活舒适度和便利性的放弃。尽管每年两次的旅游分红确实为不少家庭带来了一些收益，特别是那些能够进入村集体公司工作的村民迎来的改变是较为显著的。但更多的时候，调查组听到的是村民们对传统民居现有构造中没有现代浴室和卫生间的遗憾，是他们对生活在靠近公路边、可以建盖新式楼房的村民的羡慕。曾有大鱼塘村的村民和阿者科村的村民开玩笑说可以互相换房子，但是大鱼塘村的村民心里也知道，在新建的楼房里生活习惯了，让他们再回到上个卫生间需要跑一段路、洗个澡需要找村委会主任拿钥匙那样的日子是不太可能的。前文言及的对维护传统的巨大投入究竟能够持续多久，究竟需要多长时间这样的投入才能让村民们在真正意义上对祖先遗留下来的文化遗产进行利用和保护。这些问题的答案还是未明确的。村内那一栋栋蘑菇房形成的别致景观是具有魅力的，而这种魅力的演绎必然离不开村民的付出。在这里，悖论出现了，阿者科村的村民要赢得更多的自由发展的机会，需要付出的代价是与所谓现代的生活方式切断联系（起码是暂时的切断），但其对美好生活的向往正是现代化的。当村民对美好生活的向往与他们所需要付出的代价形成一定张力的时候，"内源式发展"在这里是否能真正得以实现是有待商榷的。

"人类经济"指向福利，指向了市场交易、教育、安全、健康环境以及尊严等所有人类需求的满足。① 经济学的方法有利于政府在复杂的层面上进行正式的、数学的处理，但是，如果这样理性选择的路径对行为者的偏好及其深层的道德价值不作解释的话，那么结果就是经济非人化，相当于从国民经济中抽掉了国民。从这一意义上，衡量某个事项是否达成了经济学的目标，需要从更深远的福祉观加以考量。

无疑，阿者科村的故事引出的更深层的问题在于人们何时能够相信发展主体，即村民自己的创造力。60%以上的劳动力依然长期在外务工也直接说明了阿者科模式并没有给村民带来很多就业机会。何时不再依靠门票经济，何时能够让村民自己决定是否要在村里开商店、开民宿、开农家乐……如果这些经营活动交由市场去检验，而不是像现在这样由外来者经过所谓科学计算来限定各种经营户的数量，那么，阿者科村就是可以离开外来者而继续发展的村寨。也许，激活村民的主体性是当务之急，而在更进一步协商的基础上采取行动去激活村民主体性的前提是相信内源式发展才是可持续的。

根据《元阳县文化和旅游局"十三五"文化和旅游发展规划执行情况自查评估及"十四五"发展规划思路》，② 元阳县过去工作中取得的主要成效和经验体现在五个方面，即改善基础设施，提高旅游服务质量；实施文化旅游项目，助推文化旅游产业发展；开发旅游产品，促进群众增收致富；推出节庆活动，丰富旅游体验项目；坚持综合整治，改善旅游生态环境。元阳县文化和旅游发展所面临的主要问题则是文化旅游配套设施不完善、

---

① 韩可思、基斯·哈特：《经济人类学：学科史、民族志与批评》，朱路平译，商务印书馆，2022，第9~10页。
② 资料来源于元阳县文化和旅游局提供的材料。

文旅融合不够、标准化服务有待提升。① 基础设施的建设只能是一个逐步完善的过程，在现有的基础上，挖掘传统文化资源，激活各种人群的主体性都是必要的。无论旅游业如何推进，构建良好的内外人群的关系极为重要，在协商中通过挖掘梯田文化资源实现当地村民追求美好生活的目标是值得尊重的，也是值得期待的。

三　见几而作：探索中创新

产业振兴是乡村振兴的重中之重，也是实现农业现代化的重要一环。习近平指出，各地推动产业振兴，应"基于一方水土，开发乡土资源。要善于分析新的市场环境、新的技术条件，用好新的营销手段，打开视野来用好当地资源，注重开发农业产业新功能、农村生态新价值，如发展生态旅游、民俗文化、休闲观光等"。② 多年来，元阳县在梯田旅游发展过程中不断积累经验，同时也遭遇考验，哈尼梯田大地上发生的故事为乡村振兴助力农业现代化增添实践基础。

发展乡村旅游能够有力地契合和服务新时代国家发展战略，促进农业提质增效、农民增收致富、农村繁荣稳定，加快统筹城乡融合发展步伐，是实现乡村振兴的重要途径。③ 乡村旅游对于乡村振兴具有重要的引导作用，元阳县的经验表明乡村振兴也为乡村旅游的发展注入了强大的动力。无论是前文提及的南沙镇那里村，还是早已完成了传统村落改造等待着进一步旅游规划与开发的攀枝花乡普朵下寨，相关乡镇政府的干部都表示期望各类乡村振兴项目在这些村寨中的落地能够切实推动乡村旅游的发展，使老百姓能够切切实实获得收益，通过收入的提高而提升生活的质量，提高老百姓的幸福感、获得感。

"君子见几而作，不俟终日"，④ 指但凡发现细微的事理就要迅速行事，

---

① 资料来源于元阳县文化和旅游局提供的材料。
② 习近平：《加快建设农业强国 推进农业农村现代化》，《农村工作通讯》2023 年第 6 期。
③ 陆林等：《乡村旅游引导乡村振兴的研究框架与展望》，《地理研究》2019 年第 1 期。
④ 黄寿祺、张善文：《周易译注》（下），上海古籍出版社，2010，第 409 页。

对于那些出现在周遭的变化应做出什么样的理解又应如何从其中把握机遇，古人很早就提炼出了经验。在元阳县哈尼梯田遗产核心区过去十多年的发展岁月中，可以看到这片神奇的土地由于山水纪录片的播出而在世人面前得以敞开，由于世界文化遗产等各类"光环"的加持而获得更广泛的关注，由于人们对共同富裕的追寻而引来更多人在此进行探索与共同奋斗。不夸张地说，哈尼梯田旅游业的每一次创造与创新，都离不开人们对机遇的敏锐把握。尽管人们对哈尼梯田文化景观展开创造性价值转化的道路崎岖，但可喜的是，元阳县新近出现的一些探索为当地村民创造更多财富提供了平台和机遇。

"知识和技术存量规定了人们活动的上限，但它们本身并不能决定在这些限度内人们如何取得成功。"[1] 元阳县现有的旅游开发技术及相关知识储备并未领先于国内平均水平，这也决定了当下人们所开展的创新与创造也具有一定的限度。关键在于，人们如何在这些有限度的条件内最大可能地调动一切要素并取得成功。一些来自民间的细微的努力其实也是值得珍惜和肯定的。

案例 4-1 地道元阳[2]

地道元阳是元阳县哈尼族"90后"小伙阿强创办的旅游工作室，该工作室先后接待了莫言、林毅夫等名人。2014 年前后，在外地工作的阿强因陪伴到哈尼梯田玩的朋友回到元阳，却惊异地发现他自己对梯田的玩法也不太了解。后来在冷静地分析了当时自己的各类条件后，阿强选择返乡创业，投身旅游业。经过多年的探索，目前"地道元阳"工作室承办的定制化梯田亲子游、梯田研学游是当地最富特色也最受欢迎的项目。

阿强表示，他们的工作室有自己独一无二的旅游线路，而且每个

---

[1] 道格拉斯·C. 诺思：《经济史中的结构与变迁》，陈郁等译，上海三联书店、上海人民出版社，1994，第 17 页。

[2] 访谈对象：阿强，男，36 岁。访谈时间：2023 年 7 月 23～24 日。访谈地点：土锅寨大鱼塘村。

景区都选择了与最好的民宿进行合作，因此他们不但可以确保游客能够体验哈尼族风土人情，吃地地道道的当地美食，还为游客提供本地哈尼小伙带路向导。阿强认为"地道元阳"工作室经过过去几年的积累，至少已经形成了以下3个特点。

第一，地道元阳将哈尼水系文化、农耕文化与自然相结合，致力于让用户欣赏最原生态的风景，获得最本土化的旅行体验。

第二，地道元阳培养出一批优秀的哈尼族青年向导，他们熟知元阳民俗民风，熟悉各个景点。工作室根据客人的要求，定制属于不同客人的完全攻略。

第三，有优惠的特色合作民宿。目前工作室在景区合作的客栈酒店有70多家，覆盖景区酒店客栈的90%。

大概因为探索出了自己的特点，选择由阿强的工作室提供旅游服务的游客也越来越多。通常，暑假期间，一个月工作室就能组织400人次左右的各类旅游项目，丰厚的收益也为工作室更好地开发旅游项目提供了支撑。阿强认为，不光是梯田捉鱼的体验项目非常能吸引男女老少的游客，进山采摘哈尼草药等也非常具有文化的厚度。当然，地道元阳不仅承接外地游客在当地的各类深度游项目，工作室也逐渐打造了一系列带元阳老人游北上广的项目。三年来，工作室已经先后带领十余批数千名当地游客圆梦首都北京。这些内外结合的旅游推广活动对于理解自身和了解外来者都是有益的探索。阿强说，工作室所依托的旅游公司目前正在建设一个体验基地。

据调查组的不完全统计，工作室为当地村民提供了各类增收机遇，通过地方向导、仪式表演或者提供其他各类接待服务，参与其中的村民每天平均可以获得150~300元的收入。未来，阿强还打算整合周边的劳动力打造一个集梯田农耕、农产品销售以及农耕体验于一体的平台项目。

"地道元阳"工作室的发展还处于起步阶段，其业绩也不算十分突出，但是，难能可贵的是这个工作室并不满足于自己的盈利，而是心系这片大地上更多的民众，努力将他们联结起来并积极吸纳他们参与梯田旅游的开发工作进而分担梯田农耕系统的保护责任，这种做法是值得肯定的。这种为更多的人释读和展示梯田农耕文化的丰富内涵，以及为当地人走向更广阔的世界搭建桥梁的行动是具有深刻的现实意义的。

旅游最高的境界是"人，诗意地栖居"①。斯科特认为，尽管新石器时代促进了大规模社会的形成，但其也见证着某种技能的消失，"从此后，我们人类这个物种就收缩了对自然世界的关注，相关的实用知识也因此窄化，我们的饮食在窄化，我们的空间也在窄化，很有可能，就连仪式生活也在变得更贫乏"②。斯科特的判断或许有些危言耸听，但他所指出的人类对自然世界的关注以及知识、体验的窄化是需要引起注意的。事实上，通过空间的位移以及体验具有差异性的社会文化从而达成各类目的的旅游活动就具有了拓宽视野、积累知识以及丰富体验的重要功能，进而有助于人们达成诗意栖居的目的。

案例 4-2　梯田礼物③

梯田礼物是元阳县本土旅游从业者发起的一项公益活动。

网名梯田兰子的丁继楠是这个公益活动的发起人。丁继楠原是某乡镇政府的工作人员，因她自己对旅游有强烈的爱好，工作几年后便辞职开始了旅游带货的生活。新冠疫情之后，暂时无法出国的她开始和几个朋友组成团队进行对梯田生活特别是哈尼族美食短视频的拍摄和制作工作。由于缺乏足够资金的保障，这个团队很快解散了。随后丁继楠又与元阳县呼山众创农业开发有限公司签约，通过直播及短视频拍摄等方式为公司宣传梯田红米、梯田鸭蛋等各类产品。2022 年，丁继楠打算更深入地参与到元阳县的旅游业之中。她以承接上海对口

---

① 杨振之：《论旅游的本质》，《旅游学刊》2014 年第 3 期。
② 詹姆斯·C. 斯科特：《作茧自缚：人类早期国家的深层历史》，田雷译，中国政法大学出版社，2022，第 102 页。
③ 访谈对象：丁继楠，女，30 岁。访谈时间：2023 年 7 月 28 日。访谈地点：多依树下寨村。

帮扶项目的形式更紧密地融入多依树下寨村的乡村振兴事业，通过"政府+公司+合作社+农户"的形式，由她负责建设运营的精品民宿、餐厅及咖啡馆建成后将会按照建设项目总金额5%的比例向村上的合作社支付分红。之前，村民们还会向游客收费教舞，丁继楠的表妹干脆组建了文艺队，免费教大家跳舞，队员从十几岁到几十岁不等。慢慢地，有些年纪大的奶奶也喜欢上了一起跳舞。

丁继楠说："因为帮过村里的孩子，后来他们考完试用试卷扎了一朵漂亮的花送给我。也是这件事刺激了我——村子里的孩子们其实非常需要获得更多良好的教育资源。这也是我发起'梯田礼物'这个项目的初衷，不管特邀嘉宾是哪个领域的专家，我希望嘉宾们能够为孩子们带来更多的知识，让他们了解到这个世界的广博与精彩。"她还说："我也把'梯田礼物'这个品牌注册了，目前开发了各类文创产品，下一步可能还会进行服装之类的周边产品的开发。"2023年8月12日，梯田礼物第一期公益活动如期举行，村里数十名儿童跟着油画家戴建华老师学画画，这样的体验对他们来说还是第一次。

通过旅游活动消解内外人群之间的边界其实与处理普遍性和特殊性的关系有关，"普遍性寓于特殊性之中，我们要从典型中看到它所代表的普遍性"。[1] 现在，丁继楠的团队正通过抖音平台把哈尼族的日常生活以及各类仪式制作成短视频进行推广传播。"梯田礼物"倡导的知识交换的活动形式放在当下或许已无新意，但借用这类广受好评的活动形式，元阳县将不断引发人们对梯田文化特殊性的思考以及透过这些特殊性达致对普遍性的探索。当这样的创新性行动影响越来越多的人，当承载着哈尼梯田未来希望的年轻人更多地参与其中并发现"让生活成为另外的样子"不再是一个梦想，此时关于差异性的话语不再仅仅将人们引向"一个装着多面镜子"且

---

① 费孝通：《社会调查自白》，北京出版社，2017，第11~22页。

"经常产生各种扭曲画面"的大厅。①

旅游业和文化业是"五大幸福产业"的前两位,中国式现代化对二者相结合的文旅发展也提出新的要求,文旅产业如何通过高质量发展助力中国式现代化是极具时代性,同时也是非常值得"深耕"的重要学术议题。② 审视元阳县在乡村振兴背景下对梯田旅游、乡村旅游的探索之路,是对"作为社会实践的历史总体的人类发展的具体行程"的考察,是对助力中国式现代化发展的考察。③ 这些实地的、跟踪的考察对于何以迈向更美好的明天以及中国式现代化的共同富裕何以实现的讨论具有重要意义。元阳县的各类尝试有成功的也有不成功的,但这些充满意义的探索为我国建成农业现代化强国提供了重要的地方经验。就哈尼梯田地区来说,历史上形成的人与自然的平衡状态是一种低生产生活水平的和谐,而这种生产方式所能带来的财富是不能支撑当今人们发展需要的。不断创新、不断发展才可能为共同富裕铺垫坚实的基础。正所谓,"富有之谓大业,日新之谓盛德"。④

---

① 李峻石、郝时亚主编《再造异同:人类学视域下的整合模式》,吴秀杰译,社会科学文献出版社,2020,第312~313页。

② 赵丽丽、徐宁宁:《文旅高质量发展与中国式现代化——2023〈旅游学刊〉专题研讨会综述》,《旅游学刊》2023年第4期。

③ 李泽厚:《批判哲学的批判:康德述评》,生活·读书·新知三联书店,2007,第89页。

④ 黄寿祺、张善文:《周易译注》(下),上海古籍出版社,2010,第381页。

第五章　夯实乡村全面振兴的组织基础

第一节　农村基层党组织建设

党的基层组织，如基层委员会、总支部委员会、支部委员会，是党在社会基层组织中的战斗堡垒，是党的全部工作和战斗力的基础。根据《中国共产党章程》规定，企业、农村、机关、学校、医院、科研院所、街道社区、社会组织、人民解放军连队和其他基层单位，凡是有正式党员三人以上的，都应当成立党的基层组织。[①] 截至 2023 年 12 月 31 日，中国共产党党员总数为 9918.5 万名，比 2022 年底净增 114.4 万名，增幅为 1.2%。中国共产党现有基层组织 517.6 万个，比 2022 年底净增 11.1 万个，增幅为 2.2%。其中，基层党委 29.8 万个，总支部 32.5 万个，支部 455.4 万个。[②] 广大农村和城市社区有大量党的基层组织，据统计，全国 9125 个城市街道、29620 个乡镇、119437 个社区、488959 个行政村已建立党组织，覆盖率均超过 99.9%。[③] 当前，以党建引领乡村振兴、以党建促基层社会治理创新，是基层党组织工作的重点。党的二十大报告指出："坚持大抓基层的鲜明导向，抓党建促乡村振兴，加强城市社区党建工作，推进以党建引领基层治理，持续整顿软弱涣散基层党组织，把基层党组织建设成为有效实现党的

---

① 《中国共产党章程》，人民出版社，2022。
② 《中国共产党党内统计公报》，中国政府网，2024 年 6 月 30 日，https://www.gov.cn/yaowen/liebiao/202406/content_6960213.htm，最后访问日期：2025 年 2 月 12 日。
③ 《中国共产党党内统计公报》，中国政府网，2024 年 6 月 30 日，https://www.gov.cn/yaowen/liebiao/202406/content_6960213.htm，最后访问日期：2025 年 2 月 12 日。

领导的坚强战斗堡垒。"①

元阳县位于边疆民族地区，其基层党组织建设能否坚强有力，事关党在边疆的执政根基，事关中国式现代化的组织保障。基层党组织在组织架构建立起来之后，还面临提升统筹力、组织力和服务力的问题，应以高质量基层党建提高村民或居民的组织化程度，发展壮大农村集体经济，重建村社（社区）共同体，推动乡村组织振兴。

一 元阳县基层党组织建设成效

元阳县下辖南沙镇、新街镇、牛角寨镇、沙拉托乡、嘎娘乡、上新城乡、小新街乡、逢春岭乡、大坪乡、攀枝花乡、黄茅岭乡、黄草岭乡、俄扎乡、马街乡14个乡镇，共138个行政村（含社区）1307个村（居）民小组。截至2024年底，全县有基层党组织1266个，其中：基层党委23个，党总支176个，党支部1067个。根据分类，乡镇党委14个，农村党组织895个，社区党组织24个，机关单位党组织132个，事业单位党组织127个，国有企业党组织6个，非公有制经济组织党组织32个，社会组织党组织9个，离退休党组织27个。从元阳县的总体情况来看，全县有七成左右的基层党组织建立在农村。

截至2023年7月，元阳县共有党员16074名，其中，女性党员3672名，占总数的22.84%；少数民族党员13194名，占总数的82.08%。从年龄结构上看，35岁及以下的党员3475名，占总数的21.62%；36~60岁的党员9729名，占总数的60.53%；60岁以上的党员2870名，占总数的17.85%。从学历结构上看，初中及以下学历党员9212名，占总数的57.31%；高中、中专学历党员1824名，占总数的11.35%；大专学历党员1993名，占总数的12.40%；大学本科学历党员2990名，占总数的18.60%；研究生学历党员55人，占总数的0.34%。② 从党员构成来看，元阳县呈现少数民族党员占比

---

① 习近平：《高举中国特色社会主义伟大旗帜 为全面建设社会主义现代化国家而团结奋斗——在中国共产党第二十次全国代表大会上的报告》，人民出版社，2022，第67页。

② 数据来源于元阳县委组织部。

高、中青年党员占比高、初中及以下学历党员占比高的特点。

元阳县有汉族、哈尼族、彝族、瑶族、苗族、傣族、壮族 7 个世居民族，属边疆民族地区，少数民族人口占比高。随着党和国家脱贫攻坚任务的完成，少数民族的生活面貌发生了翻天覆地的变化。在发展党员方面，少数民族群众听党话、感党恩，加入党组织的愿望非常强烈；中青年人经过历练，干事创业的能力较强，有了稳定的价值观和较为坚定的政治立场，成为党员队伍的中坚力量。由于受之前经济社会发展相对落后的影响，大部分党员的学历还比较低，后续可以通过中短期培训、"万名党员进党校"、集中理论学习、在职教育等方式来加强对党员的教育和培训，不断提高党员素质和能力。

党的十八大以来，元阳县不断健全党的组织体系。坚持党的一切工作到支部的鲜明导向，扎实推进基层党建"推进年、提升年、巩固年、创新提质年"和"智慧党建三年行动计划"，基层党建质量稳步提升。以"双整百千"四级联创为抓手，对标"五个基本"抓实党支部规范化建设，全面开展达标创建、示范支部创建、整顿软弱涣散党组织等工作，持续推动"扩先、提中、治软"行动，全县各领域 1214 个基层党组织规范化建设达标，建设省、州级示范基层党组织 28 个。元阳县重点从农村优秀人才、返乡大学生、产业工人等青年群体中发展党员，持续提升党员发展质量、优化党员队伍结构。积极推动 14 个乡镇建设党校、党员教育实训基地，实现村组党组织活动场所覆盖率 100%，不断增强基层党组织的政治功能和组织功能。

基层党组织振兴，关键在党员队伍。元阳县着力建好建强基层党员队伍，充分发挥青年人才引领带动作用，深入实施农村"领头雁"培养工程、农村"明白人、带头人"培养计划，着力选优配强基层党组织领导班子，连续 3 届圆满完成村（社区）"两委"换届选举，农村基层党组织领导班子的年龄、学历结构得到整体优化。2021 年，村（社区）"两委"换届后，全县 138 个行政村（含社区）全部实现党总支书记、主任"一肩挑"，其同时担任村（社区）集体经济组织理事长，1307 个村（居）民小组设立了村集体经济组织,为乡村振兴打下了坚实基础。元阳县全面推行村级组织"大岗位制",建立村组干部待遇正常增长机制,进一步激发基层干部干事创业活力,推荐 450 名村组(社区)干部参加村(社区)干部能力素质和学历水平提升行动。

基层党组织振兴,重点在提升基层组织服务力。在脱贫攻坚任务完成之前,全力抓党建促脱贫攻坚、促乡村振兴,中央、省、州、县各级选派干部奔赴脱贫攻坚、乡村振兴第一线。2015 年以来,元阳县累计选派 2760余名驻村工作队员和第一书记,不断提升党建引领产业发展、转移就业、易地扶贫搬迁后续帮扶、思想引领、文明生活"五个组织化"水平。深入实施村级集体经济强村工程,累计争取中央和省级财政资金 2900 万元、县级整合 5170 万元,扶持农村集体经济项目 171 个,发放"基层党员带领群众创业致富贷款"2340 万元。① 稳步推进"干部规划家乡行动",高质量完成"县乡党委书记每年抓一个示范村建设"35 个,擘画乡村发展美好蓝图。创新开展"乡村振兴大擂台""好支书大比武"等活动,围绕助农增收、乡村建设、乡村治理等目标任务,比措施、比担当、比创新、比成效,在真抓实干、比学赶超的浓厚氛围中,不断推动农业全面升级、农村全面进步、农民全面发展。设立 5637 个城乡全科网格,引导各方力量进入网格、融入网格、包联网格,党建引领基层社会治理成效在乡村振兴中得到检验并持续巩固拓展。

二 元阳县基层党组织建设经验

元阳县基层党组织建设工作取得了不少成绩。不同乡镇的党组织以及各个村的党组织在组织建设方面都总结了一些经验。下面选取南沙镇基层党组织、全福庄村基层党组织以及新城村基层党组织的党建经验进行介绍。

(一)元阳县南沙镇基层党组织建设经验

南沙镇是元阳县县政府所在地,在元阳县下辖的 14 个乡镇中,南沙镇

---

① 数据来源于元阳县委组织部。

基层党组织"五个一"的建设经验可供借鉴。

南沙镇辖 7 个行政村，3 个社区，34 个自然村，53 个村民小组，42 个居民小组。总户数 13850 户，总人口 40539 人。设有基层党委 1 个，党总支 12 个，党支部 55 个，共有党员 926 名。在加强基层党组织建设实践中，南沙镇以政治建设为统领，以提升党组织的组织力为抓手，从小处、细处着手，采取有效措施，激活基层党建的"一池春水"。

一是压实"一个责任"，以小清单撬动党建工作大格局。南沙镇以上率下压实各级书记抓基层党建工作第一责任，年初制定基层党建工作责任清单、问题清单和任务清单，成立党建工作指导组，建立健全党委定期研究基层党组织建设工作制度和班子成员党建联系点等制度，选派党建指导员蹲点驻守，督促指导挂联村基层党建工作。采取"汇报＋点评"的形式召开"党建工作述职评议会"，形成"书记抓、抓书记"的党建工作格局。认真实施县委书记、乡镇党委书记抓基层党建重点项目，聚焦重点难点项目扎实推进工作。

二是抓实"一项建设"，以小切口谋求基层党建大突破。规范化是基层党组织建设的一项基本要求，是推动基层党建工作的有力举措，其他各项工作的开展都有赖于规范化建设。南沙镇以党支部规范化创建工作为依托，扎实推进"双整百千"四级联创，通过落实党委委员、驻村第一书记担任村级党建指导员的制度，指导各党支部按时按质完成"万名党员进党校""三会一课""四议两公开"等工作，确保党内制度、组织生活更加规范，实现支部有活力、活动有引力、党员有示范、群众有好评。打造了呼山村、大沙坝村和排沙村等一批乡村振兴、民族团结、全国文明村示范点。

三是建强"一支队伍"，以小岗位彰显基层党建大魄力。南沙镇在村级后备干部选拔培养过程中，大胆创新，实行镇党委书记及党委班子成员分片包村制，运用"三推二考一公示"的方式选拔村级后备干部，经过个人推荐、民主推荐、组织推荐，推荐后谈话考察、确定后综合考察，考察后公示三道程序把全镇 68 名致富带头人、本土能人及返乡大学毕业生等优秀人才作为村级后备干部人选进行储备和培养。依托青年人才党支部村级试岗制度设置了村级实训岗，让青年人才党员到所在村进行试岗实习，为青年党员提供锻炼的"舞台"，也为村级党组织培养后备力量。目前，共回引优秀人才 19 人。2018～2021 年 3 年内培养了 19 名年轻村级后备力量充实到村（社区）干部队伍中，其中 5 名后备干部通过培养锻炼走上了村（社区）党组织书记、主任"一肩挑"的工作岗位。

四是夯实"一个重点"，以小领域推动基层党建大提质。坚持重点引领、全面推进的工作方式，不断提升"三个组织化"水平，夯实党建促脱贫攻坚基础。按照"党组织+公司+基地+农户（建档立卡户）"利益联结模式，实现产业扶贫 100% 覆盖。截至 2021 年 8 月，全镇共整合土地流转 12797.4 亩，引进 11 家龙头企业，发展种植芒果、莲雾、枇杷、青柚以及冬季鲜切等特色农业 17000 余亩，建成了标准化生猪、肉牛养殖场 14 个，7 个行政村均实现村集体经济收入在 3 万元以上，其中呼山村村集体经济收入在 12 万元以上。南沙镇以"党建引领+劳务输出"工作机制，持续提升劳务输出组织化程度，建设扶贫龙头企业 6 个、扶贫车间 5 个，带动周边贫困人口 800 余人。3 个易地搬迁点均成立了党支部，指派了党建指导员，并结合脱贫攻坚等工作开展收家治家、环境提升治理、党员献爱心等一系列丰富的主题党日、志愿服务活动，实现了易地搬迁点党组织活动正常、群众生活丰富多彩。

五是构建"一个体系"，以小网格体现基层治理"大智慧"。全面推行网格化管理服务模式，实现基层自治全覆盖、服务群众零距离。以村（社区）为单位划分一级网格，以党支部、村（居民）小组为单位划分二级网格，根据辖区面积、居住人口状况、流动人口分布情况、管理难易程度等因素划分三级小网格。推行"一个党支部+一个网格+一份信息档案"的模式，构建覆盖整个村（社区）的社情民意信息收集传递网络。通过"定人+包片"的运行模式，建立人员下沉网格、服务送上门的服务机制。在疫情防控中，该镇将各村（社区）划分为 9 个网格大点，由挂钩领导担任网格总长，统筹协调疫情防控工作；将 95 个村（居民）小组细化为网格小点，由村（社区）干部分任建筑栋长，实施挂点作战。成立了以党员志愿服务

队为主体战力的 58 支防控工作队伍，并成立了 1 个疫情防控临时党总支、3
个临时党支部，调动了广大党员先行先动先冲锋，分赴各站点开展全方位
设卡监测、入户排查人口信息、宣传预防保健知识、实施卫生消毒打扫等
工作，做到了群防群治、联防联动。

（二）元阳县新街镇全福庄村基层党组织建设经验

全福庄村隶属于元阳县新街镇，在元阳县的 138 个行政村（含社区）
中被列入第三批全国乡村治理示范村名单、第二批云南省乡村治理典型案
例名单，其典型经验"'七个一'工作法探索乡村善治新路径"，获全省、
全国范围推介。

全福庄村距新街镇镇政府所在地 11 公里，下辖 4 个自然村，8 个村民
小组，总人口 610 户 2960 人，哈尼族、彝族等少数民族群众占总人口的
97%，设有党总支 1 个、党支部 4 个，共有党员 122 名。[①] 2022 年以来，全
福庄村以党建引领示范工程为核心，通过党建引领、四级联动、移风易俗、
诉源治理、智能防控、产业富民、共治共享等举措，积极探索乡村善治新
路径，基本实现产业兴旺、生态宜居、乡风文明、治理有效、生活富裕的
目标。全福庄村被评为"中国传统村落""云南省卫生村""云南省基层社
会治理创新试点""云南森林乡村""云南省规范化建设示范党支部"。

全福庄村始终坚持以党建引领基层社会治理，充分发挥党员示范带头
作用服务基层群众，由党员干部带头宣讲促进乡风文明。

一是突出党建引领，下好基层治理"一盘棋"。发挥"头雁"效应，聚
焦引领抓治理。注重加强党对乡村治理的全面领导，通过建强基层党组织，
选优配强 7 名村"两委"干部，实现书记、主任"一肩挑"，并培养卢卫明、
李正英等一批"明白人、带头人"引领带动乡村治理和建设；通过把"党员、
干部、群众"三个要素组织起来，做到干部带头干、党员示范干、群众跟着

---

① 《学典型 | 元阳县这个村成全省乡村治理典型，来看 TA 们怎么做→》，"云南红河发布"微
信公众号，2023 年 8 月 29 日，https://mp.weixin.qq.com/s? __biz = MzA3MTIxMDQyMQ = =
&mid = 2651072044&idx = 2&sn = fb5152df17c99ee986a7618e9ad87022&chksm = 84c182f6b3b60be
09db8b24a84141e14e9280287c5a5f9f3a8162961a8fd4159140cb5fa65dc&scene = 27，最后访问日
期：2024 年 1 月 15 日。

干,积极营造党群联动、齐抓共管的良好干事氛围。释放组织动能,聚焦责任抓治理。以党的建设贯穿乡村治理、保障乡村治理、引领乡村治理,建立健全定期专题研究乡村治理和平安建设工作机制、把乡村治理工作纳入党总支书记抓党建述职评议考核内容等制度,压实抓党建促乡村治理工作责任。创新工作举措,聚焦落实抓治理。开展管规划、管森林、管村庄、管梯田、管水系、管旅游"六管"和治乱、治脏、治污、治违、治堵、治教"六治"行动,推动村党组织聚焦主责主业,集中精力抓党建、抓治理、抓服务,构建基层党建工作新格局,形成以党组织为核心,党员群众积极响应、广泛参与的工作格局,党群关系进一步密切,各项工作落实有力有效。

二是发挥党组织先锋作用,织密织牢基层治理"一张网"。划网格、明责任,做到守土有责。构建"镇、村、组、户"四级网格体系,把全村4个自然村8个村民小组分成21个网格,配备专(兼)职网格员21名,组建常态化网格服务队,健全镇、村、组层面网格化管理联席会议制度和问题协调处置工作机制。分设网格长和网格监督管理员,网格长由党支部书记、村组长、党员担任,网格监督管理员由老干部、老党员、村民代表共同担任,网格内和网格间互相监督,让每个网格都能守"格"有责、守"格"尽责。理清单、抓落实,做到守土负责。实行网格事项清单准入制度,镇级统一制定网格事项责任清单,把党的建设、移风易俗、人居环境整治、社会保障等各项重点治理内容纳入网格管理事项,将空巢老人、留守儿童、伤残人员等弱势群体纳入网格重点管理对象,由村党组织统筹协调、推动落实,实现需求在网格发现、信息在网格采集、隐患在网格排查、矛盾在网格化解、服务在网格开展、问题在网格解决,打通联系服务群众"最后一公里"。2022年来,全福庄村共排查出矛盾纠纷5起,化解5起,化解率达到100%,群众满意度100%,真正实现"小事不出村,大事不出乡"的目标。

三是党员带头宣讲、带头示范,推进移风易俗,促进乡风文明。开展一系列宣传活动。针对哈尼族等少数民族群众办丧事铺张浪费等陈规陋习,全福庄村村"两委"班子和党员干部充分利用农闲季节、节假日和集市等,通过摆摊发放宣传品、利用应急广播宣传政策、召开村民大会等方式,大力开展移风易俗政策宣传工作，不断让移风易俗改革举措深入民心。截至2022年底，全村4个自然村共召开村民大会7场次，宣传活动参与群众达1510人次。制定一套整治标准。全福庄村严格落实新街镇制定的"两控制四改进四禁止"措施（"两控制"指控制吊丧天数、控制杀牲畜数量；"四改进"是改进亲属上祭还祭方式、改进上祭用餐方式、改进看望方式、改进清明节随礼方式；"四禁止"为一律禁止以上祭的名义请客，一律禁止燃放礼花、礼炮，一律禁止发烟、发糖等浪费习俗，一律禁止邀请文艺队搭台进行歌舞表演）。由党员带头示范并进行宣传教育，全福庄村共对3家预办丧事户进行宣传教育，制止8支上祭队伍，少杀牛7头、少杀猪5头，节约资金共计10.74万元。

（三）元阳县上新城乡新城村基层党组织建设经验

新城村以建强基层党员队伍为抓手，加强民族团结进步政策落实，切实强化基层党组织的政治功能，提升组织力、凝聚力、战斗力（见图5-1）。一是规范支部建设，严格落实"三会一课"制度和党员积分制，积极推动村干部、党员深入学习与忠实践行习近平新时代中国特色社会主义思想和党的二十大精神。2022年，党总支书记讲党课2次、第一书记讲党课2次。二是激发党员树立标杆意识，在处理各项急难险重任务和宣扬文明乡风方面发挥带头表率作用，积极当好政策宣传员，传递好党的声音。2022年以来共组织党员参与村内卫生整治2次，参与疫情防控工作4次，发动党员同志深入群众中间宣讲党的二十大精神2次。三是建立健全群众来访制度，落实社会治安网格化管理制度，畅通群众诉求渠道。2022年以来，接待群众来访10余次，人数50余人，确保"小事不出村"，让人民群众的安全感显著提升。在党组织队伍中充分发挥先进个人带动作用。

聚焦四个挂联党支部，以加强基层党员队伍建设为抓手，持续推进党史学习教育常态化长效化，深化拓展"我为群众办实事"实践活动，切实强化基层党组织的政治功能和组织功能，提升组织力、凝聚力、战斗力。2023年7月，州委政研室全体班子成员紧紧围绕推进巩固拓展脱贫攻坚成果同乡村振兴有效衔接等重要内容，分别为各自挂联党支部上了一堂接地气的专题党课。政研室党支部书记陆永开同志分享了"以高质量基层党建引领乡村振兴的方法路径",勉励上新城乡各党支部要在乡村振兴中当好"领头雁""主心骨",以高质量基层党建引领乡村振兴;班子成员何倩、王兴贵、赵倩分别就精准落实相关政策、从百年党史中汲取全面推进乡村振兴的磅礴力量、如何发挥党员先锋模范作用助力乡村振兴进行了解读和阐述,进一步统一了挂联党支部党员的思想,引导了全体党员干部在推动乡村振兴中做出更多努力。党的二十大召开后,班子成员带头深入挂联村开展党的二十大精神宣讲,切实推动党的二十大精神深入人心。2022 年,州委政研室领导班子为新城村党员讲党课 5 次。到各挂联党支部指导开展组织生活 4 次,为各支部赠送图书 10 余册。

案例 5-1　新城村"95后"团总支副书记

新城村团总支副书记、村委会民政协理员李金博,是出生于 1997 年的一个年轻小伙,政治面貌为中共党员,是来自新城村所辖下新城村的哈尼族。他初中在新城中学就读,高中在县一中读了一个学期后辍学,2015 年到云南省红河哈尼族彝族自治州财经学校学会计专业,2018 年中专毕业。毕业后在元阳县红泰糖业有限责任公司做过财务。2016 年在前辈陈光福(1977 年生,元阳县税务局南沙分局局长)的带领下进入了该村的"学生会",积极参加"学生会"组织的文艺汇演活动。李金博运用自己掌握的多媒体技术,把"学生会"活动视频拷贝出来剪辑后发送到元阳梯田网、县政府网站等网络平台,同时撰写文字稿,得到新城村村委会和上新城乡政府的认可。2020 年 12 月村委会给李金博做思想工作,动员李金博回乡参加 2021 年村委会的换届竞选,竞选团总支副书记。

李金博于 2021 年 6 月到村委会工作,任新城村团总支副书记、村委会民政协理员。近两年时间里,他始终坚守岗位,把群众的难事、需要救助的事当作自己家里的事去关心和解决。他吃透临时救助、低保、特困人员救助供养、孤儿救助等惠民政策,积极走访村里的老人、儿童、困难群众等,遇到符合申请条件的,他就耐心细致地向群众做好政策宣传和答疑工作，并做好材料收集、上报、回访等工作，实现"事事有回应，件件有着落"。为了不耽误群众享受相关政策，有时到了晚上八九点，李金博还在村里入户，帮老人办理养老资格认证、收缴医保等事项。群众都夸他："交给金博办我放心。"两年来他共计为群众办结民政类申请80余件次，办结率在90%以上。

作为新城村土生土长的青年干部，李金博将对家乡的炽热与本职工作相结合，在履职尽责中多做建设家乡的"附加题"，提升工作的亮色。截至2023年，他的自媒体账号"元阳新城网"共有关注人数1865人，累计发布政策及村级事务类信息300余件次，村民了解政策的渠道更丰富了，建设家乡的干劲也更足了。

作为团总支副书记，李金博也时刻关注村里的青少年成长。2022年的"五四"青年节，李金博联合回乡干部、村党支部开展了"青春心向党，喜迎二十大"青年座谈会，召集村里的青少年学生一起座谈交流，分享成长经验，同时组织大家清扫村内卫生，提升大家爱护人居环境的意识。此外，李金博也和驻村工作队一起，在"六一"儿童节、春节前夕等，为村里的留守儿童、困难儿童发放礼物，向他们传达社会和政府的殷殷关切。

图 5-1　上新城乡新城村村民委员会全貌

资料来源：调查组拍摄，2023 年 1 月 16 日。

三 元阳县基层党组织建设的优化路径

基层党组织是中国特色社会主义民主政治的"最后一公里",能够让老百姓切身感受中国共产党的性质和宗旨。基层党组织要秉持为群众办实事的工作作风,越是与群众切身利益息息相关的事务,群众的参与热情就越高。与之相反,如果脱离群众利益,不为民谋利甚至与民争利,党群关系就会恶化。此外,群众如果不能有效参与政治或参与渠道不顺畅,其经济性诉求不能得到有效表达,则容易转化为政治性诉求,使情况变得复杂。其实,在政治发展史上,民主成长的过程就是"参与"范围不断扩大的过程,群众参与的广度和深度是衡量民主发展水平的重要尺度。

在基层民主政治发展的大舞台上,群众应该是"主角",要让群众在基层社会治理中真正发挥主体作用。在基层社会治理体系中,基层党组织与人民群众应是多元并存的治理主体,基层党组织尊重人民群众的主体地位、保障人民群众的根本利益,才能始终获得人民群众的拥护和支持,党的民主政治建设才能够行稳致远。群众的创造性表现也能够启发和教育基层干部,基层民主中的若干制度创新,如"村民委员会"的组织形式、"村民代表会议"的组织形式、"海选"产生候选人的方式等,都是农民群众创造出来的。因此,基层党组织在治理过程中,应该充分尊重和相信乡村组织的组织创新能力。

组织振兴是乡村振兴的重要内容,农村基层党组织建设是乡村振兴的统领和保障,是党在农村全部工作和战斗力的基础,也是实施乡村振兴战略的"主心骨"。乡村振兴战略对农村基层党组织建设提出了新的目标和要求,农村基层党组织在乡村振兴战略实施过程中承担着领导者、组织者和实践者的职责。要加强农村基层党组织自身建设,进而为推进乡村全面振兴提供坚实的政治和组织保障。

(一)以民生为重点加强基层党组织建设

民生连着民心,民心关乎政权稳定。民生是最大的政治,基层党组织作为乡村振兴的领导者,必然要关注和解决民生问题。全面推进乡村振兴，关键在党的领导。党领导人民实现乡村的全面振兴，本身就是一项重大的惠民工程。在乡村振兴中加强基层党组织建设，要以民生作为区分"好的政治"和"坏的政治"的根本标准。基层党组织建设得好不好，不能看纸面上的数字，关键看有没有让当地老百姓生活得更好。解决民生问题是基层党组织的重要职责，也是增强基层党组织组织力和服务力的重要抓手。

有些民生问题虽然看起来很小很细碎，但在老百姓心中的分量很重。水是当地老百姓种田和生活的根本，与水有关的问题都是重要的事情。调查组在元阳县上新城乡新城村调研时，群众反映新城大沟由于无人管理、常年失修等已经堵塞很多年，给群众的生产、生活用水带来很大困难。原来新城大沟长 18 公里左右，流经上新城村、下新城村、箭竹林、巫家寨等自然村，由于大沟干涸了，原来的水田变成了旱地，导致"沟中无水，田中无粮"。重新疏通新城大沟，是当地民众的热切期盼。村民告诉调查组："如果沟修通了，我们就可以安心在家好好地把田地重新种起来、把粮食种起来，沟里有了水，群众生活也方便，也能加强火灾防范，大家更有安全感。"而如今要重新疏通新城大沟，仅靠村民的力量是难以完成的，需要基层党组织和政府把群众动员起来，并给予财力上的支持，才能一起把大沟疏通，而且还应建立完善的用水机制和大沟维护机制。

教育问题也是民生关注的重点。呼山村出现本村村里的学校和教室闲置，而村内适龄儿童需要到镇上去上小学的问题，村级党支部、镇一级的党委和政府都应对此高度重视。可通过吸引优秀人才、提高乡村教师待遇等措施，将村里的小学重新恢复使用，让村里的适龄儿童能够就近就便入学。

民生是最大的政治，以民生为重点加强基层党组织建设，就是要以当前存在的实际问题和困难为导向，直面问题而去，以解决问题为目标，以群众满意为宗旨。以民生为重点加强基层党组织建设，就是要把为民办实事的能力、带领群众致富的能力以及提升群众获得感、幸福感、安全感的能力作为衡量基层党组织建设水平的重要标准，基层党组织应聚焦这几方面能力的提升，从而有针对性地加强和改进工作。

（二）健全和完善选人用人机制

激发农村基层党组织活力，充分彰显农民的主体地位，就要让真正了解农业、关心农民、热爱农村、对乡村振兴有责任感的人能够进入农村基层党组织，并且获得稳定的预期，有良好的发展空间。目前元阳县的选人用人政策对农村的支持力度还需要加大，而且在具体实施过程中不能沦为"走过场"，例如存在个别"驻村第一书记"被抽调到镇上工作、基本不驻村的情况。选用农村基层党组织的人才不能只追求学历上的漂亮，而要让真正"了解农民、熟悉农业、热爱农村"的人到农村施展才干。其实，如果想让更多的外部精英进入农村，也许采取倡导志愿服务的办法效果会更好。基层党组织可以支持和资助一些志愿者下乡，或者通过直接支持乡村社区的办法，由社区居民来决定选择让什么样的志愿者加入本社区的公共事务中。

（三）深入推进基层党组织自我革命

党的自我革命永远在路上，基层党组织也要进行自我革命。党的基层组织是确保党的路线方针政策和决策部署贯彻落实的基础，也是党的全部工作和战斗力的基础，只有基层党组织坚强有力，党员发挥应有的作用，党的根基才能牢固，党才能有战斗力。因而基层党组织必须不断进行"自我革命"，以自我革命引领社会革命，才能紧跟新时代新征程党的新使命，才能更好地发挥领导核心作用。老百姓对中国共产党最直观的评价就是他们身边的党员，就是离他们最近的党的基层组织。党的基层组织如果不进行自我净化、自我完善、自我革新、自我提高，就容易听不到群众的心声、听不进群众的批评意见，在群众中造成极坏的影响。近年来，发生在基层的腐败并不少见，如虚报冒领村集体占地补偿款、贪污村集体资金、虚报侵占房屋搬迁补偿款、违规向群众收费、利用职权为他人冒领养老保险金和医疗保险金等。这些发生在基层的腐败直接关涉到老百姓的切身利益，涉及老百姓最关心最关注的事情。基层党组织的自我革命要聚焦使基层党组织永葆先进性和纯洁性的总目标，针对自身存在的问题，以问题为导向进行整改和提升，建立完善的信息公开制度，如完善村务公开栏，完善党组织民主生活会，深入、真实地开展批评和自我批评，还要进一步完善惩戒制度，涉及原则性问题，比如违反了党纪和法律，就要勇于"亮剑"，用最严格的纪律和法律来管人、管事、管权，确保基层党组织能够赢得村民信赖。

第二节　农村专业合作经济组织建设

一　元阳县农村专业合作经济组织建设成效和经验

（一）元阳县农村专业合作经济组织建设成效

农村专业合作经济组织，可以说随着我国经济不断发展进步而步入了新的发展时期，体现出组织方式日益多样化、合作内容不断丰富和拓展、管理和运营市场化、与农民利益联结程度高的特征。学界针对农村专业合作经济组织的定义、性质、特点都有丰富的研究成果。有研究者指出，农村专业合作经济组织是由合作社、市场、农户组成的，提供一系列服务，如给予生产资料、种源，组织市场营销活动，等等。认为其是通过开展技术培训，在新品种和新技术推广、农业产业结构调整、促进土地流转等方面形成的服务组织网络化、服务管理规范化、服务机制市场化、经济利益共同化、服务能力持续化的新型农业科技经济合作组织。[1] 另有研究者指出："农村专业合作经济组织，指的是农民为了使自己的利益得到保障以及提升，自觉自愿加入的组织，并且该组织以农民为主体，农民对其进行经营管理，而且整个运营的链条包括引入投资，对产品进行加工与销售。"[2] 也有研究者对农村专业合作经济组织的类型进行了分析，认为"一类是较为松散的专业协会，它以会员业务联合为基础，为会员提供市场信息、技术信息和销售信息等方面的服务，形式灵活，易于组织；另一类是较为紧

---

① 王天华：《促进农村专业合作经济组织发展提升农业产业化经营水平的策略分析》，《山西农经》2021年第10期。

② 张利平：《新型农村专业合作经济组织发展的影响因素及对策分析》，《现代农业研究》2019年第7期。

密的专业合作社，它以社员劳动联合和部分资产联合为基础，为社员的家庭经营提供销售、技术、供应等方面的服务，为数相对不多，实行二次返利的更少"。①

（二）元阳县农村专业合作经济组织建设经验

1. 突出示范引领，大力发展农村专业合作社

元阳县千方百计创造条件，扶大培强农村专业合作社。遵循"积极发展、逐步规范、强化扶持、提升素质"的工作思路，大力发展多种形式的新型农民专业合作社。鼓励农村致富能人、返乡农民工、种养大户、农业龙头企业、村"两委"干部、退休干部、机关事业人员等创办、领办或联办合作社。鼓励农户以土地、资金、技术、劳动力等多种形式入股，形成以资源为纽带的利益合作联合体。探索农村社区股份合作、劳务合作、农民用水合作等创新形式。支持合作社开展示范创建工作，把示范合作社作为政策扶持重点，对示范合作社建设鲜活农产品仓储物流、兴办农产品加工业等给予特殊扶持，全面提升组织带动能力。元阳县上新城乡的芒果种植业在这种模式下取得了带动乡村经济发展的显著成果。

案例5-2　闯出脱贫新路子：金煌强农芒果种植农民专业合作社

元阳县金煌强农芒果种植农民专业合作社位于上新城乡风口山、小土龙两个村所在地，属于红河谷开发开放经济带，年平均气温在25℃以上，干热气候适宜芒果生长。在打赢脱贫攻坚战之前，元阳县为了加快脱贫攻坚步伐，促进产业转型升级，促进土地供给侧改革，使建档立卡贫困户找到增收致富的路子，于2016年11月，以"党支部+合作社+基地+农户"的模式成立金煌强农芒果种植农民专业合作社，打造一村一品的红河谷开发开放经济带特色产业。受益农户达320户，其中建档立卡贫困户220户。该合作社目前已完成种植优质芒果2800多亩，带动周边农户种植优质芒果3000余亩。种植品种有台芒、金煌、贵妃、

---

① 尤庆国、林万龙：《农村专业合作经济组织的运行机制分析与政策影响评价》，《农业经济问题》2005年第9期。

桂七、凯特、澳芒等。

金煌强农芒果种植农民专业合作社主要特点有以下几点。一是围绕发展特色产业、推动热区土地经济开发的思路，积极探索"支部+合作社+基地+农户"的模式，通过"支部抓专业合作社，专业合作社建基地，基地连农户"的方式，成立凤口山村党总支金煌强农党支部和金煌强农专业合作社芒果种植基地，合作社共有成员12人，参与群众达102户420人，设立"两新"组织党支部1个，共有党员3人。二是建立完善的利益联结机制。通过"龙头企业+基地+专业种植合作社+农户"模式，建立互利互惠和风险共担的利益共同体。按照互惠互利、按股分红的原则，农户中只以土地入股合作社的占30%，以土地和自行栽种的方式入股合作社的占70%；其余主体中提供种苗、技术支持和完善产业配套设施并负责栽种的占70%，仅提供种苗、技术支持和完善产业配套设施的占30%。芒果种植基地的成立，引领群众找到了一条脱贫致富的新路子，不仅使农户到期获得分红，而且也为搬迁点移民提供了就业机会，拓宽了移民群众增收致富的渠道，使农民群众和搬迁户实现稳定增收。三是带动效应显著，金煌强农芒果种植农民专业合作社充分发挥示范带头作用，免费发放优质芒果种苗，鼓励群众参与芒果种植，组织专业合作社成员到四川攀枝花、海南三亚、丽江等地考察学习，按季节定期邀请农业技术人员到党建促脱贫教育示范基地召开培训会，免费为群众提供芒果种植、管护等方面的技术培训，建立农民田间学校，实时为群众提供技术指导。在党支部的引领下，越来越多的贫困户和农户种植芒果，发家致富，党支部有效发挥了"致富一人，带动一片"的作用。

2. 撬动人才杠杆，培育新型职业农民

元阳县围绕稳粮保供、巩固拓展脱贫攻坚成果同乡村振兴有效衔接任务，扎实推进乡村发展、乡村建设和乡村治理，重点面向家庭农场主、农民合作社带头人和种养大户，统筹推进新型农业经营和服务主体功能提升、种养能手技能培训、农业创新创业者培养、乡村治理及社会事业发展带头人培育等行动，大力培养高素质农民队伍。在全面培育的基础上，聚焦粮食安全、产业帮扶、农业科技现代化共建先行县等重点任务，依托农广体系和涉农院校教育资源，利用现代农业产业技术体系、农技推广体系等科技力量，重点组织开展稳粮保供专项技术培训、"菜篮子"专项技术培训、乡村产业带头人培训、"青年先锋"培育、"巾帼建功"培育等行动。

案例5-3　专款专用，分批分类培育新型职业农民

2021年，省、州下发元阳县高素质农民培育经费75万元，同时下达的指导性计划目标是培训260人。鉴于培育需求人数较多，元阳县对省、州的指导性计划的260人进行了调整，将县域内高素质农民培育任务数调整为400人，其中经营管理型100人、专业生产型和技能服务型300人。元阳县围绕主导产业和特色优势产业开展全产业链培训，分层分类分模块培养有文化、懂技术、善经营、会管理的高素质农民，全部培养、培育任务由县农广校承担。

2022年，省、州下发资金提高到86万元，项目由元阳县农科局负责实施。指导性计划目标为培育240人，其中，经营管理型100人、专业生产型90人、技能服务型50人。根据实际发展需求，元阳县将高素质农民培育任务数调整为400人，其中经营管理型100人、专业生产型200人、技能服务型100人。

元阳县农广校在全县范围内选定具有一定文化基础和学习能力，有一定产业规模、生产经营效益较好，且具有积极示范带动的果树种植大户、规模种植经营者、家庭农场经营者、农民合作社骨干、农业企业负责人等作为培训对象，经营管理型农民培训时间为15天，专业生产型农民和技能服务型农民培训时间为7天。经过近几年的探索，形成的好的经验做法包括以下几点。一是做好课程设置。根据高素质农民培养目标，培训单位围绕培训专业产前、产中和产后发展关键环节制定培训内容，设置教学课程；

实践与理论相结合，开展理论培训、实践操作培训及外出交流学习培训等。二是优选师资人才。为使培育工作取得实效，在省、州、县农业部门及大专院校中级职称以上的技术专家、业务骨干和本地乡土人才中筛选出具有丰富理论和实践经验的培训教师。三是制订有操作性的教学计划。为便于培训工作实施，县农科局结合实际制定了《元阳县农科局2021年高素质农民培育教学计划》，对教学目标、教学内容、教学组织及进度等做了翔实安排。四是采用多种教学形式。建立培训规范的班级管理制度，选好配强班主任，负责班级的日常管理；成立班委会，加强学员之间的相互交流和自我管理，保证培训工作顺畅有序。

元阳县新型职业农民培育的突出特点是实行"分段式、重实训、参与式"的培训模式。根据农业生产周期和农时季节分段安排课程，强化分类指导，结合元阳县产业发展实际，对各个班级开展侧重培训，做到"一班一案"。注重实践技能操作，大力推行农民田间学校、送教下乡等培训模式，提高参与性、互动性和实践性。每期培训均开展以爱国主义为主题的党史学习教育，进行政策文件宣讲，让绿色发展理念、农产品质量安全、信息技术手段运用等内容进培训、进课堂。通过课堂、微信学习群等多种形式联合开展金融担保信贷培训；在乡村旅游班培育中，结合文化和自然遗产日活动，开展哈尼文化传承主题培训。采用"理论+实际操作"的教学方法，以理论教学、教师实践示范与学员实际操作相结合，或者将学员示范、学员和教师点评相结合，提高学员生产技能。

3. 创新合作方式，支持乡村企业发展

乡村产业振兴需要符合乡村发展实际、能够凸显乡村优势的创新型组织方式。依托乡村优秀企业形成品牌带动效应，是实现乡村振兴的重要方式之一。由于地理环境适宜，茶叶产业是元阳县农业和加工业的重要组成部分，是县域经济发展的基础，是元阳县的一项传统产业，也是山区群众脱贫致富的项目之一。近年来，茶叶产业得到了较为快速的发展和巩固，呈现良好的发展前景。例如，元阳县欧乐茶业有限公司自行开发的磨锅茶、明前云雾茶、红茶、白茶、普洱茶深受广大消费者的欢迎。产品远销省内外各大中城市，供不应求。

案例 5-4　带动农户致富：元阳县欧乐茶业有限公司

元阳县欧乐茶业有限公司位于云南省红河哈尼族彝族自治州元阳县牛角寨镇欧乐村，是欧乐村的村办企业。公司茶叶种植基地周边主要是山林，空气清新、气候宜人、植被完整、绿树成荫、环境优良，主要种植有机茶叶。公司基地已种植茶叶 3000 亩，完成投资 200 万元，每年用工 6 万余人次，带动周边村委会村民参与进行采摘、收购。公司现有厂房面积 2000 平方米，初精制加工设备 30 台（套），2022 年加工厂已获得 SC 认证（食品生产许可证）和有机转化基地认证；年产茶叶 90 余吨，产值 450 多万元。

据统计，欧乐村全村共有 628 户（其中脱贫户 272 户），全村总人口 3149 人（其中脱贫人口 1291 人），2021 年鲜叶产出 360 吨，产值 162 万元，成品总产值 212.6 万元，户均茶叶收入达 2580 元。2022 年鲜叶产出 469 吨，产值 270.6 万元，成品总产值 428.28 万元。2022 年投入 100 万元的村集体经济资金后，2022 年户均茶叶收入达 4309 元，户均收入比上年增加 1729 元。本村脱贫人口 15 人在欧乐茶业有限公司上班，每月工资 3000~6000 元。

2023 年，元阳县欧乐茶业有限公司停用原有的"牛棵打"商标，于 5 月 13 日注册"梯田秀峰"商标，并再次获得项目资金 200 万元，公司用这笔资金重新装修厂房，购置新的设备。

元阳县欧乐茶业有限公司实际经营者是陈卫民，1974 年生，是元阳县牛角寨镇欧乐村人。"做事情要为老百姓着想，要带动老百姓致富"，这是陈卫民经常挂在嘴边的一句话。他的生意涉及餐饮、住宿和茶厂三大块，但现在的重心都在茶厂，他说餐饮和住宿不能带动老百姓增收，种茶才能帮助老百姓。确实也是这样，茶厂开始正常化运营之后，欧乐村和周边几个村寨的茶农有了稳定的销售通道，白天上山采茶，下午太阳还没有落山就可以过来把当天采的茶叶出售。对于茶厂的工人来讲，白天在自家茶山采茶，晚上到工厂制茶，也就可以有双份收入。茶厂现雇有工人19人，其中15人是建档立卡户，茶厂供吃，每个月的工资按照工时计算，其中男工150元/工时，女工120元/工时，茶厂每天白、晚两个班，所以春茶忙时，有人每天就可以累积两个工时，最高赚到300元/天，平均下来每月的工资在4000～6000元。茶忙时临时聘的工人的工价为男工120元/工时，女工100元/工时。村民自己种的茶，如果卖到茶厂，收购的价格会按照不同的品级区分，单芽50元/kg或30元/kg，一般的茶叶4～8元/kg。2023年4月中上旬正是春茶丰收的时候，茶厂门口整整齐齐排了一大长队，有大约30个村民等着交茶，而且春茶品质好、收购价格也高，当时村民每人都有200～400元的收入，该公司确确实实带动了老百姓增收致富。

4. 进行资源整合，振兴乡村文旅产业

政策扶持是促进农村专业经济合作组织发展的主要手段，政策扶持方式包括产业政策、资金政策、税收政策扶持。元阳县在振兴乡村文旅产业方面主要运用到产业政策和资金政策扶持。产业政策扶持主要是根据农业现代化发展目标，引导、鼓励、支持农民、新村民、企业等兴办各种类型的合作经济组织，盘活农村资源，带动乡村发展。而产业政策往往要配套资金政策，才能使支持真正落到实处。一般来说，各级政府财政都有一部分支持农业农村发展的资金，过去，这部分资金主要用在农业基础设施建设上，现在，围绕推进乡村全面振兴目标，面对农业农村现代化和合作经济发展的新形势，政府对支农财政资金的使用方向也应做出相应的调整，让很大一部分资金向盘活乡村土地资源、带动农村集体经济发展方面倾斜。元阳县在这方面也做出了有益尝试。

案例 5-5　盘活文旅资源，支持红河山野云兰文化旅游有限责任公司发展

红河山野云兰文化旅游有限责任公司位于云阳县新街镇多依树下

寨，于 2022 年正式成立，公司的注册者是"梯田兰子"丁继楠，公司旗下有两个民宿和一个餐厅，均设立于元阳县多依树下寨，公司初始注册资本为 50 万元，经营范围包括：农村民间工艺及制品、休闲农业和乡村旅游资源的开发经营；旅行社服务网点旅游招徕、咨询服务；旅游开发项目策划咨询；休闲观光活动；日用百货销售；组织文化艺术交流活动；游艺及娱乐用品销售；工艺美术品及礼仪用品销售；商业综合体管理服务；餐饮管理；农产品的生产、销售、加工、运输、贮藏及其他相关服务；农副产品销售；针纺织品及原料销售；等等。除"梯田兰子"丁继楠的个体注册资本，元阳县政府还提供了 400 万元的工程贷款以帮助丁继楠推进多依树下寨的餐厅与民宿的建设。政府提供工程贷款也要求丁继楠对多依树下寨的月亮广场、公厕、公房承担施工工作，充分盘活村集体资源。

由于餐厅属于多依树下寨村集体资产，因此餐厅的所有权仍归属于村集体，红河山野云兰文化旅游有限责任公司只有餐厅的使用权，使用期限为 20 年。为了提高村民以及村集体收入，多依树下寨 112 户村民均加入了村集体合作社，与红河山野云兰文化旅游有限责任公司组成甲方和乙方，采取"村民+合作社+公司"的模式来盘活乡村文旅资源。目前按照口头协定（尚未签订合同），村集体的分红由两部分组成，第一是无论盈亏每年必须按照总投资额的 5% 给村民分红，也就是一年保底必须给村集体分红 20 万元；第二是如果实现了盈利则再将收益的 7% 给予村民分红。因此村集体每年的分红收入构成为：20 万元+7% 的盈利额。在与村民合作方面，红河山野云兰文化旅游有限责任公司定期向村民提供兼职岗位，工资以一天 80 元进行日结。另外，红河山野云兰文化旅游有限责任公司还租用了村民的鱼塘来作为梯田捕鱼的活动场所，租金按年支付，具体数额为一年 2000 元，租用的鱼塘总面积为 2 亩。目前，"梯田兰子"丁继楠成立的红河山野云兰文化旅游有限责任公司的收益主要由两个部分构成，其一是公司旗下两个民宿提供的住宿收益，其二则是与政府、其他民宿经营者以及多依树下寨村民联合举办的长街宴篝火晚会展演活动获得的收益。政府主要提供政策支持，红河山野云兰文化旅游有限责任公司与多依树下寨的村民主要负责活动承办、宣传以及接送游客，其他民宿经营者则负责具体经营业务，长街宴篝火晚会展演活动的收益纳入多依树下寨的村集体分红。

这样，各方的积极性都得到了充分调动，公司、村集体、农户结成利益共同体，共同打造乡村文旅产业。同时也增强了农户的主人翁意识，因为只有他们保护好梯田、传承好哈尼族优秀传统文化，才能吸引更多的游客到村子里观光、住宿、餐饮，如此不仅促进了农户收益提升，同时促进了村集体经济发展、公司盈利增加，是联农带农、促进乡村文旅产业发展的新探索、新模式。

二　元阳县农村专业合作经济组织建设存在的问题

（一）农村专业合作社合作的广度深度和带动能力有限

由于农民主体发展积极性提升，加之政府在产业、资金方面的扶持政策以及提供的信息服务，元阳县农村专业合作社近几年获得了较为快速的发展。但在发展中仍然存在一些比较突出的问题。一是合作的广度十分有限。农民合作集中在经济领域的多一些，而在社会、文化等领域的深度合作非常少；经济领域的合作又主要集中在农业领域，忽视了农业与第二、第三产业的合作；农业领域的合作又主要集中在农业生产的产中环节，没有实现生产、加工、销售全产业链的合作。这样一来，直奔经济而去的合作效果往往难以达到预期，农村社会资源和文化资源也没有得到充分挖掘和有效利用；农业与第二产业、第三产业融合发展的路子也没有打通，农业的拓展空间受限，农业品牌培优培强的可能性打了折扣；农业全产业链发展没有形成链条的闭合，农产品附加值难以提升，农民收入提升深受掣肘。

二是合作的深度还不够。当前的农民合作基本上局限在较低的层次，多数是临时性的互助，没有形成深度而紧密的合作组织，既不能适应现代农业产业的发展需求，也还不足以承担起乡村振兴的使命。临时性的、松散型的互助与合作方式，使得农户在进行利益权衡时往往只顾自家而选择放弃组织，表浅层次的合作容易导致各合作参与者充分搜集市场信息的动力不足，抵御市场的不确定性和风险的能力降低。只有当农户、企业、村集体各方都切身感受到合作社经营的好坏与自身利益深度攸关时，主人翁意识才能被全面激发出来，而这就需要建立深度的利益联结方式和紧密型的合作组织形式。

三是带动能力还不够强。合作社的产品多以初级产品的形式直接进入市场，农产品加工业发展还比较滞后，农产品综合加工率较低，产品附加值不高，产业链条不长、不完整，价格深受市场波动影响，容易造成农产品滞销、农民收入不稳定的情况。例如元阳县盛产芒果、枇杷等特色水果，但是以这些特色水果为依托而建立的专业合作社大多限于果树栽种、果品收购等环节，水果以初级产品的形式直接进入市场，缺乏精加工、深加工等环节，比如说将芒果做成芒果罐头、芒果干，将枇杷做成枇杷膏、枇杷露，等等。延长产业链，农产品的附加值就会大幅提升，由于这些制成品价格相对稳定，农民的收入也就能够得到保障。

（二）新型职业农民培育过程中对传统农耕智慧的重视依然不够

元阳县曾经是国家级贫困县，2011 年被列入全国集中连片特殊困难地区分县名单，既是全国滇西边境集中连片特困地区县之一，也是云南省 27 个深度贫困县之一，全县有 9 个贫困乡镇（均为深度贫困乡镇）、125 个贫困村（深度贫困村 74 个）、贫困人口达 17 万余人。2020 年，元阳县退出贫困序列，进入巩固拓展脱贫攻坚成果同乡村振兴有效衔接的阶段。当前，元阳县发展不平衡不充分的问题还比较突出，尤其是发展不充分的问题。为了"生存"与为了"生活"的农业经营模式在一定范围内并存，存在新型农业经营主体不接纳传统农民和传统农业经营方式的问题。传统农业经营方式中积淀着中华民族几千年的传统农耕文明智慧，这些优秀的文化成分不应被抛弃，而是应在新的时代条件下对其进行转化和提升。调查组在调研中发现，由于新型职业农民培育过程中对新技术、新理念的过度追捧，传统农耕智慧被遮蔽，传统农耕文明的传承出现困境。

一是新型职业农民培育的内容和方法被统一"格式化"。农业是极具地方性的艺术，任何已有的科学数据都必须根据地方特点进行非常细心的检验和修订。在元阳县，农民耕作的土地大多分布在崇山峻岭之间，土地细碎化问题严重，但拥有得天独厚的自然资源和精耕细作的农业传统，各民族的传统农耕智慧传承了几千年，能够适应自然和时令的变化。但在新型职业农民培育过程中，一定程度上出现了过度追求经营规模、追求提高机械化水平的倾向。农业科技的运用固然是重要的，但针对元阳县农业发展的实际情况，可能要更加注重提高农业信息化服务水平，在新型职业农民培育过程中应因地制宜、发挥特色和优势，培养擅于从事精细化农业生产的新型职业农民。

二是新型职业农民培育过程中对梯田耕作技艺的传承力度不够。元阳县地处世界文化遗产红河哈尼梯田核心区，而哈尼稻作梯田农业有其独特的耕作技艺，其管理体系可以概括为"三犁三耙，夏秋种稻，冬春涵水"。哈尼族把对自然的无限崇敬之情倾注到梯田的耕种过程中，为了培植梯田肥力，促进水稻根部的有氧呼吸，从而有助于其吸收矿质元素，提高水稻品质，他们辛勤地耕耘在梯田里，在种植水稻之前不停地犁田、耙田，并进行梯田护埂工作。夏季在梯田里种植水稻，秋季收割，收割完又往梯田里放水，以保证来年种植水稻时梯田不会漏水。这样的管理体系既顺应了自然生态节律，也体现了人们在生产过程中的主动性。但在新型职业农民培育过程中，尤其是在培训课程设置方面，对哈尼梯田耕作技艺的传承力度有所弱化，甚至有的直接没有这方面的课程设置，这不利于传统农耕智慧的传承。

三是新型职业农民培育过程中农民的主体积极性调动不充分。只有充分彰显农民的主体性，尊重农民的意愿，为农民提供较为全面的信息服务和选择机会，才能让农业成为有奔头的产业，让农民成为体面的职业，让农村成为安居乐业的和美家园。在新型职业农民培育过程中，政府主导作用的发挥与农民主体地位的彰显应有机结合起来。但在调研中发现，在新型职业农民培训各个环节的课程设置中，政府"端菜"的现象比较普遍，而农民"点菜"的环节比较少，未能充分针对农民的现实需求来设置培训课程，甚至会出现理论与实践"两张皮"的现象，对农民增收的促进作用仍需增强。

（三）支持涉农企业发展过程中出现工商资本排挤农户现象

家庭承包经营是我国农业双层经营体制的基础，家庭农户承担着农产品生产的主要任务。家庭式农业生产既可以实现农业要素的最佳组合，节约劳动成本和时间成本，又可以适应农作物生长的季节性、周期性和非标准化特征，这种模式管理成本低，而管理效率高，有利于更集约地使用土地，提高土地单位面积产值。当前，在支持乡村涉农企业发展过程中，一些地方出现了工商资本排挤农户的现象，普通农户在强大的工商资本面前没有足够的谈判能力，自己的合法利益得不到有效保障，被迫出让土地而沦为农业"打工者"。这种情况不仅与工业反哺农业、扶持农民发展的初衷背道而驰，还会挫伤农民的发展积极性。

《中共中央关于全面深化改革若干重大问题的决定》指出："鼓励和引导工商资本到农村发展适合企业化经营的现代种养业，向农业输入现代生产要素和经营模式。"有研究者指出，工商企业投资开发农村"四荒"资源、小规模租赁农户承包地建立示范推广基地，可以发挥资金、技术、管理等方面的优势，带动农民增收致富；但工商企业长时间、大面积租赁农户承包地，会导致土地单产水平下降，挤占农户就业空间，加剧"非粮化""非农化"经营趋势等问题。[①]

调研中发现，个别涉农企业在获得政府的政策、资金、信贷等方面的扶持之后，流转了农民的土地开展规模化经营，但由于经营管理不善，几年之后土地沦为闲置的厂房、杂草丛生的荒地或废弃的鱼塘，良好的土地资源被荒废。再者，农民如果仅仅是农业打工者，不利于促进他们向专业化与职业化农民的方向转型，也不利于他们真正成长为新型职业农民。推

---

① 农业部经管司、经管总站研究组：《构建新型农业经营体系 稳步推进适度规模经营——"中国农村经营体制机制改革创新问题"之一》，《毛泽东邓小平理论研究》2013年第6期。

动乡村全面振兴的最终目的是要实现农业强国目标，让农民过上更好的生活，要把各方面的要素组织起来、整合起来、联动起来，带着农民一起干、一起赚。绝对不能是把农民排挤在外，而让企业家通过农业富起来。

（四）文旅融合发展的组织支持力度还不够

对于元阳县来说，文旅融合的资源依托是良好的生态景观和富有特色的文化资源，其中生态景观是自然基础，生态一旦遭到破坏，恢复起来很难。保护生态环境需要基层党建引领，需要德治、法治、自治，各方治理力量的共同介入。当前元阳县文旅融合发展中还面临一些问题和困境。

一是哈尼梯田景区生态景观遭到破坏的情况偶有发生，生态旅游的基础受到削弱。一方面是梯田出现了"水改旱"的情况，哈尼梯田的功能性和整体景观效果被破坏。近年来，元阳县先后恢复了老虎嘴片区、螺蛳田片区等"水改旱"梯田3433亩，足以反映出前些年梯田景观被破坏的程度，目前仍有部分片区的梯田存在"水改旱"的问题。另一方面是个别区域的森林植被遭到破坏。在哈尼梯田"森林-村寨-梯田-水系"四素同构的循环农业生态系统中，森林处于最重要和最核心的位置，森林一旦被破坏，整个生态景观就会大打折扣甚至难以为继，也会直接影响村民的生产和生活，例如现在一些地方出现了用水难题。目前遗产区植被覆盖率是67%、森林覆盖率是49.6%，这是有记载以来最好的阶段，但保护生态环境还需进一步努力。

二是哈尼梯田文化旅游尚未做精，对游客的吸引力还不够强。哈尼梯田旅游片区对少数民族特色文化的挖掘还不够深入，文化旅游大多停留在景观观赏及节目展演的层面，游客观看完就走了，沉浸式的文化体验旅游尚未完全发展起来，文化旅游的"补链、稳链、扩链"还需下大工夫。从文化消费的意义上来说，真正具有独特性文化内涵的产品才是具有个性的，才是具有竞争力的。因此元阳县需要在旅游产品上花心思，目前将梯田文化符号化的产品还比较单一，远远不能满足消费者的需求。要使地方性存在的文化符号成为游客的消费符号，政府、旅游企业、当地村民得想办法让这些具有特色的文化能够符号化、具象化并深植于游客心中。

三是哈尼梯田生态旅游与文化旅游尚未深度融合起来，资源的聚合效应没有发挥出来。旅游产品业态单一，缺乏吸引高端游客的旅游新业态和新产品，景区景点主要依赖门票收入，中高端旅游消费市场还没有完全打开，哈尼梯田景区与群众的利益联结机制还不健全，世界级旅游资源尚未转化为产业优势。未来要加快旅游产品的业态创新，不断延伸旅游的产业链、提升价值链、提高旅游服务品质，才能真正做好"云上梯田"这块旅游金字招牌。

三　推动元阳县农村专业合作经济组织振兴的路径

（一）拓展农村专业合作社合作的深度和广度

一是拓宽合作社合作的广度。在条件成熟的情况下，合作的范围不一定局限于经济领域，可以拓宽到社会和文化领域。特别是对于拥有文化资源特色的元阳县来说，在文化领域的深度合作将会释放出促进经济社会发展的效益。元阳县攀枝花乡成立的"攀枝花乡猛弄刺绣农民专业合作社"，就是文化领域合作的一个良好例证。该合作社成立于 2016 年 3 月，目前有社员 200 人，涵盖彝绣专业村 2 个、彝绣协会 1 个、彝绣营销大户 4 户，成员有 1000 余人。合作社的成立基于攀枝花乡保山寨村猛弄村的"猛弄民绣"，"猛弄民绣"是攀枝花乡极富特色的手工艺术，以手工拉针民绣为主，将民族特色与文化元素融合，现通常以梯田、水系、村庄、森林为主要背景内容，把素布当作画卷，将山间层层自然美景和交相辉映的千年梯田呈现其中，同时融入以哈尼族、彝族为主的传统民族特色文化元素，突出千年哈尼梯田和百年民族文化刺绣艺术特点，将民族特色文化元素与现代风格结合，衍生出服饰、荷包、抱枕、公文包、钱包等 300 余种产品。合作社将合作范围覆盖到刺绣、技艺传承、设计、研发、生产、销售六位一体的整个产业发展体系中。合作社为了加深文化领域的合作，还积极探索校企合作的育人模式，与红河学院、云南技师学院初步达成"非遗"文化传承项目培训合作协议，每年组织绣娘参加培训，选拔优秀学员外出交流学习，不断提升绣娘刺绣技艺，同时积极创建"哈尼绣"品牌，拓展销售平台，增加群众收入，真正实现指尖技艺向指尖经济的转变，使刺绣产业成为攀枝花乡文化振兴、产业振兴的重要支柱产业。

二是加深合作社的合作深度并提升合作社的带动能力。加深合作深度最为关键的是要建立利益联结机制，让合作社、企业、农户结成深度攸关的利益共同体，去与大市场进行对接。通过与合作社的深度合作，把土地、资金、人才、技术、劳动力等要素组织起来、整合起来、联动起来，发展壮大乡村产业，以组织化融入市场化，以市场化带动群众增收，最终实现产业联动、抱团发展、合作共赢。

元阳县南沙镇呼山村在发展枇杷产业的过程中，积极探索盘活村集体经济的发展道路，坚持"合作社+村民+基地"模式，因地制宜发展特色产业。据悉，目前呼山村枇杷种植面积已达到 28000 亩，880 户农户主动参与种植。合作社的作用发挥体现在引领枇杷品种改良、深加工、特色品牌建设等方面，延伸产业链，提升产品附加值，有效拓宽农户增收渠道。同时，村集体探索出"一毛钱"工作法，从每公斤枇杷收益中获取"一毛钱"作为村集体收入，仅此一项，村集体年收入可在 40 万元以上。如此一来，村集体的积极性也被彻底调动起来，村集体积极对接镇党委政府争取项目资金，完善基础设施建设，补齐产业发展短板，健全产业组织体系。各方力量的深度合作，最终落脚于促进农民生活富裕，带动了全村 96% 的农户增收致富。

元阳县小新街乡绿山村增强村集体经济发展"造血"功能，探索"党组织+种植大户+村集体经济""党组织+公司+村集体经济"等运营模式，通过政府引导，村党组织发挥了较强的主导作用。绿山村积极与县级有关部门和元阳英茂糖业有限公司协调联系，争取补助政策支持，动员群众流转土地，种植大户在合作期间每年提供不低于 3 万元的资金作为绿山村集体经济收入，用于绿山村产业发展和公益事业建设。比如，2021 年，绿山村投入 30 万元与种植大户共同培育 400 亩甘蔗种植示范基地 1 个，每年获得分红 3 万元。通过不断壮大村集体经济的"活资产"，提升集体经济实力，绿山村以此示范带动了绿色农业快速发展，有力促进了群众增收致富。

（二）因地制宜加强和改进新型职业农民培育

首先，在新型职业农民培育的规划制定方面，元阳县要根据区位特征、资源禀赋、农业状况等因素实事求是地制定新型职业农民发展方案。区域差异客观存在，科学的方案应结合各地实际情况分析其成败的根由，进而把实践上升到经验层面，并加以归纳总结，再由各地"量体裁衣、自由选择"，而非"一刀切""一盘棋"。新型职业农民培育的课程设置既要体现现代农业发展要求，也要关注农民的实际发展需求，把政府"端菜"与农民"点菜"有机结合起来。例如元阳县拥有得天独厚的自然资源和特色浓郁的文化资源，在新型职业农民培育过程中要加强对这些方面的宣介和培训，要设置传统农耕文明方面的课程，把资源优势、文化底蕴转化为经济优势。

其次，要将新型职业农民发展置于"三农"的整体视域中，以农民为主体、以农业为本体、以农村为载体，积极响应并融入国家最新"三农"政策，实现农民与农业、农村发展的内嵌互动。当前最关键的是要在乡村振兴、农业现代化、农村治理能力提升、城乡融合发展的政策环境中通盘考虑新型职业农民发展问题，建立新型职业农民发展的长效机制，使新型职业农民队伍不断成长壮大，让农民由"三农"政策的受益者反转为"三农"发展的贡献者。新型职业农民的培育过程中要彰显农民的主体性，加大政策支持和供给力度，通过信息化服务破解农业劳动力供需矛盾，切实做到以农民利益为本位、以最新政策为导引、以优化农业劳动力供给结构为主题。

最后，要加强新型职业农民发展的顶层制度设计与整体规划，建立并完善新型职业农民发展的制度保障体系，以政府购买、企业担当、社会参与等多方力量提高农业社会化服务水平，重点加强新型职业农民培育的项目创新与资金支持，注重多元主体协同配合，建立健全经费投入机制，采取多种形式筹措资金。可按照相关规定统筹安排公用经费等资金开展新型职业农民的教育和培训，也可采取政府购买的形式，吸引社会力量提供新型职业农民培训服务，并注重增强培训环节的实效性，根据各地实际情况和主导产业开展有针对性的培训，以提高培训的质量和效率。当地可以尝试调动研究机构、慈善组织、涉农企业等参与新型职业农民培育项目，打造项目品牌，例如由中国慈善联合会、清华大学等十余家机构联合发起的新农人综合赋能公益平台项目——"乡村振兴领头雁计划"成效显著，为服务乡村振兴战略大局培养了一批高素质"领头雁"农民人才。

（三）建立利益联结机制，使涉农企业发展与乡村振兴深度关联

涉农企业尤其是农业龙头企业拥有资金优势，这是单个农户所不具备的。因此在实际发展过程中，要通过组织模式创新来规避工商资本排挤农户的情况。在工商资本进入农村，开发农业资源的过程中，要充分寻求农户与企业、村集体的利益联结点，探索合作共赢的经营机制。在这方面有一些县域外和县域内的经验可供借鉴。云南省红河州蒙自市草坝镇在种植蓝莓的过程中探索出"622"联农带农模式。这一新模式诞生于 2022 年，当时草坝镇与蒙自云科创现代农业科技有限公司合作开展"孵化家庭农场"实践，由该龙头企业负责苗源、技术、销售；由 14 个村委会联合成立集体公司，出资为农户垫购苗木、改造大棚、建设灌溉设施；农户以自有土地、大棚成立家庭农场，负责种植采摘、日常管理。蓝莓销售收入农户分六成，村集体公司分两成，龙头企业分两成。这样一来，企业、村集体、农户结成利益共同体携手培育蓝莓产业，农民不再以务工者而以"农场主"的身份成为产业链价值链重要一环，农民的主人翁意识被充分激发起来，同时也促进了集体经济发展、企业增效，乡村振兴前景明朗。

以多方合作的形式探索发展的新路径。元阳县人民政府、元阳县攀枝花乡与红河元阳云上乐作稻现代农业发展有限公司、云南大学的合作，也建立了合理的利益联结机制（见图 5-2）。该公司通过"公司+学校+政府"的合作模式，搭建农民用工专业信息平台，在元阳县内跨乡镇、跨村调度耕种梯田的农民，吸纳社会各方力量在面临抛荒的梯田上认种红米，打造"乐作稻"红米品牌，推动红米种植产业发展，实现粮食增收。公司以赓续和弘扬传统梯田稻作农耕文化、整合并激活当地劳动力资源为旨归，与地方政府、"双一流"高校合力共创"产学研"平台。依托现代化智慧农业和信息技术手段，聚焦科学兴农、提倡信息助农、弘扬智慧富农，在保障遗产区农业劳动力季节性务农与务工灵活结合、合理调度方面做引导。搭平台、建机制，同时致力于遗产区绿色稻作农产品精深加工与研发，为世界遗产区各族群众就近就便就业提供信息服务，促进农民增收，将劳动力要素进行优化组织，全力助推乡村全面振兴。

图 5-2　红河元阳云上乐作稻现代农业发展有限公司
资料来源：调查组拍摄，2024 年 1 月 15 日。

（四）联动各方力量，擦亮生态旅游与文化旅游深度融合的品牌

首先，元阳县要深入践行和贯彻落实习近平总书记"绿水青山就是金山银山"的理念，把哈尼梯田打造成人与自然和谐共生生命共同体的世界顶级生态旅游名片。千方百计保护好梯田生态景观，政府通过出台法律措施、完善生态补偿机制，继续大力实施荒山造林、封山育林、森林抚育等工程。保护梯田生态景观，还要防止梯田种植非农化、非粮化倾向，更要防止梯田撂荒抛荒，要用活、用好巩固拓展脱贫攻坚成果同乡村振兴有效衔接的政策和帮扶资金，开展梯田景区新型职业农民培育和提升工程，确保哈尼梯田耕种后继有人。在保护好森林资源、耕地资源、水资源的基础上，文旅部门要做好精品旅游路线设计，打造冬季旅游度假康养区、自驾游森林探险区、山水风光游览区等。

　　其次，要以文化传承为抓手做精做优乡村旅游。文化是旅游的灵魂，要深度挖掘文化元素和内涵，进行元素的整合与提升，用文化吸引人、留住人，把观光旅游引向深度沉浸式文化体验游。一是要守牢农耕文化传承根基，用"开秧门""长街宴"等标志性节庆活动讲好哈尼梯田农耕文化故事，打造精品文化体验项目，让游客深度体验特色民族文化。二是要打造传统文化精品项目，把这些项目嵌入乡村发展规划和旅游规划中，把建成的文化博物馆与展演、展示哈尼梯田发展历史、农耕文化文物和非物质文化遗产结合起来，让哈尼族、彝族的历史文化对游客来说有形、有感、有吸引力。三是要集中优势资源打造梯田文化体验区、民族文化节庆活动体验区等，保护好哈尼族传统民居，改善乡村人居环境，发展游客与村民"同吃同住同过节"的深度沉浸式文化体验旅游。

　　最后，要将生态旅游与文化旅游深度融合起来，做全做强旅游产业链。在全力保护哈尼梯田文化景观的完整性和原真性的同时，将生态资源用活，把文化资源用精，以生态旅游为基础，深度嵌入文化旅游，用良好的自然生态留住人，用底蕴深厚的民族文化感染人，拉长和做优旅游产业链，以打造5A级旅游景区为抓手，全力打造世界一流"健康生活目的地"，不断开发生态旅游和文化旅游新业态。在生态旅游与文化旅游的深度融合上做文章，将文化附着在生态景观之上，政府要划拨专项资金，加强文旅融合专业人才培养，创新景区对外宣介方式，充分挖掘特色文化资源，做细景区展板、文化宣传栏、文化博物馆等方面的文章，提升景区民众的人文知识素养，组建以当地民众为主的文化志愿服务队，擦亮特色文旅品牌。

第三节　社会组织和村民自治组织建设

一　元阳县社会组织和村民自治组织建设成效和经验

（一）元阳县社会组织建设成效

社会在转型过程中，会出现各种新的社会问题和社会需求。解决这些问题和满足这些需求，仅靠政府力量已经远远不够，需要组织化的社会力量进行补充。无论是政府还是社会群体，都需要自下而上的社会组织在其中发挥积极作用。社会组织既是民主政治发展的重要条件，也是民主政治发展的重要结果。

当前，元阳县的农村已经成为社会组织活动的广阔舞台。农村社会组织有多种类型，经济合作组织是其中一种，如各种专业合作社、专业协会、经济联合体等。这类组织是农民在家庭经验基础上，依照自愿、互利原则组成的，大部分有工商登记证书。除此之外还有权益维护组织，如农民工自发成立的打工者组织等，虽然也有一些打工者组织没有正式注册登记，但它们在形态结构和功能等方面已经成为一种组织学意义上的社会组织，而且这些组织的社会影响正在扩大。还有其他的社会服务组织，如老年协会、红白喜事理事协会等，这些组织通常不需要登记注册，主要是作为基层党组织和自治组织的伙伴组织存在。另外还有宗族组织等。

案例5-6 绿山村红白理事会传承乡风文明

元阳县小新街乡绿山村红白理事会于2018年成立，工房在2015～2016年建立。该村全为彝族人。绿山村的红白理事会中，由村民集体选出的理事会会长有2人，目前的会长为杨同亮、李学明，理事会成员由每户选出一个代表组成。整个红白理事会又分为5个小组，每组均有组长。其中，1组22人、2组22人、3组22人、4组23人、5组23人。村子里的红事白事由5个小组轮流做。红事和白事不能在同一天，在同一天预示着不吉利。红事提前7天向村委会报备。

村中如果有人去世，理事会小组长会通过村中大喇叭喊村民去主人家帮忙和看望。一旦有红白喜事要操办酒席，每户必须出一个人参加，生病等特殊情况要向会长请假。成员所做的事情为：洗碗、洗菜、摆桌子、做饭、抬棺材。组员具体工作内容由小组长安排。若外出打工、家里没有人参加，则必须请工，由自己请本村其他小组的人代替，一个人一天100元。可见，由于村民生计方式发生变化，外出打工等现象出现，通过支付金钱"请工"的方式代替了传统乡村的"人情社会"的非货币化互惠往来，人们的互相帮忙化约为通过货币进行交换。目前，请工帮忙红白喜事的人还比较少，每个小组基本就1~2家请工，如果年轻人出去务工了，家里老人也会积极参加做一些力所能及的事情。

红白喜事一般只办1~2天，并且主张不得大操大办，每桌的菜品和数量有限制，一桌只能8道菜，这也是农村移风易俗的具体体现。理事会小组长和理事会会长共同管理红白理事会，村委会不再插手。红白喜事的菜、酒、饮料由主人家提前购买放到工房。红白理事会日常消费的资金为集体筹集，主人家办事前会交300元给理事会会长，成为理事会集体资金，用于买碗、买锅、买桶，买了东西要开收据。为了避免很多不识字的老人看不懂，会长通常每年大年初一在村广场的群众大会上口头公布收支。为了保证资金安全，管钱和管账的人员不能是同一人，因此收钱人是李会长，支出记账的是杨会长。

（二）元阳县村民自治组织建设成效

"村民自治"的提法见于1982年我国修订颁布的《宪法》第一百一十一条，其中规定"村民委员会是基层群众性自治组织"。村民自治，属于基层群众自治制度的一部分，该制度简而言之就是人民群众在基层党组织的领导和支持下，依法直接行使民主权利，实现自我管理、自我服务、自我教育、自我监督的一项基本政治制度。村民依法办理自己的事情，发展农村基层民主，维护村民合法权益，促进社会主义新农村建设，创造自己的幸福生活，村民自治的核心内容是"四个民主"，即民主选举、民主决策、民主管理、民主监督。实行民主选举，由村民选举村民委员会组成人员；实行民主协商，由村民采取多种形式开展协商议事；实行民主决策，由村民通过村民会议或村民代表会议对社区公共事务和公益事业等作出决定；实行民主管理，由村民讨论决定村民自治章程、村规民约、居民公约等，并进行自我管理；实行民主监督，由村民推选产生村务监督委员会，监督村事务和村务公开制度落实。

村民自治是基层群众自治的重要方式，是基层民主的体现。当前，元阳县的农村都成立了村民委员会，村民委员会有固定的办公场所，各村制定了村规民约，定期召开村民会议、村民小组会议和村民代表会议。

（三）元阳县社会组织和村民自治组织建设的基本经验

1. 不断丰富社会组织的类型

社会组织的主体部分活跃于基层社会，是农民参与社会生活的重要方式。近年来，元阳县不断丰富社会组织的类型，将农民更好地组织起来，巩固村庄共同体。一类是形成于村社内部的民间组织。这是群众自发成立、自娱自乐、自我服务、自我管理的民间组织，包括利益维护类、情趣文体类和公益类等类型。这些组织是回应群众需求产生的，直接形成于村社中，主要在村社内部活动，获得的支持也主要来自村社内部。其中既有传统组织的复苏和发展，例如路会、桥会、香会、庙会、宗族团体等，也有新兴的公益性团体，如一些非正式基金会、行会组织等，还有一些专业技术类团体，如牧业协会、养殖协会等。有些组织是正式登记的，有些是在村委会备案的，也有些是游离于登记、备案管理之外的。它们是群众参与社会生活的一种组织形式，也是推进基层社会治理创新的有效形式。

在元阳县牛角寨镇脚弄村，彝族村落成立了"庙会"。庙会主要的任务有两项：一是召集会众开会，协商会内的有关事项，制定村里的村规民约；二是一旦会众中某个家庭发生红白喜事，就安排其他会众帮助事主办理相关事宜，比如宰杀牲口、办理伙食、安排前来祭奠的远房亲友的落脚点、安排抬棺的担架队等，有庙会组织帮助打理，事主就不必为各种事务操心。脚弄村还成立了"青年协会"，协会首要的任务便是对村里的年轻人进行管理，之前村里经常会发生年轻人酗酒滋事的事情，也有很多不尊敬父母和老人的案例，而进入这个协会之后，就会对其有潜移默化的影响，协会成员首先要从自己做起，吃饭喝酒都要有节制，要尊敬父母，促进家庭和谐。当前，"青年协会"的职责里面还加入了很多适应现代经济社会变迁的内容，比如为外出打工的青年救急，协会成员或者是村里其他伙伴在外打工的时候遇到困难都会得到协会的帮助，让他们感受到来自协会的温暖；协会每年都会拿出一部分钱来奖励村里考上大学的学生，甚至还会为他们专门设立一台晚会，虽然奖励的数额不大，但在村里形成了比较浓厚的读书氛围，也体现出基层社会积极拥护和支持党的教育政策，共同为建设教育强国而努力。

案例5-7　硐浦村"青年协会"的发展历程

村民自治组织作为村民自我管理、自我服务、自我教育、自我监督的基层群众性自治组织，是乡村组织振兴必不可少的重要力量和组成部分。硐浦村近年来成立多个片区的"青年协会"组织，作为群众性的自治组织，其长期扎根乡村社会，对村庄的村情民情和社会文化等有着深刻的了解和把握，在促进乡村自治、调解乡村矛盾纠纷、促进乡村事业发展方面发挥着重要作用。

截至2023年2月，硐浦村共有三个"青年协会"组织，当地人也称之为兄弟会。硐浦村最早成立的"青年协会"组织是罗氏家族片区的，其划分原则是按照住在附近的片区划分。

硐浦村"青年协会"自2019年底成立以来，始终致力于推动村落社区发展和服务村民。该协会起源于村内一群年轻人的共同愿景，他们通过微信群交流，发现村里老人缺乏一个合适的休息场所，于是决定采取行动。经过充分讨论和合作，他们选定了公路边的一块空地，并共同出资修建了一座亭子，为老人提供了一个遮风挡雨的地方。2019年12月修好亭子后，2020年农历正月初五开始他们便定期在此举办敬老活动，逐渐形成了传统，发展至今。相较于过去以家庭为单位、具有强制性质的参与模式，现今的"青年协会"更加注重个人意愿与自由选择。尽管如此，村民们的参与热情仍然高涨，充分展现了村落内部的凝聚力与向心力。每年的农历正月初五，他们都会齐聚于硐浦公路边的亭子，举行盛大的敬老活动。这些活动包括杀牛、摆席等，形式丰富多样。

2023年，硐浦村高姓片区的敬老活动如期举行，共摆了57桌，有500余人参与。活动前，协会成员会提前购买牛、猪、菜等食材，确保活动的顺利进行。次日早上八点，年轻人便齐聚一堂，组织杀牛杀猪，自然分组，各尽所能。老人们则在中午时分前来参与活动，与他们聊天、吃瓜子、喝饮料、打牌。这一活动不分性别开放，充分体现了村落内部的包容性与平等性。下午四点左右开始用餐，饭后，由妇女们自发组织的文艺队开始表演，载歌载舞，为活动增添了欢乐的氛围。整个活动既展现了年轻人的活力与担当，又彰显了老年人的智慧与魅力，共同构建了一个和谐美好的村落社区。

在组织架构方面，硐浦村"青年协会"设有组织者、会计和管理员等职位，由多位志愿者共同负责协会的日常工作。目前，协会成员数量已达到90人，涵盖了不同职业背景的年轻人。成员们积极参与协会的各项活动，共同为村落社区发展贡献力量。

近年来，硐浦村的"青年协会"也自发开始组织或参与更多的村内活动。如在生产活动上，协会内成员互相帮忙种田，例如撒秧苗时，哪家的田比较多，就一起去平田，弄成一小块一小块，弄薄膜必须两个人一起配合，哪家有事情冲突的时候，可以调配别的成员去帮忙；在"矻扎扎节""祭寨神林"等仪式节庆活动上，"青年协会"的成员要去"咪谷"家帮忙，杀牛、杀猪，做菜、端菜。年轻人以前是以家户为单位，现在有了"青年协会"组织，就更加有组织、有计划、有秩序地行动了。除此之外，红白喜事上，协会发挥的作用最大，例如2022年7月的时候，村子里高落干的大哥生病去世，他所在的这个片区高氏家族每户凑50元，这个片区"青年协会"的每个人还要凑100元。到办事的时候，成员杀牛、切菜、上菜，自然形成分工，出殡的时候，还要参与挖坟。无论白事、红事，"青年协会"都会全程参与，白事必须参与，红事是看时间自愿，以前是以家为单位，现在是以个体代表参与。既然是协会组织，也有一些不成文的规定：一是办完伙食以后，会剩下一些烟酒、剩菜，不能单独自己拿回家，只能在公共场合使用，若是被发现会被退出协会；二是连续几次不参与活动的话，就会口头批评教育；三是白事有规定，每人必须筹集 100 元，敬老活动按自己能力捐款，200~800 元不等。

从硐浦村"青年协会"的成立与发展可以看出，当今的农村青年不囿于个人追求和家庭发展，而是勇于承担起青年人对家乡建设和乡村振兴的责任。自觉地把个人追求与建设家乡、个人奋斗与乡村振兴紧密结合起来，积极投身到农业现代化建设中去，争做乡村振兴的"领头雁"。"青年协会"从生产到生活，全方位展现农村互帮互助、尊老爱幼的美好品德。这种类型的乡村自治组织，凝聚了乡村青年的力量，搭建了年轻人学习交流的平台，以组织振兴实践推动了乡村振兴。

元阳县上新城乡新城村成立"学生会"，"学生会"作为青年组织中的一种重要组织形式，常见于校园内。在村子里成立"学生会"的案例并不多见，元阳县上新城乡新城村的下新城村是一个哈尼族聚居的村子，全村有 210 户 1139 人，全部为哈尼族，210 户中有脱贫户 119 户、脱贫不稳定户 1 户、边缘易致贫户 6 户，户主政治面貌为中共党员的有 8 人。下新城村呈现三个突出特点：一是属于少数民族聚居村落，二是经济发展相对落后，三是村子规模较大。这三个特点中，前两个特点是"学生会"出现在这个村子的内生动力，即经济发展较为落后的民族村寨更加渴望村里的孩子能够通过读书改变命运，如此一来，主观上就有要成立一个"见贤思齐、向优秀学习、互帮互带"的学生组织的强烈愿望；最后一个特点为"学生会"在该村的出现提供了客观条件，也就是说村子的规模是实现组织创新的基础，一个非常小规模的村子难以成立"学生会"。

下新城村"学生会"成立于 2016 年，是在村里"能人"陈光福（1977年生）的召集下成立的。陈光福原本是下新城村村民，他是通过读书改变命运的一个典型例子，现任元阳县税务局南沙分局局长。2016 年，陈光福召集了新城村在云南民族大学、云南省红河哈尼族彝族自治州财经学校就读的学生，他认为必须把本村的学生力量召集凝聚起来，才能让本村有更多的学生去外面读书，不想让学生因家庭各种困难放弃学习，希望通过座谈会的形式了解村中学生的学习情况、思想情况。陈光福找到包括李金博在内的三个负责人，让其负责联系村里在念高中、中专及以上的学生，并组建了微信群"捞市普玛学生会"。刚开始加入的学生们主要是在微信群相互交流，大约 20~30 人。发展到现在有 148 人，成员为在读学生和毕业生，全是下新城村的哈尼族人。"学生会"没有会员名单，主要通过微信群、村里小喇叭进行广播通知活动。

2018 年农历大年初二，下新城村的"学生会"组织了春节联欢晚会。李金博表示春晚之前只是在电视上看，商量着联系陈光福和村委会想在村里组织一次，商量后共同制作活动方案。此次晚会为文艺汇演，邀请了村里的"摩批"、文艺队和民间艺人表演节目，也有许多节目由"学生会"自排自演。拍照摄像、宣传报道、礼仪主持都是"学生会"来完成。晚会由《哈尼哈吧》这个代表哈尼族传统文化的节目来开场，表演者为村里的"摩批"李拉卜。

"学生会"虽然并非一种新型组织，在校园里早已常见，但它出现在经济较为落后的少数民族聚居村寨是非常新奇的，这在其他的村子很少有。它的典型性在于将一种比较成熟的组织形式移植到农村，通过组织振兴促进乡风文明、推动人才振兴，同时也在一定程度上促进村庄的有效治理。

另一类是形成于村社外部的民间组织。这些组织的发起人多为知识分子，工作人员多为专职，特别是青年学生。有的活动集中于公共卫生、社区建设、教育等领域，有的活动集中于环保、维权、妇女权益、艾滋病等领域。其中一些组织以倡导宣传、引起社会关注、推动政策制定为主要工作目标。这些组织的生存不依赖于特定社区，而是面向社会吸纳资源，包括资金、信息、志愿者等。当然，随着网络技术的发展和智能时代的到来，还出现了大量以网络为依托的准民间组织，活动的途径和形式更加灵活多样。

2. 让村民自治组织成为基层自治的有效方式

村民组织是农民参与政治的有效方式，农村改革的重要推动者万里同志曾指出："不从下而上地建立群众自己的组织，就不能很好地集中群众的意见，领导的意见也不能很好地变成群众的意见并坚持下去，党的政策也不能很好地变成群众自觉的行动。由下而上地建立群众自己的组织，经过群众自己的组织去掌握与控制，群众运动才能表现出高度的纪律性，才能及时统一思想、统一行动，才能及时纠正偏向和错误……自上而下委派的群众组织，因与群众有些隔阂，不能很好地做到这点。"①

元阳县的村民自治组织总体上说发展得比较好，基层群众自治的"四梁八柱"已经搭建起来。例如，几乎所有的村子都有成文的村规民约来规范民众的生产生活。这里以南沙镇呼山村的村规民约为例进行说明。

案例5-8　元阳县南沙镇呼山村村规民约

为切实保障村民的合法权益，维护社会稳定，创造和谐有序的生活环境，根据《中华人民共和国村民委员会组织法》等相关规定，经村民代表大会研究，特制定呼山村村规民约。

一、全体村民要拥护党的领导，听党话、感党恩、跟党走，积极培育和实践富强、民主、文明、和谐、自由、平等、公正、法治、爱国、敬业、诚信、友善的24字社会主义核心价值观，接受理事会监督。

二、每个村民都要学法、知法、守法，不传播邪教，不吸毒贩毒，不聚众赌博，自觉维护法律的权威和尊严，同一切违法犯罪作斗争。

三、村民之间团结友爱，和睦相处，不打架斗殴、酗酒滋事，严禁侮辱诽谤他人，严禁造谣惑众、搬弄是非。

四、严禁偷盗，敲诈，哄抢国家、集体、个人财物。

1. 偷盗枇杷、芒果、荔枝等水果，一个或一颗罚款50元，数量较多的水果按市场价赔偿后罚200~500元一次。

2. 偷盗青菜、萝卜、辣子等蔬菜，一次或一颗罚30元。

3. 偷盗家畜、家禽类，如猪、牛、羊等，按市场价赔偿后罚300~500元一次。

---

① 万里：《万里文选》，人民出版社，1995，第6页。

五、严禁非法生产、运输、储存、买卖爆炸物，捡拾枪支弹药上交村委会或公安机关，私藏者移交司法机关处理。

六、爱护公共财物，不得损坏水利、交通等设施。

1. 损坏公共设施和个人财物要照价赔偿后罚款 500~1500 元。

2. 生产用水按片区分配，不准偷水，违者罚款 500~1000 元。偷盗他人接水管按每米罚款 50~100 元。

3. 生活用水偷盗一次罚款 1000~2000 元。

4. 故意损坏生产路，破坏绿化植物者除恢复原貌外处罚款 500~1000 元。

七、严禁乱砍国家、集体、他人林木，严禁损害他人庄稼及农作物，违者按市场价赔偿后罚款 500~1000 元。

八、村内家禽要圈养好，放养的家禽见着就打死，如牲畜伤人除赔偿外处罚款 100~300 元。

九、村外严禁放养牲畜，如牛、羊、马损坏他人庄稼的，除按亩产值和市场价赔偿外处罚款 200~500 元。

十、加强野外用火管理，严防山火发生，教育孩童安全用火、用电，违者罚款 200~500 元，情节严重的移交相关部门。

十一、村外严禁乱拉电线，要拉的高度在 6 米以上，违者除剪线外处罚款 200~500 元。

十二、不准私自占用集体财产和土地，不准乱搭乱建，建房者应服从集体规划，未经审批不得擅自动工。

十三、发生不正当男女关系，造成社会不良影响，双方各罚 500~2000 元。

十四、发生调戏妇女、强奸等违法行为的报警。

十五、不送小孩读书、不赡养老人、家庭不和谐者，如有事全村人不帮，打骂老人每次罚 200 元，不送小孩上学每次罚 200 元。

十六、村民在生产生活中平等、自愿相处，不以大欺小、以强凌弱，发扬和谐、团结、互助的邻里关系，发生打架斗殴的视情节罚款

1000~2000 元，情节严重的报警，

十七、村民纠纷应本着团结友爱、客观公平的原则协商解决，协商未果可派代表到村民小组、村委会、镇政府逐级反映，不得越级反映。

十八、以上村规民约如与法律相抵触，以法律为准。

以上村规民约如能由村民小组调解，无须村委会处理的，处罚金可按 20% 比例缴纳。

以上村规民约从 2019 年 7 月 1 日起执行。

3. 充分发扬基层民主，不断健全村民议事制度

一是组建村民委员会。《中华人民共和国村民委员会组织法》规定，村民委员会由主任、副主任和委员共三至七人组成，村民委员会成员中，应当有妇女成员，多民族村民居住的村应当有人数较少的民族的成员。如元阳县南沙镇呼山村村委会，有村委会主任一人、副主任一人、村委委员三人（其中一人为女性）。五人中有三人是少数民族。村民委员会主任、副主任和委员，都是由村民直接选举产生。根据该组织法，村民提名候选人，应当从全体村民利益出发，推荐奉公守法、品行良好、公道正派、热心公益、具有一定文化水平和工作能力的村民为候选人。元阳县南沙镇呼山村村委会最终推选出来的人选符合组织法的要求，德才兼备，且委员年轻化，三名委员中有两名是"90 后"。村民委员会每届任期五年，届满时举行换届选举，村民委员会成员可以连选连任。呼山村村委会主任罗华同志在群众中口碑好、为群众办了很多实事，得到群众公认，已连任两届。

二是灵活召开村民会议。村民会议是村民实现直接民主的基本形式。《中华人民共和国村民委员会组织法》规定，村民会议由本村十八周岁以上的村民组成。村民会议由村民委员会召集。有十分之一以上的村民或者三分之一以上的村民代表提议，应当召集村民会议。村民会议的权能主要是审议村民委员会的年度工作报告，评议村民委员会成员的工作；有权撤销或者变更村民委员会不适当的决定；有权撤销或者变更村民代表会议不适

当的决定。村民会议可以授权村民代表会议审议村民委员会的年度工作报告，评议村民委员会成员的工作，撤销或者变更村民委员会不适当的决定。涉及村民切身利益的事项，必须经村民会议讨论决定方可办理，主要包括：①本村享受误工补贴的人员及补贴标准；②从村集体经济所得收益的使用；③本村公益事业的兴办和筹资筹劳方案及建设承包方案；④土地承包经营方案；⑤村集体经济项目的立项、承包方案；⑥宅基地的使用方案；⑦征地补偿费的使用、分配方案；⑧以借贷、租赁或者其他方式处分村集体财产；⑨村民会议认为应当由村民会议讨论决定的涉及村民利益的其他事项。村民会议也可以授权村民代表会议讨论决定以上事项（见图 5-3）。

图 5-3　新城村委会召开村民会议
资料来源：由元阳县新城村委会提供，2023 年 7 月。

三是定期或不定期地召开村民代表会议。人数较多或者居住分散的村子，为了集中民意更为便捷和高效，可以设立村民代表会议，讨论决定村民会议所授权的事项。村民代表会议由村民委员会成员和村民代表组成，村民代表应占村民代表会议组成人员的五分之四以上，妇女村民代表应占村民代表会议组成人员的三分之一以上。村民代表由村民按每五户至十五户推选一人，或者由各村民小组推选若干人组成。村民代表的任期与村民委员会的任期相同。村民代表可以连选连任。村民代表应当向其推选户或者村民小组负责，接受村民监督。村民会议的主要职责是制定和修改村民自治章程、村规民约，并报乡、民族乡、镇的人民政府备案。村民自治章程、村规民约以及村民会议或者村民代表会议的决定不得与宪法、法律、法规和国家的政策相抵触，不得有侵犯村民的人身权利、民主权利和合法财产权利的内容。村民代表会议由村民委员会召集，每季度召开一次。有五分之一以上的村民代表提议，应当召集村民代表会议。村民代表会议有三分之二以上的组成人员参加方可召开，所作决定应当经到会人员的过半数同意。

四是根据实际需要召开村民小组会议。村民委员会下设村民小组，元阳县一共有1307个村（居）民小组。召开村民小组会议，应当有本村民小组十八周岁以上的村民三分之二以上，或者本村民小组三分之二以上的户的代表参加，所作决定应当经到会人员的过半数同意。村民小组组长由村民小组会议推选。村民小组组长任期与村民委员会的任期相同，可以连选连任。属于村民小组的集体所有的土地、企业和其他财产的经营管理以及公益事项的办理，由村民小组会议依照有关法律的规定讨论决定，所作决定及实施情况应当及时向本村民小组的村民公布。

二　元阳县社会组织和村民自治组织建设存在的不足

（一）社会组织参与社区建设的积极性有待提高

社会组织积极主动参与农村社会社区建设，能够回应农民日益多元化的、个性化的民生需求，更好地满足人民日益增长的美好生活需要。中共中央、国务院共同颁布实施的《关于加强和完善城乡社区治理的意见》明确提出，要大力发展纠纷调解、健康养老、教育培训、公益慈善、防灾减灾、文体娱乐、邻里互助和居民融入等方面的社区社会组织。元阳县的社会组织类型还不够丰富和多元，纠纷调解、健康养老、公益慈善、防灾减灾等方面的专业社会组织还比较少，不能充分满足和回应民众的诉求。已有的社会组织参与农村社区建设的积极性也还不够高，究其原因，一方面是目前有关社区社会组织登记、备案等方面的法规还不健全,另一方面是在法律政策层面上缺少鼓励、扶持社区社会组织参与社区建设的相应制度。这不仅影响了社区社会组织的建立、生存和发展,也影响了其自治和相当一部分社会功能的实现。例如调查组在调研中发现,元阳县的乡村有大量农民走出家乡,去拥抱充满风险和变数的城市生活,去接受新的挑战。在元阳县沙拉托乡,调查组还看到了"跟党走 打工去"的标语。因此催生了一批专门帮助农民走向城市的"新农民",他们就是劳务经纪人。劳务经纪人是农民离开土地,向"打工经济"转型的中间人,可以是机构,也可以是个人,他们在农民和城市企业之间架起桥梁,对接企业的招工需求,帮助农民在城市找到工作,并向企业或农民中的一方收取佣金。但是这样的劳务经纪人大多没有登记备案,他们一年中在家乡的时间非常短暂,参与家乡社区建设的积极性也不高。

(二)社会组织自身能力建设有待加强

元阳县社会组织发育不充分,组织能力建设亟待加强。由于一些社会组织的能力表现不佳、公益性质异化、运行监管失控,政府和公众对社会组织的信任度不高,民众普遍认为,即便是公益服务类型的社会组织到农村,也是为了挣钱。还有一些社会组织满足于业务活动的正常运行,忽视组织自身建设,对民众关于组织的意见和评价不闻不问或置之不理。另外,社会组织通常与政治保持着一定的距离,对基层民主的影响作用尚未显现出来。总的来说,社会组织在农村还缺乏公信力,一方面是由于社会组织自身建设还存在问题,比如不会宣传组织理念、对组织的功能定位存在偏差、缺乏组织长期发展规划和顶层设计、监督制约机制建设滞后、信息公开制度建设不力等;另一方面是由于民众的信任偏好和观念影响,他们普遍相信政府、相信熟人,尤其是对当地政府有普遍的心理依赖和"特殊信任",而对社会组织持观望态度。

(三)社会组织与政府的关系尚需理顺

社会组织能够通过各种活动和服务,弥补政府功能的不足,化解各种社区矛盾,是社区治理与和谐社区建设中的重要社会力量。但在现实中,在城市和农村存在的大部分社会组织，自身资金有限，政府投资占大多数，组织制度建设上对捐赠、减免税、财务等方面的政策也还不完备，导致社会组织和政府总是捆绑在一起，发展定位不清晰，出现了社会组织行政化的倾向。要看到，单纯依靠党和政府扩大社区自治空间是不够的，政府也不可能包罗所有的社会治理业务，这就需要政府有所为有所不为，给社会组织赋权，通过志愿服务、合作协议、适当补助、购买服务、项目分包等方式，让业主委员会、社区文艺团体、老年协会、棋牌协会等社会组织可以通过制度建设，组织各种活动，吸引居民或农民加入，扩大基层自治空间。

（四）村民自治组织的治理效能有待提升

从村干部的角度来看，建立一支具备现代治理能力的干部队伍，是提升村民自治治理效能的关键。但是由于村干部待遇不高，奖励机制不健全，加之部分上级政府对村干部往往表现出要求高、支持少，指责偏多、关怀偏少的倾向，很多有能力的人不愿担任村干部，认为担任村干部钱少、事多、责任大。这就需要党和各级政府重新审视村干部的利益诉求，他们不仅是市场经济中的劳动力，同时不少还是致富能力强、带富能力强、风险意识强的"三强"劳动力，因此要健全村干部奖励机制，建立和完善管理机制，激励有能力又有责任心的人参与村干部的竞选，配齐配强村民自治组织。从村民的角度来看，在村级治理中，村民是最重要的参与主体。村民自治的核心要义在于"四个民主"，要顺利实现村民自治的目标，村民在"四个民主"以及利益诉求表达上的参与不可或缺。但在农村空心化日益严重的背景下，村里的劳动力尤其是青壮年都外出打工了，留在乡村的大多是老人和小孩，老人参与民主政治的素养、能力和意愿都不高，小孩未满十八周岁不具有选举权和被选举权，有的村里出现村民会议和村民小组会议都难以召开的情况，在村干部换届选举期间也很难将人召集起来，大家不是十分关心村里的公共事务，也不愿意积极主动地参与，导致村民自治组织的治理效能发挥受限。

（五）村民自治组织的多重价值尚未充分彰显

村民自治是社会主义民主政治在农村基层的体现。对于村民自治组织来说，其不仅承担着引导农村经济发展、进行村庄社会治理的经济和社会责任，还担负着促进乡风文明、发扬基层民主、推进人与自然和谐共生的文化、政治、生态责任。相应地，村民自治组织的价值是多维的。例如在引导乡风文明方面，从呼山村的村规民约可以看出，其内容涉及村庄生活的方方面面，既明确了村民在生产生活中应该做什么，也明确了不能做什么以及违反之后要受到的相应处罚，并且将"拥护党的领导"放在了第一条。但呼山村村规民约也存在不足之处，主要是引导、倡导性质的规定所占比重较小，而处罚性质的规定所占比重过大，似乎把村民当成了"诸恶之源"，不利于彰显新时代乡村良好风貌。其实，村民身上蕴藏着很多中华民族传统美德，如睦邻友好、互帮互助、扶危济困、尊老爱幼、勤劳节俭等，对于这些内容要多加倡导、多加鼓励，以促进乡风文明。在当前社会治理中，要把德治、法治、自治紧密结合起来，强调德治为先，引领良好社会风尚。

三 元阳县社会组织和村民自治组织建设的优化路径

（一）不断提升社会组织自身发展成效和创新成效

元阳县社会组织的突出特点体现为组织化水平迅速提高，由单项行动走向主动联盟，开始自觉地关注能力建设，有意识地学习行动策略，通过多种方式建立合作、分享经验、扩大影响。社会组织对于社会治理的作用也越来越显著，它们在"环保""教育""培训"等领域开展活动，与政府促进社会发展的目标相通，同时为社会提供了新的资源配置体制和利益传输渠道，满足了社会多元化的需求，成为社会发展的重要推动力量。社会组织有利于乡村问题内部化，在基层、在乡村内部化解乡村社会问题，而不是将已有问题"上交"，使其成为政府直接面对的问题。

（二）充分发挥社会组织对基层民主的积极影响

社会组织既开展社会服务，也监督政府行为、影响政府决策，在公共事务中发挥作用，是推进基层民主的重要力量。社会组织在一定程度上整合并集中表达了群众的利益诉求，拓展了基层民主的参与渠道和途径。社会组织的活动使民众获得了参与实践的机会，可以训练公民的参与意识和参与能力，为民主的运转提供组织条件，提高民主制度的效率和稳定性。社会组织能够广泛地动员社会资本，在许多情况下能够提供政府无法提供的公共物品。实践证明，社会组织可以和政府结成良好伙伴关系，共同为社会公共需要服务。当前的关键是，应该进一步放活民间社会组织发育发展的制度空间，让这些组织尽快成长，使得这些组织在推动治理体系和治理能力现代化中充分发挥作用。

（三）引导社会组织与政府结成良好伙伴关系

社会组织与政府结成良好伙伴关系的目的是共同为社会公共需要服务。在新的社会条件下，这些组织是政府和基层党组织的合作伙伴，而不是异己力量。这些组织工作目标明确，能够专门针对某项公共需求开展工作，而这些工作有时是政府难以顾及的；这些组织同公民的亲和力较强，因为它们本身就存在于民众之中，与民众的互动关系十分密切；这些组织的组织形式灵活多样，容易形成强有力的组织运作体系，聚焦工作目标有效开展工作；这些组织多依靠公益性、信念来开展工作，在民众中具有强大的感召力。除上述优势外，社会组织还能够广泛地动员社会资本，在许多情况下能够提供政府无法提供的公共物品，对改善基层治理、提高人民生活水平大有裨益。当然，政府对民间组织也要加强引导和规范化管理，让它们依法有序运作。

（四）释放村民自治组织的治理效能

在社会主义市场经济不断发展完善的过程中，政府权力正在从越来越多的领域退出，社会本身的自主运行程度不断提高。基层民主实践的成功，产生了国家和社会权力互相加强的效果，即它同时加强了村民的民主自治能力和国家在农村地区贯彻其政策的能力。这就表明，对村民自治组织的授权并不必然削弱国家治理社会的能力，国家与基层并不是处于零和博弈的竞争之中。已有研究表明，在各种村民自治组织比较有能力，并且这些自治组织在村庄公共事务中发挥一定作用的村庄，党支部等党的基层组织被问责的情况也明显减少。在积极互动过程中，彼此间的约束制衡机制自动生成，使这两种组织对于村民都更加负责，村庄公共事务治理让村民更加满意。

（五）充分彰显村民自治组织的多重价值

基层民主的推进对于农村经济发展具有积极推动作用。具体来看，基层民主使得农村公共事务管理和公共服务的水平提高，有利于缩小村庄内部的贫富差距，逐步走向全体村民共同富裕。但经济发展不是衡量基层民主价值的唯一目标，因为民主本身就是价值，是中国共产党所追求的执政目标。我国在政治生活中践行的全过程人民民主，是最广泛、最真实、最管用的民主，确保人民切实获得当家作主民主权利。元阳县村民自治组织的多重价值尚需进一步彰显，例如在改善村庄基础设施、促进农民增收、维护农民权益方面的经济价值和社会价值；在彰显农民主体地位，让农民真实感受到被尊重、有发言权的民主价值等；在引领乡风文明，推进农村优秀传统文化传承方面的文化价值。

元阳县在组织振兴方面的发展实践和发展成效，让调查组深刻体会到：今日之乡村，不再是过去的乡村；今日之农民，也不再是过去的农民。现在村庄里的人们，观念见识、生活理想、行为方式都充满现代气息而且富于变化，他们对于土地经营的兴趣、对于务工经商的兴趣、对于生活方式的兴趣，甚至对于政治活动的兴趣，都因人而异，丰富程度难以言表。农村居民的生活和发展需求，越是超出基本生活条件的层面，越是具有特殊性和多样性，满足这些需求，就越是需要全面的社会组织和制度创新。一方面，农民会创造出一些自己的组织形式来满足自己；另一方面，农民也需要政府不断创新，需要政府的运行方式和组织形态能适应社会的需求。在这种新的条件下，乡村社会治理体制和运行机制需要相应转变。转变到位，新的社会需求得到有效回应，"产业兴旺、生态宜居、乡风文明、治理有效、生活富裕"的乡村振兴目标就可以实现。

参考文献

一　中文文献

（一）著作

《1844 年经济学哲学手稿》，人民出版社，2014。

阿图罗·埃斯科瓦尔：《遭遇发展——第三世界的形成与瓦解》，汪淳玉等译，社会科学文献出版社，2011。

安东尼·吉登斯：《现代性的后果》，田禾译，译林出版社，2011。

道格拉斯·C.诺思：《经济史中的结构与变迁》，陈郁等译，上海三联书店、上海人民出版社，1994。

段义孚：《浪漫地理学：追寻崇高景观》，陆小璇译，译林出版社，2021。

樊绰：《云南志校释》，赵吕甫校释，中国社会科学出版社，1985。

费孝通：《社会调查自白》，北京出版社，2017。

费孝通、张之毅：《云南三村》，社会科学文献出版社，2006。

《哈尼阿培聪坡坡》，朱小和演唱，史军超等译，中国国际广播出版社，2016。

憨山：《庄子内篇注》，梅愚点校，崇文书局，2015。

韩可思、基斯·哈特：《经济人类学：学科史、民族志与批评》，朱路平译，商务印书馆，2022。

亨利·奥尔良：《云南游记：从东京湾到印度》，龙云译，云南人民出版社，2001。

红河哈尼族彝族自治州人民政府编《哈尼族口传文化译注全集》（第 6 卷哈尼族四季生产调），云南民族出版社，2010。

红河州党史研究和地方志编纂办公室编《红河州年鉴2021》，云南人民出版
　　社，2022。

黄寿祺、张善文：《周易译注》（下），上海古籍出版社，2010。

凯-乌韦·黑尔曼：《品牌社会学》，吕律、张雪译，上海三联书店，2019。

克莱德·克鲁克洪等：《文化与个人》，何维凌、高佳、何红译，浙江人民
　　出版社，1986。

李峻石、郝时亚主编《再造异同：人类学视域下的整合模式》，吴秀杰译，
　　社会科学文献出版社，2020。

李泽厚：《批判哲学的批判：康德述评》，生活·读书·新知三联书店，2007。

李子贤、李期博主编《首届哈尼族文化国际学术讨论会论文集》，云南民族
　　出版社，1996。

理查德·H. 托尼：《中国的土地和劳动》，安佳译，商务印书馆，2014。

林毅夫：《新结构经济学：反思经济发展与政策的理论框架》（修订版），苏
　　剑译，北京大学出版社，2014。

《淮南子》，顾迁译注，中华书局，2009。

马翀炜、陈庆德：《民族文化资本化》，人民出版社，2004。

马翀炜、张明华：《风口箐口：一个哈尼村寨的主客二重奏》，人民出版社，
　　2022。

马翀炜等：《哈尼梯田与旅游发展》，云南人民出版社，2020。

《马克思恩格斯全集》（第23卷），人民出版社，1972。

《马克思恩格斯文集》（第1卷），人民出版社，2009。

《马克思恩格斯选集》（第3卷），人民出版社，2012。

《马克思恩格斯选集》（第1卷），人民出版社，2012。

马歇尔·萨林斯：《人性的西方幻象》，赵丙祥等译，生活·读书·新知三
　　联书店，2019。

马歇尔·萨林斯：《石器时代经济学》，张经纬、郑少雄、张帆译，生活·
　　读书·新知三联书店，2019。

尼采：《查拉图斯特拉如是说》，孙周兴译，商务印书馆，2023。

齐格蒙特·鲍曼、蒂姆·梅：《社会学之思：第 3 版》，李康译，上海文艺出版社，2020。

乔尔·S. 米格代尔：《社会中的国家：国家与社会如何相互改变与相互构成》，李杨、郭一聪译，江苏人民出版社，2013。

乔伊斯·阿普尔比等：《历史的真相》，刘北成、薛绚译，中央编译出版社，1999。

史军超：《哈尼族文学史》，云南民族出版社，1998。

史军超：《文明的圣树：哈尼梯田》，黑龙江人民出版社，2005。

万里：《万里文选》，人民出版社，1995。

王清华：《梯田文化论：哈尼族生态农业》，云南大学出版社，2011。

西奥多·W. 舒尔茨：《改造传统农业》，梁小民译，商务印书馆，2006。

西双版纳傣族自治州民族事务委员会编《哈尼族古歌》，云南民族出版社，1992。

习近平：《摆脱贫困》，福建人民出版社，1992。

习近平：《高举中国特色社会主义伟大旗帜 为全面建设社会主义现代化国家而团结奋斗——在中国共产党第二十次全国代表大会上的报告》，人民出版社，2022。

许宝强、汪晖选编《发展的幻象》，中央编译出版社，2003。

亚当·斯密：《国富论》，孙善春、李春长译，作家出版社，2017。

杨开道：《中国乡约制度》，商务印书馆，2015。

元阳县地方志编纂委员会编《元阳县志》，云南民族出版社，2009。

元阳县人民政府土地管理局、《元阳县土地志》编纂委员会编《元阳县土地志》，云南民族出版社，1998。

云南省元阳县志编纂委员会编《元阳县志》，贵州民族出版社，1990。

詹姆斯·C. 斯科特：《作茧自缚：人类早期国家的深层历史》，田雷译，中国政法大学出版社，2022。

郑佳佳：《作为文化的标识：哈尼梯田景观符号研究》，中国社会科学出版社，2023。

中共元阳县委党史研究室编《中国共产党元阳历史（1978 年 12 月～2008 年
　　12 月）》，德宏民族出版社，2017。

《中国共产党章程》，人民出版社，2022。

（二）期刊

陈沛照：《从民间仪式到文化展演——湘西"苗族四月八"的人类学解读》，
　　《广西民族大学学报》（哲学社会科学版）2018 年第 2 期。

董帅兵、郝亚光：《巩固、拓展与衔接：过渡期贫困治理的路径探索》，《经
　　济学家》2021 年第 8 期。

都阳、蔡昉：《中国农村贫困性质的变化与扶贫战略调整》，《中国农村观
　　察》2005 年第 5 期。

高歌：《公益保险在女性精准扶贫中的应用——以"加油木兰"·关注贫困
　　女性保障项目为例》，《北京航空航天大学学报》（社会科学版）2021
　　年第 1 期。

高凯：《红河哈尼梯田文化景观的形与神》，《昆明理工大学学报》（社会科
　　学版）2013 年第 6 期。

古永继：《哈尼族研究中史误的三点辨正》，《民族研究》2007 年第 3 期。

何明：《当下民族文化保护与开发的复调逻辑——基于少数民族村寨旅游与
　　艺术展演实践的分析》，《云南师范大学学报》（哲学社会科学版）2008
　　年第 1 期。

何明、周皓：《以中国式现代化全面推进中华民族共同体建设》，《思想战
　　线》2023 年第 6 期。

侯甬坚：《红河哈尼梯田形成史调查和推测》，《南开学报》（哲学社会科学
　　版）2007 年第 3 期。

黄承伟：《设立脱贫攻坚过渡期的政策指向和多重意蕴》，《人民论坛》2021
　　年第 11 期。

李兆珩：《脱贫攻坚对农村基层治理现代化与法治化进程的战略支撑探析》，
　　《领导科学》2020 年第 10 期。

刘守英：《农村土地制度改革：从家庭联产承包责任制到三权分置》，《经济

《研究》2022 年第 2 期。

陆林等：《乡村旅游引导乡村振兴的研究框架与展望》，《地理研究》2019 年第 1 期。

罗丹：《流动与绵延：驭水于成的哈尼梯田"族群—生态"命运共同体》，《西北民族大学学报》（哲学社会科学版）2021 年第 4 期。

马翀炜：《村寨主义的实证及意义——哈尼族的个案研究》，《开放时代》2016 年第 1 期。

马翀炜：《论文化商品的价值》，《云南社会科学》2018 年第 4 期。

马翀炜：《民族文化的资本化运用》，《民族研究》2001 年第 1 期。

马翀炜：《文化符号的建构与解读——关于哈尼族民俗旅游开发的人类学考察》，《民族研究》2006 年第 5 期。

马翀炜：《知识谱系的构建与人类智慧的分享：聚焦中国边境地区非物质文化遗产》，《思想战线》2019 年第 4 期。

马翀炜、刘金成：《祭龙：哈尼族"昂玛突"文化图式的跨界转喻》，《西南边疆民族研究》2015 年第 1 期。

马翀炜、罗丹：《哈尼梯田历史溯源及景观价值探析》，《西南边疆民族研究》2019 年第 1 期。

马翀炜、孙东波：《项目的刚性嵌入及其后果——以哈尼族大沟村治污项目为中心的人类学讨论》，《贵州社会科学》2022 年第 1 期。

马翀炜、王琳：《幸福何以可能的符号表征：元阳县箐口村哈尼族家屋图像分析》，《思想战线》2023 年第 6 期。

马翀炜、王永锋：《哀牢山区哈尼族鱼塘的生态人类学分析——以元阳县全福庄为例》，《西南边疆民族研究》2012 年第 1 期。

马翀炜、夏禾：《坐看云起时："云上"开秧门与非物质文化遗产保护传承的图像化路径》，《西北民族研究》2021 年第 4 期。

马翀炜、晏雄：《文化人类学视野中的文化产业》，《思想战线》2010 年第 5 期。

马翀炜、张宝元：《涓滴效应及其社会文化影响——以云南省元阳县箐口村为例》,《湖北民族大学学报》(哲学社会科学版)2023年第1期。

闵庆文:《全球重要农业文化遗产——一种新的世界遗产类型》,《资源科学》2006年第4期。

闵庆文:《重要农业文化遗产及其保护研究的优先领域、问题与对策》,《中国生态农业学报》(中英文)2020年第9期。

明庆忠、韩璐:《旅游价值共创促进民族村寨乡村现代化的逻辑与实践路径研究》,《华中师范大学学报》(自然科学版)2024年第1期。

穆青、周原:《抢"财神"——河南农村见闻》,《新闻记者》1983年第2期。

聂常虹、王雷:《我国贫困妇女脱贫问题政策研究》,《中国科学院院刊》2019年第1期。

佘君:《建国初期土地改革与中国现代化的发展》,《党史研究与教学》2002年第5期。

宋瑞、刘倩倩:《中国式现代化背景下的乡村旅游:功能、短板与优化路径》,《华中师范大学学报》(自然科学版)2024年第1期。

苏海:《中国农村贫困女性的减贫历程与经验反思》,《云南社会科学》2019年第6期。

孙若梅:《小额信贷在农村信贷市场中作用的探讨》,《中国农村经济》2006年第8期。

王德刚:《民族文化的当代价值——基于民俗学者深度访谈与文献对读研究》,《民俗研究》2019年第2期。

王清华:《哀牢山哈尼族地区自然生态功能、生态服务系统及林权的演变》,《云龙学术会议论文集》2003年第6期。

王天华:《促进农村专业合作经济组织发展提升农业产业化经营水平的策略分析》,《山西农经》2021年第10期。

王文光、段丽波:《中国西南古代氐羌民族的融合与分化规律探析》,《云南民族大学学报》(哲学社会科学版)2011年第3期。

习近平:《加快建设农业强国 推进农业农村现代化》,《农村工作通讯》2023年第6期。

习近平：《扎实推动共同富裕》，《求是》2021年第20期。

肖笃宁等：《景观价值与景观保护评价》，《地理科学》2006年第4期。

谢春山等：《旅游产业转型升级的理论研究》，《辽宁师范大学学报》（社会科学版）2010年第1期。

杨永华：《舒尔茨的〈改造传统农业〉与中国三农问题》，《南京社会科学》2003年第9期。

杨振之：《论旅游的本质》，《旅游学刊》2014年第3期。

尤庆国、林万龙：《农村专业合作经济组织的运行机制分析与政策影响评价》，《农业经济问题》2005年第9期。

张利平：《新型农村专业合作经济组织发展的影响因素及对策分析》，《现代农业研究》2019年第7期。

张敏：《哈尼族聚落景观的美学思考》，《贵州大学学报》（艺术版）2005年第1期。

赵丽丽、徐宁宁：《文旅高质量发展与中国式现代化——2023〈旅游学刊〉专题研讨会综述》，《旅游学刊》2023年第4期。

郑佳佳：《故事讲述的人类学意义》，《广西民族大学学报》（哲学社会科学版）2023年第4期。

郑佳佳：《景观呈现与知识生产：以哈尼梯田为中心的讨论》，《原生态民族文化学刊》2019年第4期。

郑佳佳：《热闹：艺术存在的生活状态——以元阳县少数民族农村文艺队发展为中心的讨论》，《思想战线》2020年第4期。

郑佳佳：《世界文化遗产哈尼梯田景观标识的人类学考察》，《云南师范大学学报》（哲学社会科学版）2017年第4期。

周飞舟：《从脱贫攻坚到乡村振兴：迈向"家国一体"的国家与农民关系》，《社会学研究》2021年第6期。

（三）析出文献

马翀炜：《梯田搭起的舞台——元阳县箐口村哈尼族歌舞展演的人类学观察》，载何明主编《走向市场的民族艺术》，社会科学文献出版社，2011。

中共红河州党史研究室：《红河州民族"直过区"经济社会发展调研报告》，载中共云南省委党史研究室编《云南民族"直过区"经济社会发展研究资料汇编》，云南民族出版社，2006。

（四）报纸

《民族要复兴乡村必振兴》，《光明日报》2020 年 12 月 30 日。

深圳市委党校课题组：《中国式帮扶：伟大实践呼唤创新理论》，《光明日报》2021 年 12 月 30 日。

徐磊：《元阳县：实施"加油木兰"项目筑牢返贫风险"防火墙"》，《红河日报》2020 年 6 月 29 日。

二 外文文献

（一）著作

Charles Morris, *Signs*, *Language and Behavior* (New York: Prentice-hall, 1946).

Kristin Kuutma, "From Folklore to Intangible Heritage," in William Logan et al., eds., *A Companion to Heritage Studies* (New Jersey: Wiley-Blackwell, 2015).

（二）期刊

Huiqi Song, et al., "The Impact of the Creative Performance of Agricultural Heritage Systems on Tourists' Cultural Identity: A Dual Perspective of Knowledge Transfer and Novelty Perception," *Frontiers in Psychology* 1 (2022).

Saerom Wang, "A Conceptualization of Tourists' Food Behavior from a Habit Perspective," *Sustainability* 3 (2023): 2662.

Sally Everett, Denny John Parakoottahill, "Transformation, Meaning-Making and Identity Creation through Folklore Tourism: The Case of the Robin Hood Festival," *Journal of Heritage Tourism* 1 (2016): 30–45.

后 记

　　2022 年下半年，云南大学启动中国乡村社会大调查（云南）项目，元阳组于 2022 年 11 月 27 日至 12 月 18 日、2023 年 1 月 28 日至 2 月 16 日、2023 年 7 月 3 日至 8 月 12 日共计约两个半月的时间对元阳县乡村振兴工作开展了有关产业振兴、人才振兴、文化振兴、生态振兴和组织振兴五个方面内容的调查。从 2004 年 1 月开始，云南大学就在元阳县箐口村设立少数民族文化研究基地，20 年间，我们的团队从未间断对元阳县的调查研究工作。前期的大量研究成果为本次调查奠定了重要基础。

　　本次调查包括以下成员。组长：马翀炜博士，云南大学西南边疆少数民族研究中心教授。组员：郑佳佳博士，昆明理工大学国际学院副教授；倪慧博士，西南林业大学马克思主义学院副教授；王亚军博士，红河学院人文学院副教授；梁雪梅，红河学院新闻传媒学院副教授；杨英博士，云南省民族艺术研究院副研究员；张宝元，云南大学民族学与社会学学院 2019 级博士研究生；王琳，云南大学民族学与社会学学院 2020 级博士研究生；薛家越，云南大学民族学与社会学学院 2021 级博士研究生；谷依峰，云南大学历史与档案学院 2023 级博士研究生；凤杰，云南大学民族学与社会学学院 2023 级博士研究生；乔潇蝶，云南大学民族学与社会学学院 2020 级硕士研究生；周高锐，云南大学民族学与社会学学院 2022 级硕士研究生；石陈逸凡，云南大学民族学与社会学学院 2022 级硕士研究生；杨雯秀，云南大学民族学与社会学学院 2023 级硕士研究生；张维佳，云南大学民族学与社会学学院 2020 级本科生。

　　调查报告撰写工作的分工如下：

　　前言：马翀炜；

第一章驰而不息的现代化之路：梁雪梅、石陈逸凡；

第二章千年梯田的危与机：杨英、凤杰；

第三章传统文化的创新性发展：薛家越、张宝元；

第四章超越原初丰裕：郑佳佳；

第五章夯实乡村全面振兴的组织基础：倪慧、王琳。

各章节撰写工作完成后，马翀炜对部分章节进行了重写，并统稿。

本次调查工作得到了元阳县诸多领导和大量村民的大力支持。感谢他们多年来的帮助。由于时间紧、任务重，加之我们的水平有限，我们清楚地知道本书还存在一些不足。真诚欢迎读者的批评指正。

马翀炜

2024 年 6 月 1 日

图书在版编目（CIP）数据

梯田云飞扬：元阳县乡村振兴调查报告 / 马翀炜等
著 . -- 北京：社会科学文献出版社，2025.7. --（民
族地区中国式现代化调查研究丛书）. -- ISBN 978-7
-5228-5627-8

Ⅰ. F327. 744

中国国家版本馆 CIP 数据核字第 2025LP4827 号

民族地区中国式现代化调查研究丛书

梯田云飞扬

——元阳县乡村振兴调查报告

著　　者 / 马翀炜 等

出 版 人 / 冀祥德
责任编辑 / 庄士龙
文稿编辑 / 李瑶娜
责任印制 / 岳　阳

出　　版 / 社会科学文献出版社·群学分社 （010）59367002
　　　　　　地址：北京市北三环中路甲 29 号院华龙大厦　邮编：100029
　　　　　　网址：www. ssap. com. cn
发　　行 / 社会科学文献出版社 （010）59367028
印　　装 / 三河市龙林印务有限公司

规　　格 / 开　本：787mm×1092mm　1/16
　　　　　　印　张：17　字　数：248 千字
版　　次 / 2025 年 7 月第 1 版　2025 年 7 月第 1 次印刷
书　　号 / ISBN 978-7-5228-5627-8
审 图 号 / 云 S（2024）12 号
定　　价 / 128.00 元

读者服务电话：4008918866